ARTICLES SUR LE JAPON

Du même auteur :

MIYAMOTO Tsunéichi, un ethnographe folkloriste, Sarrebrück, Editions
   universitaires européennes, 2010 ;
Des influences étrangères au Japon, Tarare Anthropos , 2010 ;
Trois mélancolies japonaises, Tarare Anthropos , 2010 ;

A paraître chez Tarare Anthropos :

Nihon ryôi-ki

Alexandre MANGIN, *Articles sur le Japon*

Alexandre MANGIN

Articles
sur le Japon

日
本
文
化
断
想

v.1.7.1

Tarare Anthropos

Remerciements

Ma gratitude va en premier lieu à ma famille qui m'a toujours soutenu et n'a pas ménagé sa peine pour relire et corriger ce qui pouvait l'être.

J'aimerais ensuite remercier chaleureusement Mme Annie DAVID pour son aide précieuse dans la conception matérielle de cet ouvrage.

最終に、支えてくださった福田アジオ教授と佐野賢治教授に敬意と感謝の意を表したいと思います。

Préface

Le présent recueil rassemble chronologiquement des textes d'intérêt et d'époque diverses qui couvrent plusieurs champs d'étude et de recherche, de l'entreprise japonaise à l'analyse de la ruralité chez MIYAMOTO Tsuneichi 宮本常一, en passant par la mélancolie dans la littérature classique et les *Nihonjin-ron* 日本人論. Publiés dans des revues universitaires ou des journaux à faible tirage et à distribution quasi-confidentielle pour les uns, simples rapports de recherches pour les autres, il nous a semblé opportun de les rassembler en recueil, dans un format maniable, afin de pouvoir les apprécier, pour minimes qu'ils soient individuellement, comme parties d'un tout de plus en plus cohérent, et dont le fil conducteur est la recherche de l'identité japonaise, celle dont on nous dit qu'elle est introuvable, bien qu'existant forcément.

Ce recueil est une œuvre en évolution. Les commentaires des lecteurs pourront aider à ce qu'elle suive une voix harmonieuse et fructueuse.

Alexandre MANGIN, *Articles sur le Japon*

I Textes de jeunesse

初期の小論文

Alexandre MANGIN, *Articles sur le Japon*

Négocier avec des Japonais

Obtenir un juteux marché avec le Japon, que ce soit pour y exporter ses produits ou s'implanter sur place en relations avec des entreprises locales nécessite de passer des conventions. Or, tout contrat suppose un accord de volonté donc qu'on soit préalablement convenu de ce sur quoi portera le contrat, son étendue et son contenu précis : c'est là le rôle des négociations (*sesshô* 折衝). Or, au Japon, les négociations ne se déroulent pas comme en Europe, elles supposent souvent de longues pré négociations, plus informelles.

Mais avant d'entrer dans le vif du sujet, quelques chiffres. A titre indicatif, sachons que les échanges Rhône-Alpes - Japon se multiplient, avec 59 milliards de F d'importations et 25 milliards d'exportations, mais la tendance actuelle va vers l'équilibre. La balance est régulièrement excédentaire.

Le Japon est le 11ème pays fournisseur et le 10ème pays client de la France. Il représente 40% de l'épargne mondiale. 2ème pouvoir d'achat mondial derrière Brunei avant la récession. Les secteurs à privilégier au Japon par les entreprises françaises sont les nouvelles technologies et tout ce qui touche les femmes. Les conditions d'implantation d'entreprises étrangères au Japon ne sont pas trop défavorables. Implantations ou pas, il faut négocier et engager les pourparlers.

I Les différents moyens de pénétration du marché intérieur japonais

On distingue :

les *agency agreements* (accords de représentation sur place), pour la distribution par exemple ;

les *licencing in* et *out* (licences d'intrants et d'extrants) ;

les *cross licencings* (licences croisées) ;

les *joint ventures* (associations en participation) etc.

Les accords de distribution portent tout d'abord sur des produits, qu'ils soient prêts ou en recherche et développement, sur l'établissement d'un cahier des charges pour définir des normes d' « acceptabilité » technologique (*acceptance after inspection* - acceptation après examen).

Le prix de transfert (*transfer price*) entre la France et le Japon n'est pas la même chose que le prix de vente sur le marché. Les contrats peuvent prévoir une clause de révision des prix.

La distribution au Japon est très opaque pour des Français, on y pratique de nombreuses remises quantitatives ou annuelles ou sur campagnes. En outre, les distributeurs japonais refusent de dire comment ils utilisent et exploitent les produits français.

II Le Japon et les contrats avec des étrangers

Le Japon est un pays maniaque d'hygiène et de sécurité, à l'image des Etats Unis, d'où une surveillance dite "post-marketing". Il faut établir un compte-rendu (*reporting*) sur les aspects qualitatifs et quantitatifs qui doit être constant et formalisé.

Le Japon prohibe les engagements éternels en affaire. Il est toujours possible de modifier et de remettre en cause l'accord. La notion d'*intuitu personae* est très importante.

En cas de problème, les japonais recourent à l'arbitrage.

La langue des contrats est l'anglais.

III Les jeux sociaux des partenaires en présence

Avec des partenaires japonais, toujours être clair sur ce qu'on vient chercher.

En Europe, les entreprises qui négocient des contrats avec leurs partenaires étrangers, sauf contrat d'une exceptionnelle importance à l'échelle nationale, dépêchent deux ou trois personnes maximum, alors que les Japonais en envoient toujours une quinzaine.

La difficulté pour un Occidental est de découvrir les intentions cachées (*hidden motivations* / motivations profondes) du Japonais.

Négocier avec des Japonais, c'est apprendre à faire un maximum de concessions. Ils posent de nombreuses questions, dont les réponses ne relèvent bien souvent pas de la compétence du négociateur français lambda, telles que l'assureur de l'entreprise française, ses choix fiscaux... Les Japonais se rendent préalablement à l'ambassade de France pour se renseigner sur l'entreprise en question... Pour un Français, lors de ces négociations, ne pas crier, cacher sa nervosité, même si les négociations durent longtemps. S'il y a des malentendus culturels (*misunderstandings*), il faut les régler de façon informelle (*off-records*).

Il faut toujours penser à sauver la face de son interlocuteur asiatique (面目を保つ *memboku wo tamotsu*). Il faut qu'on ait l'impression à une situation où tout le monde y gagne (*a win-win situation*).

L'équipe (*team*) japonaise est très hiérarchisée, même à 10 personnes, et comprend toujours un chef.

Pour chaque réunion, on établit un ordre du jour dont on ne peut dévier, à moins de provoquer un grand malaise qui déstabilise les Japonais. Cet ordre du jour met beaucoup de temps

Alexandre MANGIN, *Articles sur le Japon*

à être préparé on s'y prend à plusieurs fois. On fixe un calendrier et un budget.

On prend en minutes tout ce qui est dit et on fait circuler ces minutes pour les signer. 協議 (*kyôgi* / concertation) → 印形 (*ingyô*/ sceau).

Les négociateurs ne délèguent jamais la négociation aux avocats.

Un industriel français croit qu'il vaut mieux parler lors d'une négociation, alors il engage naïvement un Japonais pour négocier avec les Japonais, voire, pire, un Asiatique non Japonais. C'est une erreur tactique à éviter absolument.

Premier cas de figure : il utilise un Asiatique non Japonais parce qu'il trouve que les Asiatiques se ressemblent tous : c'est la pire des choses à faire, les Japonais considèrent cela comme un manque de délicatesse. En outre, les Japonais ont peu d'estime pour les autres Asiatiques et quitte à négocier avec des étrangers, autant que ce soit avec des blancs.

Deuxième cas de figure : il utilise un Japonais. Problème : il faut encore en trouver un bon. Les Japonais de l'intérieur ont tendance à se méfier des Japonais de l'extérieur, et plus encore des "crypto-Japonais" (Américains du Sud (Brésiliens, Argentins) d'origine japonaise). Ces vrais-faux Japonais ont une aura de traîtrise qui plane autour d'eux. En outre, les Japonais auront tendance à exiger beaucoup plus de lui, pour le tester. Il devra être meilleur que les autres Japonais. Avant d'engager un tel Japonais, vérifier qu'il a déjà travaillé avec des Japonais au Japon.

Troisième cas de figure : il utilise un Français qui parle un peu ou beaucoup japonais. Les Japonais seront enchantés de voir qu'on a fait des efforts pour apprendre leur langue, d'où une impression de rapprochement culturel et un comportement d'allure amical, peu adapté à des relations d'affaires à l'occidentale.

Parenthèse : la notion d'うち(*uchi*) et そと (*soto*), ce qui est dans et hors mon groupe. Faire partie d'*uchi* n'est pas automatique, ni systématique. Quand on pénètre dans un clan japonais, il faut se battre. Comme pour le Japonais expatrié on va être plus exigent avec le Français japonisant qu'avec le Français qui parle anglais : on exigera de lui de proposer des délais plus courts, de proposer des prix plus bas etc. On aborde le principe d' 甘え (*amae* / réclamation de sollicitude)

L'élément clé : la langue parlée. Si la langue n'est pas maîtrisée, on se place d'emblée dans une situation d'infériorité à moins de l'utiliser comme un atout... En règle générale, à moins de maîtriser la langue et la culture, le Français le gardera pour lui et profitera de sa petite avance, les Japonais parlant devant lui sans penser qu'il saisit en partie ce qu'ils se disent...

Un Français qui négocie avec des Japonais doit apprendre à maîtriser les moments critiques, les situations limites (*critical issues*) qui pourraient advenir lors des négociations.

IV Le messager

Les prénégociations sont essentielles pour les Japonais, contrairement aux Occidentaux qui peuvent s'en passer bien souvent. Nous découvrons chez les Japonais un nouveau personnage, le "messager" (メッセンジャ--), qui a un rôle d'intermédiaire entre ses compatriotes et ses interlocuteurs étrangers. Pour les Occidentaux, il est utile d'identifier qui décide et qui est messager.

Les décisions japonaises sont prises sur la base du consensus entre gens concernés. Le rôle du messager est aussi de permettre d'arriver à une conclusion collective. Pour une négociation entre une société japonaise et une société américaine, par exemple, donnera lieu à la création d'un comité de projet comportant entre autres membres, un chef de service et de gestion sociale (*corporate management*), un chef d'exécution et un messager.

Le messager détermine aussi si l'entreprise occidentale est digne de confiance. Pour ce faire, il collecte les informations et les transmet à la personne compétente.

Les contacts inter-entreprises se font principalement par papier, mais aussi, de façon marginale, par internet.

V Prénégociation et négociation

Durant toute prénégociation, il y a trois principes à suivre :
1/ Le consensus est présent à chaque étape ;
2/ C'est le messager qui contacte la société étrangère ;
3/ La première rencontre est informelle et sert à déterminer la confiance que l'on pourra accorder au partenaire potentiel.

Dans une prénégociation, la partie japonaise est au minimum composée de trois personnes : celui qui parle, celui qui note et celui qui observe.

Ne pas oublier que lors d'une négociation en anglais, le niveau d'anglais des Japonais ne leur permet de saisir que la moitié de ce qu'on leur dit, et avec un interprète français-japonais, on arrive à 60% en raison des déperditions dues à la rapidité nécessaire à l'interprète pour assurer une vitesse normale à la conversation. C'est pour cela que les japonais réclament à chaque étape un échange de comptes-rendus.

Le grand principe est de se mettre d'accord avant toute négociation.

Pour une négociation officielle, le messager, négociateur officiel, informe les directeurs des différents services et utilise le *ringishoo* (papier pour confirmer la validation où sont exposés les objectifs à atteindre et quleques proposition pour y arriver. Il est rempli par tous, qui donnent leur avis et y apposent leur sceau pour approuver afin d'arriver au consensus). Un bon messager se signale par sa rapidité et obtient toutes les signatures.

VI Différences de notions entre Japonais et Occidentaux

La notion de temps diffère de l'Europe au Japon. En Europe, on essaye d'arriver rapidement à un accord, et s'il y a un problème, on utilise le système D, c'est à dire l'improvisation et la franchise. A l'inverse, au Japon, tous les cas de figure, même les plus improbables et les plus catastrophiques, sont envisagés avant les négociations, ce qui constitue pour eux une somme de travail considérable et bien souvent inutile, car chaque point requiert un volumineux rapport.

Citons l'exemple de la PME Bébé confort, qui a envoyé ses négociateurs au Japon. Le premier voyage, à Osaka, n'a été longtemps qu'une suite de mondanités, au désespoir des Français. Ils ont eu six entrevues avec les Japonais, et à chaque fois, les Japonais ont éludé toute question relative à la négociation. La veille du départ, 7ème entretien (le dernier) : à la fin d'un entretien où il n'est toujours question de rien de concret, le chef des Japonais remet aux Français un bon de commande, l'air de rien. Tout avait été préparé avant la réunion avec les Français.

Les Japonais se montrent très attentifs à tous les documents qui leur sont remis par leurs partenaires français : ils sont lus et analysés à l'extrême.

Les Japonais posent de nombreuses questions, très précises, et attendent qu'on y réponde de façon tout aussi précise. Le négociateur français ne doit pas avoir peur d'avouer son ignorance de la réponse et de demander un temps pour étudier la question.

Au Japon, le client n'est pas roi, mais dieu.

Alexandre MANGIN, *Articles sur le Japon*

Les Japonais veulent toujours conserver de bonnes relations avec leurs partenaires. Les sociétés nippones ont bonne mémoire et sont rancunières.

Note : le concept d'*amae* (甘え) ou réclamation de sollicitude

Il s'agit de pouvoir compter sur l'indulgence de quelqu'un. L'origine de ce concept remonte très loin. Il existait déjà une différence structurelle entre l'Occident et l'Asie, en particulier le Japon. La société primitive japonaise s'était développée autour de la chasse, puis de l'agriculture céréalière, en particulier du riz. Les rizières étant très difficiles à réaliser, la société s'est constituée en petits groupes autour d'un chef de bande. En Occident, on est parti de la chasse pour aboutir à une grande variété de pratiques agricoles (dont l'élevage) et les familles isolées étaient plus fréquentes qu'au Japon.

Au Japon, le chef distribuait les jeunes pousses aux autres, d'où une relation de dépendance. En Occident, on était plus autonome et individualiste.

Rôle croissant de la femme

Comment mener une négociation avec des femmes ? On notera l'extrême rareté de la présence de femmes japonaises lors de négociations. Un femme européenne doit être intégrée au groupe par un processus de socialisation de groupe, par présentation du directeur général ou du chef de projet. Pour cela, la condition *sine qua non* est sa haute qualification.

Au Japon, la situation des femmes a dix ans de retard sur l'Europe. Leur montée en puissance représentera ce qu'Anna GUARRIGUE appelle "la révolution douce".

Les hommes japonais, de plus, ont peur de proposer aux femmes occidentales de sortir au bar, ou au karaoké, comme ils le font à leurs homologues européens, coutume d'entreprise reprise dans la plupart des négociations internationales.

La démographie, au Japon, est dans sa plus grave récession. Les femmes ont de plus en plus besoin de travailler, notamment celles qui ont un mari chômeur.

Déjà présentes à de hauts postes de responsabilité dans les secteurs "progressistes" comme l'informatique, la décoration ou la mode et la beauté, les femmes sont appelées à figurer dans un futur proche à la table des négociations, face à leurs homologues françaises.

Quelques perspectives

Comme chacun sait, les jeunes Japonais sont très sensibles à la mode et aux nouvelles technologies. Le Japon représentait il y a peu 70% du PNB de l'Asie. Le Japon est obligé de s'ouvrir car il a tellement exporté que maintenant il lui faut importer, mouvement déjà amorcé. La culture japonaise consiste à se procurer les technologie à l'étranger pour les recentrer vers des buts spécifiquement japonais. La société japonaise s'américanise dans son goût pour la consommation effrénée, mais elle paye actuellement les conséquences de sa légèreté en matière de contrôle du système bancaire, avec un modèle dit "rhénan". Le gouvernement de société (*corporate governance*) est une idée en marche.

On note que l'un des domaines les plus protégés est le domaine pharmaceutique.

Y a-t-il une évolution des stéréotypes européens sur les Japonais ? Au Japon, la notion d'Europe est tout aussi vague pour les non spécialistes que la différence entre Chine et Japon pour le Français de base. L'adaptation au marché suppose qu'on dépasse, d'un côté comme de l'autre, les clichés, par exemple, pour un

Alexandre MANGIN, *Articles sur le Japon*

Japonais, les meilleures machines sont forcément allemandes. Renault, en rachetant Nissan, a bousculé les stéréotypes qui voulaient que la France ne soit pas un producteur de voitures digne de ce nom. La France commence à avoir au Japon une image "industrielle" qu'elle n'avait pas auparavant.

Dans le contexte de grave crise au Japon ou les entreprises licencient à tour de bras, les relations avec les Européens sont-elles menacés ? C'est à craindre.

Conclusion

Qu'est-ce qu'une bonne négociation avec des Japonais ?
D'abord, c'est une longue préparation des questions en tout genres que pourront être amené à poser les Japonais ;
Ensuite, c'est l'apprentissage de la patience ; au Japon, la confiance passe avant la maxime "le temps, c'est de l'argent". Il ne faut jamais perdre son calme.
Enfin, c'est l'art de l'adaptation, de la souplesse, du parler peu, mais parler bien et de la mesure : il faudra éviter à l'Européen d'en faire trop dans la nippophilie, car les Japonais n'aiment rien tant que l'exotisme réel ou supposée des *gaijin*, qu'ils prennent avec superficialité.

Sources

Documents d'étude de l'Ecole de Management d'Ecully ;
Entretiens avec des chefs d'entreprise lyonnais (dans le domaine de la chimie) ;
Entretien avec le consul honoraire de France au japon, M. FREIDEL ;

Alexandre MANGIN, *Articles sur le Japon*

Allocution du Président de la Chambre de commerce de Lyon M. BONARDEL

Conférences du JETRO et allocutions de son directeur (propos de MM. KURITA & NAGATA) ;

Bibliographie

BACONNIER Gérard, *L'espace Asie-Pacifique en fiches*, Rosny-sous-Bois, Bréal, 1998 ;

HALL Edward T et Mildred REED, *Comprendre les Japonais*, Paris, Seuil, 1991.

Alexandre MANGIN, *Articles sur le Japon*

日本文学における「mélancolie」という概念[1]

はじめに

　「メランコリー」という言葉は、誰でも知っていると思われるが、いったいそれは本当の知識であるのだろうか。「メランコリー」には、様々な意味があるが、それは感情と同時に概念を表している。

　このレポートで、私が論じようとしているのは、日本人にとって、「メランコリー」は根本的なアイデンティティーの構成要素となっているのではないだろうかということである。

　その問に答えるために、最初に用語の定義から始める。「フランス語の「mélancolie」を日本語にどう翻訳すればいいのであろうか。そして、日本社会におけるメランコリーを概観した後、日本文学における「メランコリー」について論じることにする。

I　「Mélancolie」という単語と日本のアイデンティティー

　多くの辞書によると、「la mélancolie」というのは「un état de tristesse vague, propice à la rêverie（人を夢想的にさせるような漠然とした悲しみ、もの憂げな状態）を意味する。語源的には、「mélancolie」はラテン語の

[1] Rapport de fin d'études à la Nara kyôiku daigaku 奈良教育大学 (Université d'éducation de Nara).

Alexandre MANGIN, *Articles sur le Japon*

「*melancholia*」に由来している。「*melancholia*」は、すでにギリシャ語の「*melankholios* μελανχολιος」、または「*melagkholios* μελανχολιος」から来た言葉である。意味は「黒胆汁」で、*melas* μέλας, « 暗い、黒い »(「mélano-」は科学用語を創造するために使われる)と「*cholia*」は *kholê* χολή 「胆汁」に由来している。そのように、もし、人の性格がもの憂げであったなら、「(par nature ou par maladie)体質上か病気のため、肝臓の調子が悪いせい」と思われていた。即ち、メランコリーは病気もしくは異常とみなされていたのである。翻訳するなら、「憂鬱症」といえるであろう。しかし、フランスでは十五世紀頃に、別の意味が出てくる。意味が段々プラスの意味になる。例えば、Charles d'Orléans[1]、CHATEAUBRIAND、LAMARTINE などの影響は重要である。「mélancolie」に、「哀愁」「憂悶」「沈鬱」などという意味が加わる。フランス文学では、すでに中世から、憂鬱な性格の主人公は登場している。しかし、「mélancolie」が現代的な意味で使用されるようになったのは、十九世紀になってからである。その意味は「憂鬱」「もの憂げ」「もの寂しい」「メランコリー」などである。[2]

それに対して日本語では、面白いことに、二十世紀まで、中国語からきている単語が使われていたが、「メランコリー」(*melancholy*)という英語に由来した言葉を、カタカナとして使うようになる。アメリカの影響以前には、日本にメランコリーがなかったのだろうか。そうではない。日本では、「メランコリー」という日本語の単語は、新しい概念というよりむしろ、新しい表現様式であると思われる。英米系の文化が尊重されているために、自分のことや感情を表現する際、アメリカの言葉が使われる

傾向がある。日本は中国の影響を遠い過去のこととしてみなしているようである。外来語は、日本人のアイデンティティーにとって、非常に重要な役割を果たしていると思われる。現代使われている日本語において、日本固有の言語である「大和言葉」は、中国とアメリカからの外来語に比べると、数が少ない。その理由は、日本語の単語は、例えば、フランス語の単語に比べると、意味場 (champ sémantique) が少ない。新しい物とか物の新しい様式を名づけるべき時、既存の単語を使おうとせずに、新しい言葉を探す。その言葉は日本語による翻訳ではなくて、英語の表音的な書き替えである。例えば、「前掛け」のことを、現代では、「エプロン」という。たしかに、昔の「前掛け」には袖があって、現在の「エプロン」には袖がない。しかし、たとえ袖がなくても、なぜ「前掛け」と言わないのだろうか。それは日本人の考え方からきていると思われる。一つの言葉は一つのことを意味するのである。少しでも、変形があると、新しいことばが必要だと日本人は考えるようだ。昔は、中国語の言葉を取り入れた。そして、あるいは大和言葉組み寄せたり、漢字から新しい熟語を作ることもあった。例えば、「経済」という言葉は、中国語の古典語の単語であったが、意味が違っていた。現代の意味は日本で創造されたものである。「野球」も英語の「*base ball*」の巧妙な翻訳であった。しかしこの五十年間の新しい単語の 90 ％は、英語の表音的な書き替えである。これはいったいどういうことを意味しているのだろうか。私見では、すでに日本語には、漢語や熟語が十分に多いので、新しい熟語は要らない。また、中国語に比較すると、日本語の音が少ないので、同音異義語の熟語が多い。意味場を広げたくない場合、二つの手段が考えられる。先ず一つは、外国

- 23 -

語の言葉の語根の翻訳とその語根の翻訳を合わせる方法がある。例えば、昔の蹴球（現在の「サッカー」）。「蹴」は蹴る（donner un coup de pied, *foot*）で、「球」はボール（ballon, *ball*）である。そのやり方は、フランス語、中国語、スペイン語などに対しても同様のとられる。二つ目は、外来語として外国語の単語を取り入れるやり方がある。それは現代日本語の標準的な選択となっている。この取り入れ方からは、どの国家・民族の言葉を知ることができる。明治時代、最も重要な影響を与えた国は、ドイツ、フランス、イギリスであった。それ以前に取り入れられたポルトガル語とオランダ語については与えた影響は、ごく小さかった。だから、明治時代には、外来語は他の外国語よりもまずドイツ語、フランス語、英語からきていた。しかし、第二次世界大戦後、フランス語の影響はファッションと料理に限られるようになり、ドイツ語の影響も、ほとんどみられなくなった。英語以外の外国語の影響が非常に小さくなった。すると、どういうことになるか。現在、日本はアメリカのフィルターだけを通して、海外の概念や事物を見る傾向がある。科学・経済・哲学・音楽・映画・社会などの言葉は、英語を通じて入ってくる。言語の上で、他の国の文化の影響は、どこにあるのか。さらには、アメリカでの言い方を取りこんで、日本語にしている。例えば、国の名前。「スペイン」は英語の「*Spain*」に由来していて、スペイン語の「España」(エスパーニャ)からではない。「ハンガリー」も英語の「*Hungary*」からで、ハンガリー語の「Magyar」(モギョール) からではない。「ポーランド」も英語の「*Poland*」からであって、ポーランド語の「Polska」（ポルスカ）ではない、等々。別の例では、情報科学用語がある。何故、「マウス」は英語の「*mouse*」

Alexandre MANGIN, *Articles sur le Japon*

と言って、「ネズミ」と言わないのか。フランス語では、「マウス」のことを「ネズミ」を意味する「souris」と言う。道具の形がその動物に似ているからである。また、どうして「スタートする」というのか。どうして、「開始する」とか「始める」と言わないのか。中国語では、「開始」と言う。意味がすぐ分かる。「スタートする」の場合は、説明が必要である。こうした例に見られるように、現在では、英語から入ってきた日本語が増えて、カタカナ辞典が出版されている。

　「mélancolie」もまた、「憂鬱」（*yōyù*）から、「メランコリー」（*melancholy*）になった言葉である。それでは、「mélancolie」というのは、日本文学において具体的にどのような形で見られているのだろうか。次章では、その点について検討する。

II 日本文学における「Mélancolie」

　本章では、はじめに日本における「mélancolie」の社会的な素地を概観する。その後、日本文学のいくつかの作品に表れた「mélancolie」読解を試みる。

1）社会・思想的背景

　「La mélancolie」は、普遍的な感情であるにしても、日本においては、（「mélancolie」の様々な表れは）日本固有の表れ方をしている。日本人は、一人であれ、家族連れであれ、お花見のときには、公園で花を眺めながら、酒を飲むし、会話をして、快い時間を過ごすことは、世界的にもよく知られている。日本人は、なぜそれほど季節の変化に興味を示すのだろうか。教育や習慣のせいで、集団的無意識が作りだされていると思われる。「無常」

Alexandre MANGIN, *Articles sur le Japon*

や「四季の循環」が人間感情の触媒（catalyseur）として日本文化に作用しているらしい。その通り、塩辛い料理の評価にも、まずそれなりの味覚の教育が必要であるように、日本では、子どもの頃から自然を眺める教育が存している。日本文化には、人生や情熱（passions）の無常を強調する傾向がある。それには、二つの影響が考えられる。自然環境と思想の影響である。

　ア）自然の影響

　日本列島は、地震が頻発し、よく津波の被害に襲われる。夏は蒸し暑く、冬はとても寒い。人の生活や文化遺産は、（précaires, fragiles）永遠するものとは感じられない。ところで、日本の伝統的な建物は（軽い）木造なので、比較的、再建が容易である。例えば、伊勢神宮は、伝統的な建築技術で定期的に再建される。それに対して、フランスの伝統的な建物は石造りで、永久的である。

　日本人は、自然を人生の隠喩（métaphore）として、無意識のうちに、眺めているのではないだろうか。そのことは、いくつかの文学作品を分析してみると、よく分かるだろう。

　イ）思想の影響

　環境が思想に影響を与えることは言うまでもないが、思想が社会や、個々の作家に影響を及ぼすこともある。仏教は輪廻（つまり、生・長・死という周期（cycle））に基づいた哲学である。この周期は、苦しみによって特色づけられていて、「悟り」に達しないと、永遠に循環することになる。すべてがいつか無くなって、この世の欲望（les désirs）や悦楽がむなしいという考えから、「ものの哀れ」や「もの悲しさ」の情感が現れる。それは一種の「人間の形而上の欠陥の自覚（conscience de l'imperfection métaphysique de l'homme）」である（Henry BENAC）。

　中国から輸入された「末法」という仏教の思想は、平安時代から鎌倉時代にかけて、「憂鬱」の感覚を増幅した（amplifie）。末法思想によると、現世は衰退と退廃の時代で、絶望／自然消滅に瀕している。それ故、精神的向上（perfectionnement moral）は難しいものとなる。

　神道では、「神様」というのは、ヨーロッパにおける「Dieu」（ラテン語の「*Deus*」、ヘブライ語の「*Adonaï Elohim*」）とは異なる。「Dieu」というのは、宇宙の永遠の全能全知の創造主で、超越的な至高の存在である。したがって、いわゆる日本の「神様」とは非常に異なっていて、仮に「神様」をフランス語に翻訳してみるなら、「dieux」よりむしろ、「divinités」「esprits」に近いだろう。だから、たとえ人間より優れているとしても（supérieurs）、神様は死ぬことがある。『古事記』の始めには、イザナミの命（伊邪那美命）は火の神を生んだ後に亡くなる。イザナギの命（伊邪那岐命）は、妻のイザナミを死人の国に迎えに行くが、後ろを見るという禁（interdit）を犯したため、妻を（最終的に）亡くす。その物語は日本の文学と宗教における最初の憂鬱を記していると思われる。死とその結果である苦しみと憂鬱を、初めて経験したのがイザナギである。しかし、その苦しみから、新たな／創始的な行動（acte fondateur）が生まれた。死に汚れたため、イザナギは川で禊をし、その汚れた水から神様が数人生まれた。

　このようにイザナギノ命の経験は、日本人の初めての「メランコリー」の経験となったと思われる。

　『古事記』は、最初の歴史書であると同時に、一種の文学作品であるとも言えるのである。

- 27 -

2）日本文学における「mélancolie」

日本文学において、それでは「憂鬱」は、いったいどのうように表現されているのだろうか。まず、和歌に表れた例から検討してみよう。

ア）古典文学における「メランコリー」

1) 和歌における「メランコリー」

和歌では、「la mélancolie」は、恋愛に失望した時、あるいは、恋愛にじゃまの入った場合に感じることができる。例えば、

« Hitogokoro	人ごころ	Le cœur de la personne
Aki no shirushi no	秋のしるしの	Au signe du vent
Kanashiki ni	かなしきに	Tristement,
Kare iku hodo no	かれ行くほどの	De son départ
Keshiki narikeri	けしきなりけり »[3]	Il en est résulté tristesse.

（『堤中納言物語』、「思はぬ方に泊りする少将」）

または

« Nagaraheba	ながらへば	Si je vis longtemps,
Mata kono koro ya !	またこの頃や	De cette période encore
Shinobarem	しのばれむ	J'aurais souvenir,
Ushi to mishi yo zo !	憂しと見し世ぞ	Ô, monde que je vois avec [mélancolie,
Ima wa kohi shiki	今は恋しき »[4]	Maintenant, quelle nostalgie…

（『新古今和歌集』、巻十八・一八四三番）

最初の例では、日本文学における不変の特徴は、人間と自然との同一視（identification）である。洗練（raffinement）された文学的な手法によって、人間感情を

表に出さない傾向があると思われる。表すよりも連想させる（suggérer）のである。

　感情的助詞の役割は非常に重要である [5]。こうした助詞を使うと、感情を表すための動詞や形容詞を使う必要がない。単音節の言葉は理性的で叙述的な（descriptifs）表現を除く（dispenser de）。翻訳する時、フランス語の「Ah！」、「Ô」などという言葉の感情的力は、日本語の「ぞ」や「や」の感情力に劣っている。

　かつて評価の低かった俳諧が芭蕉の功績によって高く評価されるにいたった（Bashô saura donner ses lettres de noblesse au haïkaï）が、その中で芭蕉は、「侘び」「寂び」「哀れ」という概念を俳諧にもたらし、新たな風趣を加えた。彼らの概念は「憂鬱」と深くかかわるものである。

　René SIEFFERT 氏 [6]が示した通りに、どんな話題でも、誇張（したがって、自然（le naturel）の欠如）や卑俗な表現なしに詠みさえすれば [7]、俳諧連歌は、（短歌と違って）、集団作品となる。そのように、協議（collaboration）・加筆・書き直しによって、俳諧連歌の作家は「憂鬱」を表現した。集団で表現したのであった。こうして、芭蕉の薦めのおかげで、日本人は「憂鬱」を表現しうるにいたったのである。

　報われない恋の激しさ（したがって、悲劇的な性質である「憂鬱」）のある『堤中納言物語』や『新古今和歌集』の和歌とは異なって、蕉門の作品は、憂鬱の原因は恋愛から離れている。前者の和歌の場合も蕉門の作品においても、「無常」などの感情を感じとることはできる。しかし、蕉門の作品の「憂鬱」の原因は、和歌とは異な

- 29 -

っている。彼らにとって、大切なことは自然を前にして
の観想的な態度にある。それゆえ、「世界の有限性（la
finitude du monde）」と「生死の永遠のサイクル」という
深い（ほとんど深淵的な）結論に達するのである。

　芭蕉自身は、自分の経験を大切にした。ルネ・スィエ
フェール氏 [8] によると、芭蕉庵の火災から逃げ出したこ
とや旅の経験が、彼の「寂び」には表れている、普遍的
な無常の感覚を意識に刻みこんでいる。その「寂び」と
いうのは、人間を含め、すべてのものが時とともにうつ
ろう。それは避けられない破壊の前兆である。『野ざら
し紀行』の冒頭から、その感情が表れている。

Nozarashi o	野ざらしを	Dussent blanchir mes os
kokoro ni kaze no	心に風の	jusques en mon cœur le vent
shimu mi ka na	しむ身哉	pénètre mon corps[9]

　この文脈の場合は、「野ざらし」というのは野に残っ
ている途中で死んだ旅人の白い骨を意味するのである。

　蕉門の軽いが含蓄深い文体の例を挙げるために、次の
歌を検討しよう ：

Yamu kari no	病む雁の	Malade, une oie
yosamu ni ochité	夜寒におちて	descend dans la froide nuit
tabiné ka na	旅寝かな	je dors solitaire (/dormir en
		[voyage ?…)

他の例：

Ama no ya wa	あまのやは	Hutte de pêcheurs
koébi ni majiru	小海老にまじる	aux crevettes mêlé chante
itodo ka na	いとどかな	le petit grillon

芭蕉は、伝統をまもって、自然（un élément naturel）の描写によって、人間の寂しい条件／身上に触れるつもりであったようである。最初の歌には、寝ている歌人と雁がいるか、歌人の分身（double）である雁しかいないと思われないだろうか。歌人も病気で、一人で旅寝をしている。この「夜寒」の行きつく果てはどのようなものか（Il n'est pas nécessaire de dire où mène cette froide nuit...）。又、この老人の睡眠そのものが読者にとっても憂慮すべきことである。

　二番目の歌の背景は、簡素な掘立て小屋である。しかし、暮らしやすくて暖かい漁師の住まいと死にかけているコエビ（小蝦）がはね回っている網との対照でもある。コエビは捕虜としても見られるし、イトドの鳴くのは「白鳥の歌」（chant du cygne）[10]となるとも思われる。さらに一歩進めて、この歌は『古事記』の天の岩戸（洞窟）の挿話の暗示であろうとも考えられる。漁師は天照大御神である。外に住んで、苦しんでいる生物に対して生殺与奪の権を握っていて、全能の人物なのである。コエビは神達で、イトド（竈馬）は若くて美しい天のうずめという踊子の神であると言える。アマテラスを外に出すために大騒ぎで、煽情的に踊った神である。

　あるいは、もっと簡単な解釈もある。例えば、小屋の中には誰もいなくて、聞えるのはイトドの声と海の音だけであるともいえる。そんな穏やかな音は、もの悲しいが、心地のよいものであり、美的な夢想にふけさせる。

　芭蕉を賞賛していた与謝蕪村（1716-1783）は、一世紀後に芭蕉と同じくらい甘美な憂鬱を表現した。その憂鬱はより上品で、ほとんど気づかれないほどである。蕉門

Alexandre MANGIN, *Articles sur le Japon*

の作品のようはな独創性はないかもしれないが、文体は
とても洗練されている。
　例えば、

「*Sémi naku ya*	蝉鳴くや	Cigales en leur chant !
Gyôja no suguru	行者のすぐる	Le pérégrinant a passé
uma no koku	午の刻	l'heure du cheval.[11]」

または、

「*Kasa kité waradji hakinagara*
笠着てわらぢはきながら
En portant un parapluie et des sandales de paille
Bashô sarité sono nochi imada toshi kurezu
芭蕉去りてそのゝちいまだ年くれず」
Bashô est parti, et l'année n'est pas encore terminée.

　はじめの例では、夏の情景の瞑想・熟視
（contemplation）は、憂鬱に先行する瞑想的な状態に置か
れる（mettre / place）おかれている。メランコリは、それ
ほど強くない。暑い昼で、旅人（たぶん巡礼者）は、一
人で畑や草の近くを歩いている。虫は際限なく鳴いてい
る。その鳴き声は夏の象徴であるばかりでなく、孤独の
象徴でもある。漫画でも、「ツルルーン」という擬音語
は、同時に虫の声と沈黙や孤独の表現になっていること
がある。その自然の音は、対位法的に（en contrepoint）
そのシーンを際立たせる。
　二つ目の歌には、俳諧の巨匠（maître）が引き合いに
出されている。師匠（つまり芭蕉）が雨に降られながら、
身軽な服装のまま、草鞋（履物）を履いて、藁のように
「無」に飛び（つまりあの世に旅）立った。俳諧の師匠

は、たとえ死んではいても、大きな力を持ち、「歳月」の流れにも影響を与えつづける。

　2)『源氏物語』におけるメランコリー
　紫式部の作品についての研究や論文は無数にある。『万葉集』その他の和歌や平安時代の他の女流作家と同様に、『源氏物語』におけるメランコリーは、恋愛と関わっている。例えば、『源氏物語』の第一帖に登場する桐壺の更衣は、妬まれた愛妾であり、源氏の母であっても、天皇にも見捨てられた。他の例として、源氏自身や源氏のいろいろな愛妾は嫉妬や批判の的になって、彼らの精神状態は、季節と比較されて描写されている。フランスの作家・翻訳者である René de CECCATTY[12] によると、『源氏物語』では、「あはれ」という概念は敷衍されていて（*Le dit du Genji* développe le concept d'« *aware* »）、「哀れ」というのは、自分の気持ちとは反対の行動しなくてはならない場合の困難で激しい精神状態であると言う。

　様々な女流作家のおかげで、日本古典文学では「une extraordinaire liberté analytique 素晴らしい分析的な自由」が許されるようになった。感情を細かく分析するために、波乱万丈の物語は必要がないのだ。

　3) 古典演劇におけるメランコリー
　憂鬱は、歌舞伎にも存在するが、二次的な役割を果たすにとどまっている。歌舞伎においては、「憂鬱」よりも、怒り・深い悲しみ・嫉妬・滑稽などという激情のほうが強調されている。
　能においては、「憂鬱」がよく描かれている。例えば、『東北』という芝居がある。シテは和泉式部で、ワキは旅行をしている僧侶であり、アイは土地の人である。和

泉式部はワキの夢に出てくる。描かれているのは和泉式部の好きな梅の話である。女詩人には、その梅に深い思い（affects）をいっぱいになった。和泉式部ばかりでなく、僧侶や読者にも、死の向こうの梅の瞑想は、憂鬱を呼び覚ます。

　ルネ・ドゥ・セカティによると、能という芝居は、夢・精神錯乱・強迫的なレミニセンス・憑依またはお化けの出現（幽霊）の場面を必ず含み、半意識状態・半睡・理実感覚の喪失の状態をもたらす考察している。

　イ）遠藤周作の「メランコリー」
　日本の現代作家からは、遠藤周作（1923-1996）を挙げる。彼は一年間、フランスのリヨンに住み、フランスに愛着を感じていた。日本では、滑稽な作品でも知られているが、フランスでは、憂鬱や悲しい話で知られている。彼はカトリック教徒でもあったが、懐疑的精神の持ち主でもあった。フランス語に翻訳された小説では、*En sifflottant / When I whistle* や *Volcano*『ヴォルカノ』が「憂鬱」のいい例となっている。病気か信仰の喪失という主題、どんな深刻なテーマであっても、フランス文学におけるカミュのように、簡素なダイアローグを用いて、ゆっくりと穏やかに憂鬱を描き出す。

　時のすみやかな経過や愛する人の死についての考察によって、その緻密で悲痛な描写が補われている。

　遠藤周作は、激しい精神的な苦しみをことさら描写しないという点において、夏目漱石とは趣を異にしているように思われる。

　P. GRIOLET 氏によると、遠藤周作の文体は「une écriture sobre, presque nette, qui se défie du pathétique. Elle traduit l'âpreté du doute, mais aussi une singulière détermination[13]

抑制された簡潔で、悲壮な感情表現を拒むエクリチュール。それは鋭い疑いとまた独自の毅然たる態度をも表現している」と述べる。

　終わりに

　「La mélancolie」は、日本文化に通底して存在する概念でもあり、古今の作家や現在の日本人にとっても、重要な感情であると思われる。言語や文学作品の分析を通じて、日本人のアイデンティティーをよりよく理解しようとする時、「憂鬱」の概念 / 感情は、有効な手段となるであろう。

参考文献

「**mélancolie**」について
(…)

日本文学について：
— CHIGIRA Mamoru 千明守 : *Yonda ki ni naru Nihon no koten*『読んだ気になる日本の古典』, PHP Kenkyûsho, Tôkyô, juillet 2002 ;
— SATÔ Takashi 斉藤孝 : *Koe ni dashite yomitai Nihongo 2* 『声に出して読みたい日本語 2』, Kawade shobô shinsha 河出書房新社, Tôkyô, août 2002

— MATSUNAGA Nobufumi 松長暢史 : *Koe ni dashite yomitai Man'yô no koiuta* 『声に出して読みたい万葉の恋歌』, Kawade shobô shinsha, Tôkyô oct. 2002.

— OKA Kazuo 岡一男編, sous la direction de ~ : *Heian-chô bungaku jiten* 『平安朝文学事典』東, Tôkyô shuppan 京堂出版.

— Collectif : *Nihon koten bungaku dai-jiten* 『日本古典文学大事典』, Tôkyô, Heisei 10 平成 10 (19 ??).

— IINO Tetsuji 飯野哲二編 : *Bashô jiten* 『芭蕉辞典』, Tôkyôdô shuppan 東京堂出版, Tôkyô, Shôwa 昭和 34 (1959), rééd. en Shôwa 63 (1988) ;

— YAMAMOTO Kenkichi 山本健吉 : *Bashô sono kanshô to hihyô (zen)* 『芭蕉 その鑑賞と批評 (全)』, Shinchôsha, Tôkyô, 1957.

— SHIRANE Haruo ハルオ・シラネ (白根治夫) : *Bashô no fûkei bunka no kioku* 『芭蕉の風景 文化の記憶』, 日本語翻訳 : KINUGASA Masaaki 衣笠正晃 。 （原文 : *Landscape and Cultural Memory : The Poetics of Basho*） , Kadokawa shoten, Tôkyô, 2001.

（本稿は４年生の免状 (フランス語の「maîtrise」) のために書かれた論文の一部書かれた物である。）

1 *L'escholier de mélancolie* という詩集。
2 *Le grand Robert de la langue française*, sous la direction d'Alain RAY, 2ème éd.
3 参考文献 : 松中信文 MATSUNAKA Nobufumi, p. 148。 フランス語での翻訳はわたくしのである。
4 Ibid., p. 220。
5 頓宮氏によると、感情的助詞の大切さを示唆している。

Alexandre MANGIN, *Articles sur le Japon*

6 *Le haïkaï selon Bashô*, éd. Presses orientalistes de France。

7 向井去来 (1651-1704) の『去来書』によると。

8 前掲書, p. XXXIV。

9 René SIEFFERT の翻訳。

10 フランス語で、芸術家の最後の傑作を意味する。

11 Jean CHOLLEY 訳。

12 「Mélancolie et fluctuation」 という記事、「Magazine littéraire」、411 号。

13 *Dictionnaire de littérature japonaise*、pof 「ENDÔ」項目.

Alexandre MANGIN, *Articles sur le Japon*

Le mélancolique imaginaire féminin du *Sarashina nikki*[2]

La littérature des dames de Cour du Japon ancien, et plus particulièrement de l'époque de Heian (IXème – XIIèmes siècles), est riche en récits d'événements vécus tout autant qu'en poèmes écrits en langue japonaise de l'époque (en *Yamato kotoba* 大和言葉). L'usage des caractères autochtones y facilite l'accès aux dames qui ne sont pas toutes suffisamment lettrées pour maîtriser le chinois, langue de l'Administration utilisée par les hommes, langue de culture (poèmes chinois, *kan-shi* 漢詩) certes, mais plus encore de pouvoir. Toutefois peu d'éléments permettent de dire avec une certitude scientifique si tel ou tel événement relaté a effectivement eu lieu ou s'il a eu lieu de la façon dont le décrit l'auteur. Les recoupements permettent de situer chronologiquement certains évènements, mais souvent guère davantage. Quelle est donc la part de l'imagination et la part de vécu dans ce qui y est raconté ?

Le doute est particulièrement présent quand il s'agit des *nikki* 日記, ces journaux intimes ou plutôt « recueils de souvenirs épars » et des *uta nikki* 歌日記, ou *nikki* poétiques, des *nikki* dans lesquels les poèmes japonais (*waka* 和歌, ou *tanka* 短歌, poèmes courts) dominent. Les textes les plus célèbres sont au nombre de sept en incluant l'œuvre d'un homme, KI no Tsurayuki 紀貫之 (868 ou 872-945), mais sans compter le *nikki* le plus ancien qui ne nous est parvenu que sous forme de citations dans d'autres œuvres, l'*Ookisai nikki* 『大后日記』 (Recueil de souvenirs de

---

[2] Publié sous le titre : « *Sarashina nikki*, imaginaire féminin et mélancolie », Grenoble, *Iris*, n°30, 2007-2008.

Alexandre MANGIN, *Articles sur le Japon*

l'impératrice), attribué à l'épouse de l'empereur Daigo 醍醐天皇 (885-règne en 897-930). Ce sont, dans l'ordre chronologique :

1/ le *Tosa nikki* 『土佐日記』 (Journal de Tosa), de KI no Tsurayuki ;

2/ le *Kagerô nikki* 『蜻蛉日記』 (Journal d'une éphémère), par dame FUJIWARA (936 ? – 995 ?), mère de FUJIWARA no Michitsuna 藤原道綱, qui fut Ministre de la Droite .

3/ l'*Izumi-Shikibu nikki* 『和泉式部』(Recueil de souvenirs d'Izumi-Shikibu), attribué non sans raison à Izumi-Shikibu (littéralement : « Ministre des rites (dans le système juridique de l'époque, le *Ritsuryô-sei* 律令制, influencé par la Chine) de la fontaine »), pseudonyme de dame OOE, fille de OOE no Masamune 大江雅致 ;

4/ le *Murasaki-Shikibu nikki* 『紫式部日記』 (Notes de souvenirs de Murasaki-Shikibu), de Murasaki-Shikibu, pseudonyme (littéralement : « Ministre des rites violet ») de dame FUJIWARA (dates inconnues), fille de FUJIARA no Tamétoki 藤原為時 (947 ? – 1021 ?) ;

5/ le *Sarashina nikki* 『更級日記』 (Souvenirs à Sarashina), de dame SUGAWARA, dont nous allons parler ici ;

6/ le *Jôjin ajari* (ou *azari*) *no haha no nikki* 『成尋阿闍梨母日記 』 (Souvenirs de la mère de l'*azari* Jôjin), par dame MINAMOTO, fille de MINAMOTO no Toshikata 源俊賢 (960-1027) ;

7/ le *Sanuki no suke no nikki* 『讃岐典侍日記』 (Journal de dame Sanuki, Régente en second du service intérieur), par dame FUJIWARA, fille du Gouverneur de Sanuki FUJIWARA no Akitsuna 藤原顕網 (1029/1033 – 1103/1107).

C'est avec toute la prudence et l'humilité du chercheur en faits anciens (*koji* 古事) que nous allons étudier, ce qui peut relever de l'imagination dans l'une de ces œuvres, le *Sarashina nikki*, nous

- 40 -

posant ensuite la question de savoir si l'on peut parler, à son propos, d'un imaginaire spécifiquement féminin. Selon nous, il apparaît aussi, derrière cet imaginaire, une tendance personnelle de l'auteur à la mélancolie.

En choisissant de traiter de l'imaginaire mélancolique dans le *Sarashina nikki* 『更級日記』, nous avons l'intention de chercher ce qui, chez son auteur, nous semble relever de ce qu'en Europe, et plus précisément en France, nous appelons la « mélancolie ».

Avant de nous attacher à présenter la notion de mélancolie chez cet auteur, il importe avant tout de le présenter brièvement, ainsi que la méthode de travail que nous avons adoptée.

Présentation de l'auteur du *Sarashina nikki* et de la méthode adoptée

A/ Présentation de l'auteur : Dame SUGAWARA 菅原 (circa 1008-1059)

On se bornera à brosser le portraits à gros traits, le cadre ne se prêtant pas à une longue étude biographique.

A une époque et dans un monde où les noms de familles sont réservés à une minorité, et sont donc peu nombreux, et ù les prénoms sont l'élément fondamental de l'identité individuelle, nous n'avons aucune trace de celui de notre auteur. Les textes nous la présentent (à la suite de FUJIWARA no Sadaie / Teika annotant le manuscrit du *Sarashina nikki*,) comme « la fille de SUGAWARA no Takasué, gouverneur de Hitachi ». « Sa mère était fille de TOMOYASU no Ason. Elle était la nièce de la mère du Sire Précepteur. » Ce sont là les seules précisions biographiques fiables notées sur le manuscrit du *Sarashina nikki*. Sadaié cite ensuite les titres des autres œuvres de l'auteur qui, hélas, ne nous sont pas parvenues : « L'auteur de ce journal a composé les dits de *Yowa no nezame*, *Mitsu no Hamamatsu*, *Mizukara kuyuru*, *Asakura* et autres, dit-on. »

Bref, sans entrer dans des détails que les limites de cet article ne permettent pas, contentons-nous de dire qu'elle naquit dans une des trois familles de lettrés fournissant des poètes officiels, comme SUGAWARA no Michizane 菅原道真 (845-903). Elle épousa TACHIBANA no Toshimichi 橘俊通 (mort en 1058) dont elle parla peu dans ses souvenirs. Son père fut appelé à exercer des fonctions loin de sa famille, ce dont elle souffrit. Autodidacte en matière de lectures romanesques, elle eut un des manuscrits complets du *Genji monogatari* entre les mains. Murasaki-Shikibu 紫式部 fut une de ses lointaines parentes. Enfin, elle resta quelques temps au service de la jeune princesse Yôshi (née en 1038), contre l'avis de son père âgé.

Ayant peu d'intérêt pour le bouddhisme, elle s'y mit avec l'âge, mais sans la ferveur dévote d'une SEI Shônagon 清少納言. Elle fut une des seules dont on retrouva le *nikki* complet (1020 à 1058 environ) traitant de toute sa vie (de dix à cinquante-deux ans, âge avancé pour l'époque). Pour plus de détails, outre les ouvrages d'érudition indiqués dans la biographie, on pourra se reporter avec profit à la préface de René SIEFFERT de son excellente traduction de l'œuvre .

B/ <u>La méthode de travail</u>

Après cette présentation succincte, et avant de commencer notre analyse de l'imaginaire féminin mélancolique de l'auteur du *Sarashina nikki*, il convient de présenter sommairement notre manière de procéder. Ce sujet n'ayant, à notre connaissance, jamais été traité de manière individuelle, notre documentation ne concerne que des points de détails de notre réflexion. Notre démarche sera donc centrée sur nos observations et nos conclusions, mais étayée d'autant de références textuelles et de citations que possible, (en ayant recours aux textes originaux, mais toujours avec une traduction, qu'elle soit de notre fait ou seulement éditée). Les mots et noms importants que nous citerons seront transcrits en alphabet latin puis en écriture japonaise ou chinoise.

Notre but, à partir de la recherche de l'élément spécifiquement féminin chez dame SUGAWARA, est de tenter d'analyser les éléments qui constituent son imaginaire mélancolique, en utilisant pour cela les ressources de l'analyse de textes et d'évènements biographiques, autour d'une problématique double : d'une part celle du ressenti, de l'exprimé, et, d'autre part, celle d'une réflexion sur la composition littéraire.

Avant de replacer la mélancolie dans une optique littérature, et en l'occurrence le *Sarashina nikki*, il convient d'abord de définir brièvement la « mélancolie ». En effet, selon une démarche concentrique, nous partons du terme que nous définissons, puis nous le replaçons dans le cadre d'une analyse de l'imaginaire de l'auteur du *Sarashina nikki*.

Définition de la mélancolie

Etymologiquement, mélancolie vient du latin *melancholia* transcription du grec *melankholia* μελανκολιοσ ou *melagkholios* μελανκολιος, bile, humeur noire, sombre.

Le sens psychologique a précédé le sens médical (1256) parce que le mot était entré dans le vocabulaire courtois, recouvrant le registre d'états et de sentiments allant de la tristesse profonde à l'inquiétude, et même à la folie et au délire. L'idée de tristesse finit par prévaloir sur celles de dépit, d'irritabilité (v. 1190) et de folle rêverie (déb. XIIIème siècle), effaçant aussi le sens de « minauderie amoureuse » (v.1250). Le sens affaibli et courant de « tristesse douce et vague » attesté au XVIIème siècle (1669) s'est répandu depuis le Préromantisme (ROUSSEAU, CHENIER) et le Romantisme.

I / Un imaginaire relationnel

Le mélancolique est un être dont la solitude se révèle d'autant plus qu'il s'inscrit dans une société, dans un groupe, à plus forte raison au Japon, pays où les zones habitables sont restreintes. Le mélancolique subit l'influence de son entourage, mais parfois aussi il l'influence en retour. Dans l'œuvre que nous étudions ici, il nous apparaît que la mélancolie est assez fortement liée aux rapports amoureux et amicaux (A), et, dans une certaine mesure, aux relations de famille, que ce soit dans la vie de l'auteur, mais aussi et surtout dans le texte qu'elle nous a laissé (B).

A/ Mélancolie, amour et amitié

Si le *Sarashina nikki* fait plus de place à l'amitié qu'aux histoires d'amour et ne voit la relation à deux comme vouée au malheur et aux regrets.

Le *Sarashina nikki* a beau avoir été composé par une femme, les histoires d'amour y sont très rares. La première confrontation avec les histoires d'amour, c'est la lecture du *Genji monogatari*, roman d'amours éminemment tragiques, pour lequel la jeune fille se passionne. A tel point qu'elle se plaît à rêver qu'un jour elle pourra ressembler à ses héroïnes mélancoliques, « la Belle-du-soir de Genji le Radieux ou à la demoiselle de la barque errante du Général d'Uji ». On sait que l'auteur a par la suite composé quelques dits, et il eût été fort intéressant de les comparer au livre de chevet de leur auteur.

Mais notre auteur s'intéresse aussi aux épisodes vécus.

Dans la première moitié de l'ouvrage, on trouve un passage unique en son genre. Lors d'un pèlerinage à la montagne sainte, la jeune femme rencontre un voyageur alors qu'elle puisait de l'eau. Cette rencontre donne lieu à un échange oral de poèmes. Le buveur d'eau semble « troublé ». Y aurait-il eu attirance réciproque ? Nous serions tenté de le penser. De la part de l'homme, c'est presque certain, quant à dame SUGAWARA, ce souvenir ancien l'a suffisamment marquée pour qu'elle le relate plusieurs années plus tard dans son ouvrage. Pudeur extrême de la narratrice, nous ne savons rien de sa réaction à la réception du second et dernier poème du voyageur :

« *Yama no ha ni*	山の端に	A la crête des monts
iri hi no kage wa	入日のかげは	lorsque du soleil couchant
iri hatete	入りはてて	disparurent les feux
kokoro-bosoku zo	心ぼそくぞ	le cœur serré longuement
nagame yarareshi	ながめやられし	de mes yeux je vous cherchai »

C'est du point de vue de l'homme que la mélancolie, par ces quelques mesures, se fait poignante. On se trouve dans la même situation que dans le célèbre poème « A une passante », de Baudelaire « Ô toi que j'eusse aimée, Ô toi qui le savais »...

Une constante de l'héroïne du *Sarashina nikki* est sa fidélité en amitié. Nous en avons un exemple à l'égard d'une nonne bouddhiste à qui elle promet d'aller lui rendre visite. La nonne l'oublie, mais pas elle .

L'amitié est cependant faite de réciprocité, et la narratrice attend de ses amies un minimum de considération, ainsi, à une amie qui l'a négligée au profit de Madame la Princesse :

« *Kaze gare no*	冬がれの	Ma manche flétrie
shinono wo susuki	しのゝをすゝき	à l'instar de ce roseau
sode tayumi	袖たゆみ	qu'hiver a séché
maneki moyoseji	招きもよせじ	plus ne vous invitera
kaze ni makasem(u)	風にまかせむ	mais au vent s'en remettra »

Exagération littéraire (a-t-elle pleuré pour si peu ?) ou réalité de ses émotions d'hypersensible, puis restitution à l'amie de sa liberté, à moins qu'il ne s'agisse de « rupture » orgueilleuse... L'image du roseau séché est à la fois un mot de saison, et un élément mélancolique.

Plus loin, la rencontre, derrière le paravent (de rigueur pour une dame de qualité), d'un gentilhomme spirituel amène l'héroïne et une de ses compagnes à s'essayer à la joute poétique. L'héroïne le reverra brièvement une fois, mais à sa déception encore, il ne lui sera pas possible de le rencontrer à nouveau, ni de discuter avec lui. Une amitié, sinon davantage, eût pu naître entre ces deux personnages sensibles. Peut-être ce gentilhomme n'a-t-il pas compris, ou voulu satisfaire, le cœur de la narratrice qui lui écrit (dans un poème de vers irréguliers) :

« *Kashimamite*	かしまみて	De qui à grand péril
Naru-to no ura ni	鳴戸の浦に	poussa sa barque sur le rivage
kogare idzuru	こがれいづる	de la Passe Sonnante
kokoro wa ekiya	心はえきや	aura-t-il compris le c ur
iso no amabito	磯のあま人	le pêcheur de la rude grève »

Dame SUGAWARA évoque davantage l'amitié qui lui échappe, l'amitié qui s'achève, que l'amitié en pleine floraison. La perte de l'ami(e) rendrait-elle l'amitié plus belle, parce que tragique ? Ainsi, nous découvrons l'existence de longues amitiés à l'instant même où elles disparaissent, comme par exemple la femme du gouverneur d'Echizen, qui part sans donner signe de vie .

Nous passons les autres petites anecdotes concernant ces amitiés que dame SUGAWARA nous conte, jusqu'à ce passage à la croisée du fantastique, là encore, dans lequel elle nous raconte qu'elle retrouve une ancienne amie en rêve . « Regret » de se réveiller qui lui fait verser des larmes, nostalgie de la nuit de pleine lune où elle l'avait rencontrée, nous sommes en face d'un passage typique de mélancolie amicale. Ce sera d'ailleurs le dernier traitant d'amitié avant la fin du livre qui s'achève sur une surprise : elle reçoit des nouvelles d'une nonne qu'elle n'avait pas vue depuis longtemps. S'agirait-il de la personne dont nous parlions plus haut ? Aucun élément ne nous est donné qui nous permette de l'identifier. Ainsi que pour le bouddhisme, en amitié, l'auteur conclut sur une note positive. Dans son poème, la nonne engage dame SUGAWARA à voir les choses avec plus de simplicité. Certes, elle se sent abandonnée, mais ce n'est rien comparé au renoncement de la vie de bonzesse.

Ce qui aura manqué à Dame SUGAWARA pour surmonter sa mélancolie, c'est peut-être un peu de simplicité. Elle s'est trop appesanti sur ses malheurs.

B/ Mélancolie et famille

Selon nous, l'imaginaire mélancolique de notre auteur serait en partie liée au thème de la famille. C'est ce que nous allons essayer de voir à présent.

Dame SUGAWARA fait peu état de ses relations avec son époux. Elle est davantage proche de ses parents, surtout de son père, de sa sœur et, plus loin, de ses enfants. On constate à chaque description de ses rapports familiaux à quel point ils sont liés à la mélancolie de l'héroïne. Tout ce qui touche un parent semble lié à un événement, sinon tragique, du moins légèrement triste, parfois nostalgique, et souvent aussi à une intuition de type philosophique sur la mort prochaine, et/ou la solitude de l'existence.

Afin de clarifier ce point, nous étudierons d'abord les personnages de parents éloignés (a), des parents (b), puis la sœur (le frère ne jouant aucune rôle dans l'imaginaire de l'héroïne du *Sarashina nikki*) (c), enfin le mari et les enfants (d). Mais avant cela, notons au passage le rôle de la nourrice : ni amie, ni parente, mais se situant à la charnière des deux mondes affectifs. Son départ, pour cause de grossesse , est la première séparation de l'auteur d'avec un humain (on mettra, en effet, de côté la statue du bouddha), et à cette occasion, elle ressent déjà du « regret ». Elle ne peut supporter d'en être éloignée, aussi son frère lui propose-t-il d'aller lui rendre visite. L'auteur, en la retouvant, se laisse aller à la mélancolie. Tous les éléments qui la constituent sont ici réunis : un événement agréable (les retrouvailles affectueuses avec la nourrice), puis la fin de la joie, et un brusque esseulement, qui n'est pas du chagrin pur, mais une insidieuse tristesse, qui ne cesse de renvoyer à une réflexion sur la précarité, sinon de la vie (la nourrice, de toute façon, est veuve), du moins des relations humaines (le destin sépare les gens qui s'aiment). Ainsi, on prendra bien soin de distinguer chez cet auteur la mélancolie ici dépeinte, avec la peine, stricto sensu, qu'elle ressentira à la mort de cette nourrice bien aimée.

a) La parentèle

Notons tout d'abord l'importance décisive de la tante de l'auteur dans sa formation intellectuelle et littéraire. Affectueuse et intelligente, elle comprend tout de suite la soif de culture de la jeune fille et s'attache à la satisfaire grâce à sa bibliothèque . La lecture des ouvrages tant convoités permet de dissiper sa mélancolie et l'on remarquera, au passage, que si la lecture dissipe souvent la mélancolie, elle n'en est pas moins indispensable à toute création, du moins chez notre auteur.

Ensuite, signalons encore la présence d'une nonne bouddhique qui reste anonyme et qui donne lieu à un échange poétique. Elle ne joue quasiment aucun rôle dans l'imaginaire de l'auteur, contrairement à ses parents.

b) Les parents

Il est peu question de la mère. L'auteur se contente d'évoquer ses réticences à sortir de chez elle pour aller en pèlerinage . Plus tard, elle fait faire un pèlerinage à un moine au nom de sa fille, mais sans l'en avertir, alors qu'elle savait que cette dernière avait, de son côté, quelque envie de faire ses dévotions . Pourtant, poussée incompréhensiblement vers la foi sur le tard, la mère se fait nonne… à domicile, mais, ajoute l'auteur, « à l'écart ». Personnage non pas méchant, mais négatif, elle constitue un élément d'inertie, cause de remords chez sa fille. Plus tard, elle lui reprochera encore de les délaisser elle et le père .

Le père, en revanche, est un personnage plus généreux, mais non exempt, lui aussi, de mélancolie. La première impression qui nous en est donnée est la déception d'une ambition professionnelle . Il exprime lui aussi ses sentiments par la poésie, et donne à sa fille l'occasion de montrer tout son talent par une réponse du même ton : désappointement, désillusion, préludes de la mélancolie.

Poussé, à deux reprises, à partir pour un long voyage sans pouvoir s'y faire accompagner de sa famille, c'est rempli de nostalgie, de solitude et de remords qu'il nous apparaît, bien loin de l'image habituelle du père japonais insensible, qui serait indifférent à l'abandon de sa famille. Le départ du père pour sa province est l'occasion d'une crise de mélancolie explicite qui culmine par un poème du père auquel répond un poème de la fille moins intéressant. Et l'auteur de « ruminer des pensers moroses ».

Plus loin, Dame SUGAWARA nous montre son père retiré du monde qui vit enfermé avec femme devenue nonne. Ils mènent la vie étriquée et sans joie de bien des couples de vieillards.

Et le vieil homme se révèle assez capricieux avec sa fille, lorsque vient pour elle l'occasion de trouver une bonne place . Les deux parents lui reprochent alors de les abandonner. Sans elle, point de visites, et que reste-t-il, sinon l'attente de la mort ? La narratrice, dans un mouvement de pitié, se laisse attendrir. Est-ce là vraiment de la mélancolie ? N'est-ce pas plutôt de l'inquiétude et de la fatigue face à ses parents qu'on découvre vraiment tels qu'ils sont : des vieillards fragiles et radoteurs qui réclament d'être protégés et divertis.

Le personnage de la sœur joue, nous semble-t-il, un rôle plus important dans le rythme mélancolique de l'ouvrage.

c) La sœur aînée

La sœur aînée, apparaît au tiers du récit, lors de l'épisode du chat . Les deux sœurs semblent s'entendre parfaitement pour s'en occuper, jusqu'à la maladie de la sœur aînée. Comme on le sait, c'est alors la sœur qui fait un rêve mystique. Quelle belle façon d'illustrer la connivence de deux esprits que de partager un don de communication spirituelle avec les morts.

La sœur réapparaît ensuite pour mourir, en couches . Le chagrin qui suit ce décès ne relève, par son intensité, pas de la mélancolie, et donne lieu à un triste échange de poèmes avec la nourrice , très affectée par cette disparition.

Il n'en va pas de même avec la scène des jeunes nièces. La lune éclaire lugubrement le visage des petites endormies. La narratrice y voit là un mauvais présage. « de la manche, je couvre le visage de l'un, et je prends l'autre dans mes bras, cependant que mes pensées suivent un cours morose. ». Ce sont cette langueur et cette inquiétude irrationnelle qui marquent ici la présence de la mélancolie.

Lorsque plusieurs années plus tard elle reviendra habiter chez ses parents, notre héroïne aura la réminiscence de cette scène , « si bien que, l'esprit absent, je passe mes jours en mornes songeries. ». Quel genre de « mornes songeries » ? On peut être tenté d'y voir une réflexion sur la mort et son injustice. Elle a frappé une jeune femme qui laisse des orphelines et une famille qui ne pouvait s'y attendre, même si les morts en couches étaient évidemment plus répandues au XIème siècle que de nos jours.

Reste à présent à évoquer les figures du mari et des enfants.

d) Le mari et les enfants

Le mari joue un rôle quasi-négligeable dans l'imaginaire de l'auteur. A ce titre, c'est par sa mort (de maladie) qu'il est le plus important. Cette tragédie affecte fortement la narratrice. Elle avait donc, semble-t-il, développé une certaine tendresse pour cet homme, bon père dont la mort bouleverse leur jeune fils. Et le chagrin de son fils devient le plus gros de ses chagrins. Mais cet événement funeste est aussi l'occasion pour elle de dresser un constat : c'est l'image du rêve du miroir qui s'est réalisée (ce que nous verrons plus bas), non pas celle qui la montrait épanouie, mais le mauvais présage . C'est une réflexion désabusée qui provoque, à nouveau, la mélancolie. Et à la vue de son fils suivant le convoi funèbre, elle se sent errer sur la route des songes, observée par son défunt mari. Elle est en quelque sorte rendue étrangère à elle-même. Nous rejoignons le thème du mysticisme, mais ici la frontière entre image poétique et fantastique est floue. L'auteur met, avec une grande amertume, ses malheurs sur le compte de sa frivolité passée . Désenchantée, après la colère, elle revient à la mélancolie. Tout l'y ramène.

Nous ne pouvions pas ne pas évoquer, même brièvement, la figure des enfants.

En effet, comme la plupart des mères, Dame SUGAWARA est préoccupée par sa progéniture. Elle souhaite leur offrir une bonne éducation et les voir établis de son vivant, car elle sent sa santé décliner. Peut-être le bon présage s'appliquera-t-il à eux ? C'est le principal côté féminin de cet auteur, mère plus qu'épouse.

II Un imaginaire bucolique et mystique

Parler de l'imaginaire de dame SUGAWARA revient le plus souvent à évoquer les scènes de rêves qui ponctuent l'ouvrage (B). Rêves prémonitoires, apparitions mystiques ou simples songes ? Ils nous sont décrits avec la sincérité d'une femme qui se savait (ou en tout cas se croyait) futile.

Toutefois, on perdrait un aspect intéressant de la sensibilité féminine de notre auteur et de sa capacité à composer, si l'on oubliait de parler des descriptions de la nature qu'elle nous livre, en phase avec ses sentiments profonds (A).

A/ La nature

Etre écrivain japonais et parler de la nature, voilà qui n'est guère surprenant. Cependant, ce n'est pas à la description de la nature dans sa globalité que nous nous intéresserons ici, mais à ce qu'elle peut avoir de mélancolique : qu'il s'agisse d'une nature véritablement mélancolique, d'une nature perçue comme telle bien qu'objectivement elle ne le soit pas (car c'est le protagoniste, ou le narrateur, qui est mélancolique), d'une nature perçue comme non mélancolique et, par là-même, entrant en contraste avec l'état mélancolique du protagoniste, ou enfin d'une nature dissipatrice de mélancolie.

La nature peut être effrayante, violente, mais à aucun moment elle n'est exempte de beauté, et dame SUGAWARA y est fort sensible.

Par sa nature féminine hypersensible, par l'influence déterminante de son éducation et, plus encore, par sa formation littéraire autodidacte marquée par des lectures inoubliables du *Genji monogatari*, du *Kagerô nikki*, ainsi que des poèmes de ses illustres ancêtres , Dame SUGAWARA est naturellement portée à utiliser les descriptions de la nature pour mieux nous révéler ses états d'esprit à chaque âge de la vie.

Si les passages parlant de la nature et se rapportant à un état mélancolique sont présents dans tout l'ouvrage (nous en relevons dix-neuf), on note toutefois qu'ils sont essentiellement rassemblés dans la première moitié du texte.

Dès le début de l'ouvrage, l'auteur part d'une observation subjective de la nature qui entraîne la mélancolie :

Au moment de quitter le lieu où elle avait vécu pendant plusieurs années :

« le soleil allait se coucher et un épais brouillard se répandait sur toutes choses. » il semblerait que la nature soit à l'unisson des sentiments de la jeune fille qui est remplie d'incertitude devant un avenir qui, à ce titre, lui fait peur.

Plus loin :

« le point de vue est magnifique. Le brouillard du soir s'est répandu à l'entour, et comme le spectacle est fort plaisant, je me garde de dormir tard le matin, pour aller voir les paysages ici ou là ; d'avoir à quitter ces lieux m'emplit de regrets et de peine » Le « brouillard du soir » a ici un rôle contraire à celui de l'« épais brouillard » du paragraphe précédemment cité. Il est source de contemplation délectable, et non tristesse de la nature.

La mélancolie peut aussi surgir du contraste entre une nature effrayante et des personnages positifs hauts en couleur, ainsi de la rencontre avec les courtisanes

Mais qu'un endroit soit « sinistre » (comme par exemple « la côte dite « du Groin du sanglier ») ne signifie pas que l'auteur cèdera immédiatement à la mélancolie. C'est à se demander si la mélancolie ne préexiste pas au spectacle de la nature, cette dernière ne servant le plus souvent que de catalyseur d'émotions.

Plus loin , « l'endroit est vaste et abandonné, au point que l'on se croirait non dans la ville, mais en pleine montagne, tant les arbres immenses lui donnent un air sinistre, qui ne le cède aux monts que nous venons de traverser. A peine arrivée, et malgré toute l'agitation qui régnait, car je ne pensais qu'à cela, j'ai tourmenté ma mère : « cherchez-moi des dits ! cherchez-moi des dits » ». L'inadéquation entre le paysage et l'idée qu'on s'en faisait (l'image que le paysage naturel devrait donner) est porteuse de mélancolie morose, de mélancolie « sèche ». Pour la rompre, la jeune fille réclame des dits, c'est à dire des œuvres d'art, des œuvres dans lesquelles l'image de la nature est au contraire en adéquation avec les sentiments de l'auteur, et où toute mélancolie est contrôlée et, partant, jouissive.

Après avoir fait un rêve mystique (phénomène sur lequel nous reviendrons plus loin), « chaque printemps, je regarde de loin le jardin de cette Princesse du Premier Rang, et un jour :

- 53 -

Saku to machi	咲くと待ち	J'attends qu'elles fleurissent
chirinu to nageku	散りぬとなげく	et pleure quand défleurissent
haru wa tada	春はたゞ	au printemps tout comme
waga yado ga honi	わが宿がほに	si ces fleurs que je vois là
hana o miru ka na	花を見るかな	étaient celles de mon logis »

Au delà du fait que ces fleurs symbolisent la vie humaine dans sa fugacité (on remarquera que dans le même poème, deux saisons sont présentes, celle de la floraison, et celle du dépérissement des fleurs), on peut aussi noter que c'est par l'intermédiaire de l'élément naturel que l'être profane qu'est la jeune fille s'identifie à un être supérieur qui est la kami Amaterasu. Cette vie et cette mort sont devenues sa vie et sa mort.

Mais la nature sert aussi de repère temporel, et ces événements de stimuli au souvenir, un peu à la manière de la madeleine proustienne : « A la saison où les fleurs se déploient, puis se dispersent, je ne puis m'empêcher de songer avec émotion que c'est le temps où mourut ma nourrice, et (…) je suis plongée dans une contemplation morose. » Cette « contemplation morose » ne s'apparenterait-elle pas à une certaine forme de morbidité esthétique non dénuée de masochisme, telle qu'on en trouve souvent dans la littérature japonaise, mais aussi dans le romantisme français ?...

Confinée dans « un jardin insignifiant », « mélancolique, je vois, de l'autre côté du chemin, pruniers blancs et pruniers rouges couverts de fleurs dont le vent m'apporte le parfum, qui me fait évoquer avec d'infinis regrets ma demeure familière » . Nous avons ici un exemple d'une des formes de mélancolie, la nostalgie, mélancolie liée aux souvenirs du passé dans lesquels on se complaît. La médiocrité du jardin actuel renforce l'impression qu'« avant, c'était mieux ». La nostalgie, lyrique, s'exprime ensuite, c'est logique, par la composition d'un poème sur le regret de son ancien prunier (qui par synecdoque symbolise tout ce à quoi la jeune femme tenait dans sa précédente demeure).

Relevons également le lien très explicite entre la solitude des protagonistes en voyage, et les animaux (comme le coucou) , ou encore la communion du groupe délaissé contemplant la lune .
L'auteur ne se contente pas de regarder, elle écoute aussi beaucoup, que ce soit le chant du cerf, le bruit de la cascade ou le « bruit du vent dans les bambous proches »

« *Take no ha no*	竹の葉の	Nuit après nuit
soyogu yo goto ni	そよぐ夜ごとに	feuilles de bambou bruissantes
nezameshite	寝ざめして	me tiennent éveillée
nani tomo naki ni	なにともなきに	et sans trop savoir pourquoi
mono zo kanashiki	ものぞ悲しき	je me sens mélancolique »

Nous nous en tiendrons à ces exemples, mais nous pourrions en citer beaucoup d'autres.

La succession des travaux des champs , qui ressortit d'une nature maîtrisée par l'homme, suscite elle-aussi la mélancolie car elle est liée à la succession des saisons, donc à la fuite du temps, et partant, à la fugacité de la vie humaine. L'auteur en est « vivement émue ».
A la mélancolie du paysage, répond la mélancolie éprouvée par d'autres personnages que l'héroïne, ainsi son père en voyage pour une longue période. En chemin, il découvre un lieu dit « le Bois de l'Enfant-Perdu » et se lamente dans un poème de 32 mores à la métrique irrégulière. Il est facile de penser que si le lieu s'était appelé autrement, le père n'aurait pas ressenti une telle mélancolie à ce moment là.

- 55 -

Avec le temps, l'héroïne se sent de plus en plus isolée, et c'est le vent qui symbolise le mieux sa solitude. Le vent fait partie de ces « bruits du silence », comme le chant des insectes qui, par contraste, mettent en valeur le silence de lieux abandonnés ou du moins habités de personnes silencieuses.

« *Omohi idete*	思ひ出でて	Personne jamais
hito koso to wa ne	人こそとはね	plus ne s'inquiète de moi
yamazato no	山里の	au séjour des monts
magaki no wogi ni	まがきの荻に	quand le vent d'automne souffle
akikaze wa fuku	秋風は吹く	sur les roseaux de la haie »

A partir de là, la nature cesse d'être présentée comme liée à la mélancolie, et vers la fin du récit, l'auteur nous évoque des paysages « d'une beauté si poignante que je ne les saurais décrire ». Plus loin encore, l'auteur parle d'un « paysage enchanteur que le pinceau d'un peintre ne saurait reproduire », « et cependant qu'on hale ma barque le long de la côte, je me tourne et me retourne, ne me lassant de l'admirer. » L'auteur, qui au début de son livre décrivait des paysages essentiellement effrayants, arrive à la fin de son livre à une certaine maturité qui lui procure plus de sécurité et lui permet de voir la nature avec un regard plus serein. Le même paysage, vu avec des yeux d'adolescente, eût probablement été décrit de façon complètement différente.

Peut-être notre vision du texte de dame SUGAWARA paraîtra-t-elle naïve, mais il nous semble que ce qui est propre à cet auteur, c'est une certaine forme de spontanéité sensible, douce, une extrême féminité.

Les descriptions de la nature étaient l'occasion pour notre auteur de laisser aller son pinceau au fil des expressions poétiques que lui suggérait une attitude contemplative. Le bouddhisme sera pour elle l'occasion de décrire des apparitions nettement plus liées au monde de l'esprit, partant, au monde de l'imaginaire.

B/Le bouddhisme, Prophéties et fantastique : visions et apparitions

Le bouddhisme dans sa forme la plus pure est une philosophie exigeante et, de plus, assez pessimiste. Les différentes écoles de bouddhisme japonais ont entre autres caractéristiques de ne pas rejeter la religion autochtone, le shintô, et Dame SUGAWARA révère tout autant les bouddhas et bodhisattvas que les kami comme Amaterasu.

Le bouddhisme, ou la Loi (terme qui n'est pas anodin), joue un rôle fondamental de structuration morale, philosophique et esthétique qui donne sens au monde et fournit des explications aux expériences de la vie. C'est alors un élément de plus, et pas le moins important, conduisant à la mélancolie.

On peut relever dans le *Sarashina nikki* une quinzaine de passages qui traitent de près ou de loin du bouddhisme.

Les rapports de dame SUGAWARA avec le bouddhisme remontent à l'enfance et, comme elle l'avoue elle-même avec simplicité, ils étaient intéressés. Non, cependant, par l'argent, mais par le désir de connaissance, en l'occurrence : des dits. « Dans mon impatience extrême, j'obtins que l'on me fît une statue de ma taille du Bouddha Yakushi , je me purifiais les mains et quand nul ne me pouvait voir, je me glissais dans l'oratoire » et elle priait avec ferveur pour qu'on lui laissât lire un jour les fameux dits.

La famille devant déménager, elle fut forcée d'abandonner son bouddha derrière elle, ce fut son premier sentiment de culpabilité : « ce Bouddha Yakushi devant qui je me prosternais en secret, j'allais donc l'abandonner ; dans ma détresse, je fondis en larmes. » Le bouddhisme, plutôt que comme une philosophie à portée universelle, est ici vécu comme une relation d'individu à individu entre la fillette et le bouddha, personnage accessible.

Plus loin, lors d'un voyage, les voyageurs passent devant « le visage seul d'un bouddha de seize pieds tout juste ébauché. Nous passons en admirant de loin la sérénité de ce bouddha dans sa pathétique solitude. » C'est un des lieux qui ont le plus ému la jeune fille. Le visage « à peine ébauché » du bouddha signifie-t-il que la statue est inachevée, ou bien au contraire qu'elle est très ancienne et dégradée par le temps ? Il s'agirait alors d'une patine naturelle constitutive du *sabi* 寂び de Bashô.

Ne négligeant pas plus les kami que les bouddhas, l'auteur les prie (toujours pour les mêmes raisons) et finit par être exaucée. On lui fournit les lectures qu'elle réclame depuis des années et elle s'enfonce dans la découverte. Un jour, elle fait un premier rêve à teneur mystique qui prendra au vu de la suite de sa vie une importance particulière : un moine vient l'enjoindre d'apprendre le cinquième Livre du *Lotus de la Loi* (*Hokekyô go no maki* 法華經 五卷) « ce dont pourtant je ne parle à personne, car je n'ai pas la moindre envie de l'apprendre. » Lorsque parvenue à la maturité elle fera un retour sur elle-même, dame SUGAWARA regrettera de n'avoir pas été une meilleure croyante.

Dans un autre rêve, « quelqu'un » lui apparaît et lui recommande la foi en Amaterasu. « de cela non plus, je ne parle à personne et je n'y attache aucune importance, coupable négligence ». Elle a donc négligé à la fois la pratique bouddhique, et la prière aux *kami*. Cette faute double marquera sa conscience pour toujours et la remplira d'amertume, donc de mélancolie, lorsqu'elle songera à l'échec de sa vie.

Le mystère s'épaissit lorsqu'elle recueille avec sa sœur un chat qu'elle croit être la réincarnation de la fille du grand Conseiller Chambellan (*Jijû dainagon no mi-musume* 侍從大納言の御女) depuis que celle-ci est apparue en rêve à la sœur de la narratrice pour lui révéler la vérité. Cette prise de conscience est « un sentiment poignant ». La pitié qu'elle éprouve pour une dame de condition supérieure réincarnée en fragile animal lui fait prendre vaguement conscience du triste cycle des réincarnations successives, le karma, ou enchaînement « des causes et des effets » (*inga* 因果 en japonais).

Malheureusement, l'année suivante, le chat périt dans un incendie. Evidemment, la famille (surtout les deux sœurs) s'en afflige. Toutefois, l'auteur ne nous décrit pas cette affliction et elle passe rapidement à autre chose. Serait-ce à dire que la souffrance n'a été ni très intense, ni très longue, ou est-ce au contraire un exemple de pudeur ? Peut-être y a-t-il un peu des deux.

Plusieurs années plus tard, « cependant qu'ainsi je me morfonds en mon désœuvrement, pourquoi ne ferais-je quelque pèlerinage ? » Mais sa mère s'oppose à un pèlerinage qui ne serait pas dans les proches environs. Elle parvient néanmoins à partir, et lors de son séjour fait un troisième songe mystique. Là encore, il s'agit d'un bonze de haut rang, qui lui paraît être le Procureur du monastère (*Betô* 別當). Il lui reproche son manque de piété et sa futilité. La narratrice, à son réveil, comme les fois précédentes, n'en parle à personne et passe à autre chose. Ce moine morose n'a réussi à lui faire partager, ni son inquiétude, ni le sens de la piété bouddhique. Toutefois, les avertissements inquiétants semblent s'accumuler au dessus de la tête de la jeune femme…

Les apparitions shintô alternent avec les manifestations bouddhiques, dans le plus pur syncrétisme japonais. La nouvelle apparition est davantage sujette à caution, dans la mesure où ce n'est cette fois pas l'auteur (ni même une personne de sa famille) qui a la vision, mais un moine en pèlerinage, et ce sur demande de la mère de la narratrice qui lui avait confié un miroir . On connaît l'importance de la symbolique du miroir dans la religion shintô. Il sert ici de relais, près duquel va apparaître (soi-disant) l'image du kami. Ainsi donc une belle dame se manifeste au moine. Il est vraisemblable d'y voir une nouvelle incarnation d'Amaterasu. Elle s'étonne qu'aucune lettre n'accompagne le miroir. Pourtant, cela ne l'empêche pas de l'utiliser et d'inviter la narratrice à y voir deux images vraisemblablement divinatoires : celle d'une femme misérable, « prostrée et gémissante », puis celle d'une femme richement habillée, dans un décor raffiné. Cette deuxième vision serait-elle celle d'un futur conditionné à une vie pieuse, la première étant celle de ce qui attend la jeune femme si elle ne fait rien ? On serait tenté de le croire, au vue de la fin de vie de l'auteur, dont elle se plaint, car elle n'a su se départir de son « irréductible frivolité », malgré les exhortations d'un proche à mettre sa foi en Amaterasu. Elle ne sait même pas s'il s'agit d'un kami ou d'un bouddha.

Dans une autre anecdote, Dame SUGAWARA voit la vocation d'une de ses parentes comme un événement triste qui l'éloigne d'elle.

Avec le temps, la mélancolie semble envahir de plus en plus la vie de l'héroïne. Mais, « voilà que dans l'état de désarroi et d'incertitude où je me trouve, je me suis vue en songe assise dans la grande salle du Kiyomizu, et un homme qui pouvait être le Procureur est venu à moi : « Vous que voici, vous étiez en votre précédente existence un moine de ce monastère ! Excellent imagier » ». La tâche du moine ayant été achevée par un autre, l'héroïne ne pouvait faire qu'une chose : aller faire un pèlerinage au Kiyomizu, mais là encore elle ne fit rien.

Peu intéressée par une spiritualité exigeante, l'héroïne préfère s'en tenir à une vie, non pas sensuelle, mais vouée à la contemplation, et qui n'est pas, après tout, si mauvaise au regard des principes du bouddhisme.

C'est à la maturité que les regrets en matière de religion se font sentir plus vivement, et donnent lieu à un premier bilan de vie introspectif : « A cette heure, j'ai fini par comprendre à quel point mon insouciance d'autrefois avait été déplorable, et je me suis avisée avec consternation qu'en fin de compte mes parents ne m'ont jamais emmenée faire de pèlerinage ; aussi, à présent que ma fortune est assise, que mon enfant se développe selon mes vœux, que mes biens forment une montagne plus haute que le Mont Mikura, m'exhorté-je à songer à la vie future, et c'est ainsi que, passé le vingt de la lune des frimas [1045], je vais faire mes dévotions à Ishiyama. » « En voyant l'imposante construction du monastère de la Barrière, il me souvient du visage du Bouddha alors à peine ébauché, et je mesure avec une vive émotion la fuite des ans et des mois. » Il semblerait que chez Dame SUGAWARA, le bouddhisme soit indissociable d'un aspect visuel dominant, lié aux souvenirs, des souvenirs très fortement teintés d'affectif. Et cette conscience intime de la fuite du temps est au cœur de la mélancolie. Elle ne révolte pas, mais laisse dans le cœur un goût de regret et d'inachèvement.

Lors de sa retraite de trois jours (seulement), elle fait un court rêve au court duquel quelqu'un lui dit : « J'ai reçu du musc de Chôdô, vite, veuillez le faire savoir là-bas ! » Croyant avoir affaire à un bon présage, elle passe la nuit en dévotions.

L'année suivante [1046], soutenue par son mari, elle néglige « la cérémonie de l'auguste purification en vue des Grandes Gustations des prémices (*Daijôwe no Go-kei* 大嘗會の御禊) », fête religieuse shintô, et se rend en pèlerinage, pensant faire un sacrifice qui sera apprécié des bouddhas.

Deux fois encore, en rêve, une belle dame noble, puis une voix mystérieuse lui prodiguent conseils (s'en remettre à « Hakasé no Myôbu 博士の命婦» si elle veut servir au Palais un jour), et réconfort (on lui offre un rameau du cryptomère miraculeux de la part du kami Inari) . Apparition réelle, ou besoin d'apaiser sa conscience vis-à-vis du shintô délaissé au profit du bouddhisme ?... sans compter un désir plus profond qu'il n'y paraît de servir à la Cour.

Mais le pessimisme et la mélancolie retombent vite sur elle. Peu de temps avant le décès de son époux des suites d'une maladie, ses gens lui content avoir aperçu, au cours d'un voyage, « une grosse boule [de feu, une âme] humaine (*ohokinaru hitodama* 大きなる人魂) ». Ce n'est qu'après le décès que la dame y vit un « funeste présage ». Peu à peu, la fatalité semble marquer la vie de l'héroïne, qui sent que quoi qu'elle fasse, sa vie est vouée au malheur, car elle n'a pas agi suffisamment tôt, à l'époque des premières apparitions.

En revenant sur l'épisode du miroir, elle commente : « L'heureux présage par contre, que semblait contenir l'autre image, ne s'est pas réalisé jusqu'à cette heure, et il est à présent peu probable qu'il le soit jamais ! ».

Que reste-t-il, à la fin de sa vie, lorsque vient l'heure des bilans, sinon une lourde mélancolie, mais aussi l'envie d'écrire ? Nous revenons à la mélancolie comme source de création artistique. Dame SUGAWARA aurait-elle écrit le *Sarashina nikki*, si sa vie n'avait été qu'une longue suite de bonheurs ? Qu'on nous permette de penser que la béatitude n'est pas des plus productives.

L'auteur, par nature insouciante et optimiste, ce qui n'est pas incompatible avec la mélancolie, a-t-elle voulu finir sur une note d'espoir, ou est-ce la réalité de son expérience ?, toujours est-il qu'elle clôt son récit sur une note d'espoir : en 1055, elle voit, en rêve, le bouddha Amida 阿彌陀佛 (Amithaba). Il lui fait des signes mystiques d'une main, et promet de venir la chercher.

La rencontre avec le bouddhisme n'est donc pas une rencontre manquée. Le bouddha Amida a fait preuve de miséricorde et d'indulgence envers l'héroïne. Il apaisera la mélancolie, du moins si le sentiment d'abandon ne l'emporte pas sur toute chose. Avant d'accéder à un état d'esprit supérieur, encore faut-il apprendre à vivre avec la solitude métaphysique de l'existence, et cela dans un pays, le Japon, qui à l'époque n'avait pas encore reçu l'apport du christianisme et de la notion de Dieu, immortel, transcendant et omniprésent.

Le mélancolique a-t-il davantage de facilité à développer des talents mystiques ? Au contraire l'expérience mystique rend-elle mélancolique ? Il semblerait plutôt que ce soit la première solution. En effet, l'extrême sensibilité du mélancolique, qui a souvent tendance à être esthète, va de pair avec une perception aigüe des phénomènes, quels qu'ils soient, et le rend perméable à des expériences que nous qualifierions aujourd'hui de para-normales. Hallucination ou vérité ? Rêve ordinaire, ou effectivement prémonitoire ? : il s'agit là d'une question d'adhésion à des dogmes, d'une question de foi, de croyance, et non de science, bien entendu. Notons seulement que ces entités ont choisi de se manifester auprès, non pas de la plus pieuse, ni de la plus « pécheresse » d'ailleurs, mais certainement auprès de la plus sensible, la seule qui pouvait vraiment les accueillir en son esprit réceptif et… imaginatif.

Conclusion

Dame SUGAWARA a su tout autant observer que transmettre et exprimer ses émotions par un art raffiné et pudique, mais non sans lucidité et modestie. Si l'on parle d'imaginaire chez cet auteur, c'est avant tout un imaginaire de forme littéraire qu'elle construit en pionnière dans son pays. Sans renier sa sensibilité féminine, il nous semble au finale peu pertinent de voir chez elle des thèmes d'imaginaire spécifiquement féminins et importants à ce titre. Non, ce qui nous parait capital chez cet auteur, c'est ce constant aller-retour entre une gaieté d'enfant qui ne l'a jamais vraiment quittée et la mélancolie.

Dans le cœur de la majorité des Japonais et des Français (que l'on soit ou se sente ou non femme, poète, mère ou croyant) subsiste donc un peu de ce que l'on trouve dans les lignes de Dame SUGAWARA (pour s'en tenir à l'exemple que nous avons présentés) : cette part de *yûutsu* qui nous émeut et nous fait

Alexandre MANGIN, *Articles sur le Japon*

regarder les êtres comme les choses avec une perméabilité sensible et productive de beau et, selon nous, de bon.

Bibliographie sommaire

MANGIN Alexandre, *La mélancolie dans le Sarashina nikki, chez KAMO no Chômei et KAWABATA Yasunari*, mémoire de maîtrise sous la direction de Jean CHOLLEY, Université Lyon III, 2003, édité sous le titre de *Trois mélancolies japonaises* à Lille par TheBookEdition, 2010 ;

Sur la mélancolie :
— *Magazine littéraire* « La dépression », n°411 de juillet-août 2002, en particulier l'article de René de CECCATTY : « Littérature japonaise / Mélancolie et fluctuation », p.68-70 ;
— LAMBOTTE, M.-C., Esthétique de la mélancolie, Aubier, Paris, 1983 ;
— STAROBINSKI Jean, « Histoire du traitement de la mélancolie des origines à 1900 », *Acta psychosomatica 3*, Dokumenta Geigy, Bâle, 1960 ;
— STAROBINSKI, Jean, *La mélancolie au miroir. Trois lectures de Baudelaire*, Paris: Julliard, 1989 ;
— GUARDINI, Romano, *De la mélancolie* Trad. française.- Paris: Points, 1953 [Présente des extraits de Kierkegaard, les commente et pense la mélancolie de façon philosophique] ;
— JURANVILLE, A..- La femme et la mélancolie.- Paris: P.U.F., 1993 ;
— KLIBANSKY, Raymond, et al..- *Saturn and Melancholy. Studies in the History of Natural Philosophy, Religion, and Art*, New York: Basic Books, 1964. Trad. française: *Saturne et la*

mélancolie; études historiques et philosophiques: nature, religion, médecine et art, Paris: Gallimard, «Bibliothèque des idées», 1979.

— LAMBOTTE, Marie-Claude.- *Esthétique de la mélancolie*.- Paris: Aubier, 1984 [Analyse de type psychanalytique] ;
— LEPENIES, W..- *Melancholie und Gesellschaft*.- Frankfurt: Suhrkamp, 1969 ;
— ROUBAUD, Jacques.- *La fleur inverse*.- Paris: Ramsay, 1986 [en particulier le chapitre 2: "Eros mélancolique"] ;
— Article « Mélancolie », *Dictionnaire international des termes littéraires*, Université de Limoge, disponible en ligne à l'adresse : ditl.info ;

Sur la littérature japonaise :

— OKA Kazuo 岡一男編, sous la direction de ∼ : *Heian-chô bungaku jiten* 『平安朝文学事典』東, Tôkyô shuppan 京堂出版 : ouvrage synthétique de référence ;
— Collectif : *Nihon koten bungaku dai-jiten* 『日本古典文学大事典』, Meiji shoin 明治書院, Tôkyô, Heisei 10 平成 10 (1998) ; ouvrage monumental en 13 volumes, détaillé et véritable somme d'érudition ;

Le *Sarashina nikki* :

1/ Le texte lui-même :

— *Sarashina nikki* 『更科日記』, NISHISHITA Kyôichi kôchû 西下経一校注, Iwanami shoten 岩波書店, Tôkyô, 1965 ; un des textes de référence, bien que, comme les autres, il puisse être discuté ; la restitution des caractères chinois qu'il propose est subjective ;
— *Le journal de Sarashina*, traduction intégrale de René SIEFFERT, P.O.F., Paris, 1978 ; traduction française de référence jusqu'à nouvel ordre, proche du texte et sans contresens ;

Alexandre MANGIN, *Articles sur le Japon*

— *As I Crossed a Bridge of Dreams : recollections of a Woman in Eleventh Century Japan*, traduction d'Ivan MORRIS, Oxford University Press, 1971, réed. Penguin classics ;
— *The Diary of Lady Sarashina* (1009-1059), trans. Annie Shepley Omori and Kochi Doi, in Diaries of Court Ladies of Old Japan (Boston: Houghton, 1920), 3-68. Hanover Historical Texts Project : traduction disponible en ligne sur Internet ;

2/ Autres oeuvres de Dame SUGAWARA :

— *The Tale of Nezame : Part Three of « Yowa no Nezame Monogatari »*, trad. de Carol HOCHSTEDLER, Ithaca, Cornell China-Japan Program, New-York, 1979 ;

3/ Etudes sur le texte :

— ANJÔ Kiyoshi 安貞淑 : *Sarashina nikki no kenkyû* 『更科日記の研究』, Kanrin shoten 翰林書店 ;
— TSUMOTO Nobuhiro, Dr. 津本信宏博士 : *Sarashina nikki no kenkyû* 『更科日記の研究』, mai 1957 ;
— Collectif : *Sarashina nikki no kenkyû* 『更科日記の研究』, Tôkyô Nihon shobô 東京日本書房.

日本人とヨーロッパ人の〈越境〉：
どのような〈越境〉であるか[3]

　古代ギリシアでは、一つの厳しい刑は貝殻追放（オストラシズム）であった。それは polis（都市国家）から追放しようとする者をオストラコン（陶片）に記して投票し、それが一定数に達すると追放されたということである。すなわち、受刑者に力ずくで国境を越えさせていたのである。しかし、オストラシズム（貝殻追放）とは逆に、鎖国であるかないかにかかわらず、自国から出ようとした人がどんな国にもいた。例えば、日本文学では、『保元物語』をはじめ、『御伽草子』『今昔物語集』を経て、『日本霊異記』やお坊さんの色々な物語など、現代まで「越境」した者についての物語は多くある。それらの様々な作品では、「越境」は同じ境を示すのだろうか。何故境・国境を越えるのか。どのような経験をするだろうか。言い換えれば、「越境」とは何であるのか。文学と歴史から例を挙げながら、まず「越境者」と外国への関係（I 参照）、そして渡仏した日本人と渡日したフランス人の例（II 参照）を検討したい。

I 日本人と外国人の「越境」：外国への関係
　日本文学だけでなく、外国の文学にも「越境」のテーマは存在する。ただし、「越境」は国境を越えることだけでなく（A 参照）、象徴的な境を越えることでもある（B参照）。

---

[3] Rapport rendu dans le cadre du cours *« Ekkyô » no seishin-shi* 〈越境〉の精神史 (Histoire psychologique des franchisseurs de frontières) du professeur ABE Yasurô à l'Université de Nagoya.

A 地理の「越境」から、精神的な「越境」まで

　古代のサモザトのルキアノス(Λουκιανoζ)（１２０頃
～１８０頃）の『ジファンティ』は架空の世界を、
Thucidide のような歴史家は軍隊の移動を描写して、異な
る文化・意見などについて哲学的・政治上の意義を考察
した。ルキアノスと空想の国を描写した作家達（特に
Thomas MORE（１４７８～１５５３））において、国境
の彼方に住んでいる相手は我々（すなわち、著者が生き
た時代の人々）に逆像を反映している。著者と主人公だ
けでなく、読者も自分の考え方・価値体系・習慣を考慮
するようになるのである。中世の聖人伝では、日本の法
師伝のように、主人公の「越境」の動機は精神的
（spirituel）・宗教的・哲学的な目標がある。それらの物
語の終わりで、主人公は多くの経験をしたが、一番大切
な発見は主人公自身の精神的な変遷だと思われる。その
点は特にドイツのロマン主義作家によって取り扱われて
いる。スペインのピカレスク（悪漢）小説のように、ロ
マン主義作家の作品では、主人公は必ず越境する。国か
ら出なくても良く、故郷から越境するだけで良い。した
がって、「越境」の作品も人格形成小説となっていると
思う。

　十八世紀に、VOLTAIRE（１６９４～１７７８）はイ
ギリスに一年亡命し、そこで英語を学び、LOCKE（１６
３２～１７０４）や HUME（１７１１～１７７６）とい
うイギリスの哲学者を読み、宗教上の寛容を経験した。
三十年後、政治上の訳でプロイセンに滞在した。その時、
皇帝と一緒に詩や哲学を学んだのである。老年期にスイ
スに引越し、そこから、ヨーロッパの多くの知識人と文
通し、寛容という思想を広めた。最後にフランスに（ス
イスとの国境に）居を構えた。もし、越境しなかったら、

そんなに豊かなヨーロッパの意識がなかったであろうと思われる。

このような越境者はヨーロッパに多くいる。

しあし、国境を越えずに、そのように精神的な「越境」することのできる人もいた。

B 象徴的な「越境」

ヴォルテールは行かなかった場所にも想像力で「行った」と言える。例えば、イタリアに行かなかったが、イタリア語が流暢に話せ、イタリアの詩人を多く読んだ。さらに、日本語ができなく、日本に行かなかったが、日本のことを褒めているテキストを書いた。ヴォルテールにとって、日本は寛容の国だ。しかし、ヴォルテールの描写日本はまだ理論的だと思う。

Arthur RIMBAUD（１８５４～１８９１）というフランスの詩人は海外（つまりアフリカ）に行き、こそに亡くなったが、彼の詩的な「越境」はフランスに住んでいた時に詩で表現したのである。彼によると、詩人は詩的な境の渡し守（passeur）であるそうだ。筆者は、その詩人の見方は正しく「越境者」という概念に当てると思う。

Valery LARBAUD（１８８１～１９５７）の越境は、同時に地理と言語的であった。スペイン語、英語、イタリア語、ポルトガル語、ラテン語とギリシア語を話せ、イギリスに滞在し、イタリア人と結婚し、記事を英語とスペイン語で、作品をフランス語で書いた。ずっと境を越えていたものだったと言える。

日本人のうちで、太宰治（１９０９～１９４８）はフランスに行かなかったが、フランス語を勉強して、フラ

Alexandre MANGIN, *Articles sur le Japon*

ンスの作家を読んだ。太宰のフランスは夢のフランスだ
ったと言える。その夢は太宰の美的を作るように、かな
り重要だと思う。フランス風の服・言葉・ポーズなどは
日本のプチブルから自分を守る面・気取りだったと思わ
れる。フランス好きであることは知識人の小さなグルー
プに所属のしるしでもある。また、太宰はフランスが理
想的な国であり、フランス人の作家が理想的な人だと思
っていた。有名な作家（例えば Paul VALERY）とよく自
分を比較して、劣等感を感じていた。フランスに行った
ら、どうなったであろうか。

　現在、ロシア語の勉強した田和だ洋子は、ドイツに引
っ越し、交互に日本語とドイツ語で書くようになんった。
二か国語併用は自分のアイデンティティーや言葉を質問
する方法でもあると思われないであろうか。

II 渡日したフランス人や渡仏した日本人：越境の例

　十六世紀から、日本に行くヨーロッパの「越境者」が
いた。Louis FROIS（１５３２～１５９７）というポルト
ガルの宣教師は日本に行き、彼の「越境」の経験を述べ
た。鬼島の住民を発見した『保元物語』の源為朝（１１
３９～１１７０）や『御伽草子』の「蝦夷」民族を発見
した源義経（１１５９～１１８９）のように、日本民族
との共通点より、相違点を強調した。しかし、それらの
二つ作品の著者と違って、フロイスは本当に越境したの
である。古典の作家の「比較文化」の観測記録のように、
フロイスはある意味で「日本人論」を生んだ。フロイス
の後、日本に越境したヨーロッパ人がいて、明治時代の
開国から多くなってきた。

それで、フランス人として、私は特にフランス人と日本人の「相互越境」について若干述べたい。まず、フランス人の越境者（A 参照）、そしてフランスに越境した日本人（B 参照）を検討する。

　A 渡日したフランス人の越境者

　フランス人の場合には、渡日の越境は明治時代から始まるのである。その前は、日本の越境は本・話・物で行われた。

　しかし、鎖国の時にも、オランダの貿易会社に勤めていた François CARON というフランス人は日本に滞在し、日本人と結婚した。その「越境」の経験を本で説明した。

　十九世紀の終わりに、日本の宗教・哲学を研究しに来た作曲家・起業者 Emile GUIMET というリョン人と印象主義の画家である Félix REGAMEY は一緒に公用で出かけ、日本の文明・芸術・思想などを発見し、日本の美をすぐに深く感じることができ、日本を「黄金時代にまだ生きている天国」と見なし、帰国してから、リョンで、そしてパリで、アジアの美術館設立し、日本語の講座を組織した[4]。

　日本に行き、影響を受けた作家も数人いる。たとえば、日本語のできなかったフランスの作家・外交官・日仏会館の創設者である Paul CLAUDEL はギメと違って、日本語を学ばなかったが、日本の美や日本美術の重要をよく分かったと思う。中国の道教の影響を受け、日本文化における空間という概念が分かり、感じることもできた。

　日本人の方は、「越境」がどのように現れたか。

---

[4] リョンには中仏研究所がすでにあった。ギメのおかげで、リョンはもっとアジア（その際には日本）に向けたと言える。現在はアジアの美術館はパリにあるが、l'Université Jean Moulin LYON III（リョン第三ジャン・ムーラン大学）はそのアジア研究を続くのである。

Alexandre MANGIN, *Articles sur le Japon*

B 渡仏した日本人の越境者

　日本人は初めてフランスに行ったのは十七世紀であった。船舶は Saint-Tropez 港に停止していたのである。それは日本人とフランス人の初めての「束の間の出会い」であった。そこで泊まった建物はフランス人に大事にされているので、現在まで残っている。

　しかし鎖国のせいで、明治時代までに日本人はフランスに行けなかった。その時、芸術家・法律家・思想化等や文部省の１６人の給費生[5]はフランスに行き、一年以上滞在した。その「越境者」の内で、例えば中江兆民（１８４７〜１９０１）・永井荷風（１８７９〜１９５９）がいた。

　後に、藤田 Léonard 嗣治（１８８６〜１９６８）は日本の伝統的な絵の技術を使いこなし、西洋的な画題を選択し、日本におけるよりフランスで有名になった。

　堀口大学（１８９２〜１９８１）は詩人だででなく、フランスの Paul MORAND の翻訳者であり、*Ouvert la nuit*（『夜ひらく』）の翻訳で、多くの若い日本人の作家に影響を及ぼした。フランス語の隠喩の大切さが分かり、初めて日本語にこのような隠喩を使ったものである。例えば、新感覚派の横蜜利一（１８９８〜１９４７）や川端康成（１８９９〜１９７２）はそのテキストのおかげで文体の自由を少し見はじめるようになったと思われる。

　リョンに三年間滞在した遠藤周作（１９２３〜１９９６）はキリスト教を勉強し、カトリック教徒の作家を読

---

[5]文部省の６８３人の給費生の内で、２０９人はドイツに、１３８人はイギリスに、２３人はアメリカに行ったのである。

み、リョン弁も習った。ずっとフランスとリョンがすきであった。

　現在は、堀江としゆきという翻訳者も、堀口大学のように、フランス語の「呼吸」や隠喩を再現しようとしている。堀江氏によると、彼の parole（言葉・文体言語能力・パロール）は「国境地域」にあるそうである。

　岩崎つとむも翻訳で、日本人に越境する可能性を与える。特に改革するフランス語で書く Philippe SOLLERS の翻訳で日本に大切なプレゼントをした。

　地理でも、精神でも、文学的でも、「越境」は自由の感じを増幅するものである。地理の越境は禁止されたら場合でも、文学の境をはじめ、境を越えようとする人間はいつまでもいる。たとえば、空海（７７４〜８３５）と遠藤周作は、ある意味では両方とも同じような経験をした。つまり、一種の自由を経験し、自分のことを発見し、教えあるいは本でそれを伝達したのである。

参考文献

VOLTAIRE : *Lettres philosophiques*（『哲学的な手紙』）GF

杉田玄白 (1733-1817)　片桐一男全訳注（初版２０００）
　　『蘭学事始』講談社学術文庫

FERRIER Michaël & MIURA Nobutaka 編集（２００３）:
　　La tentation de la France, la tentation du Japon / Regards croisés
　　（『フランスの欲望・日本の欲望　交差した視線』）
　　特に第三章（「L'écriture et le passage des frontières」
　　「書く行為と越境」）

FRÓIS Luís (s.j.) (1585) *Tratado em que se contém muito susinta & abreviadamente algumas contradições & diferenças de custumes antre a gente de Europa & esta província de Japão*, Xavier de CASTRO 仏訳 : *Européens & Japonais Traité sur les contradictions & différences de mœurs* （『ヨーロッパ人と日本人の風俗習慣の矛盾』） Chandeigne, 批評初版 Collection Magellane, 1993, 改訂 1994, 文庫再版 1998, 翻刻 2003

MICHAUD Henri （１９３３、改訂１９８４） *Un barbare en Asie* （『一人の南蛮人はアジアに』） Gallimard.

単一民族神話[6]

　名古屋大学に入学した理由は、自分の研究を続けるためである。以前に、菅原道真の娘・鴨長明・川端康成の「憂鬱」について若干研究した。それが一体、「単一民族論」と何の関係があるのかと言うと、日本の作家の「憂鬱」というのは日本民族の「憂鬱」の表現であるとも考えられ、日本人のアイデンティティーの基本的な一部となっているように思われるからである。筆者はそのアイデンティティーを研究しようとしているため、相手との関係を検討しないと、深く理解できないからである。日本人は他国の民族と自国を比較して、自国の民族はどのような民族だとしているのだろうか。そこから、日本人に作られた日本論・日本人論・日本社会論などが出現している。そうした理論は本稿では検討しないが、「単一民族論」を現象として中心的に取り扱いたいと思う。この議論ではどのように日本人のアイデンティティーを示すかという問いについて考察する[7]。ここには、二つの重要な点があると思われる。それは日本の政治制度の正当化と、日本人の外国人への態度である。この二点について述べる。

　I 「単一民族論」「日本人論」「日本文化論」などは抽象的な理論ではない。この理論は政治・法律・経済的

---

[6] Rapport de fin de semestre dans le cadre du cours « *Nihon shakai no rekishi to bunka* » 日本社会の歴史と文化 (Histoire et culture de la société japonaise). Les annotations sont du professeur SHINOMIYA 篠宮.

[7] N.d.A. : Les soulignages sont du professeur SHINOMIYA.

な結果をもたらす。日本の単一民族の「父親」であるとも言えるとされる天皇が神様の子孫であるとして、アジアの「劣等の国々」の征服や植民地化を合法化した。また、現在まで、日本の天皇の古墳は発掘してはいけないとされている。仮に、発掘し、遺伝分析して、韓国人の系統が発見されれば、日本の「単一民族論」や日本のいわゆる「純血論」は失われると思われる。その場合、在日コリアンという韓国系日本人に対する日本の政策は変化させるべきであろう。また、アジアの中で、良い関係を築くために、歴史の事実を承認しなければならない。しかし、たとえ日本政府が日本軍隊が韓国で犯した戦争犯罪（従軍慰安婦など）を完全に承認し、後悔し、韓国に許しを乞うとしても、不完全な歴史の教科書の問題がまだ残っている[8]。

　　II 「単一民族論」は歴史の否定だけではなく[9]、外国への両義的な関連を表現している尊大な概念でもあると思われる。何故こんなイデオロギーが現代まで残っているのか。理由は多いと思われる。日本は島国であり、征服をうけなかったという説（網野善彦）、水田稲作一元論、自然の影響などという説明がある。筆者にとって、それらの基準は総て現実な部分がある。日本[10]は「外国」に集中しているが、その「外国」についての知識は分裂しているため、時に外国の能力を過大評価し、時に過小

---

[8] N. du professeur SHINOMIYA : I の部分について、冒頭の課題設定とどのように関連するのか、理解できませんでした。ただし、天皇の問題について私たち日本人が客観的に分析できていない（できない）現状は戦争責任の問題を含め重要な点と、私も考えています。

[9] N. du professeur SHINOMIYA : «？».

[10] N. du professeur SHINOMIYA : の意識は？

評価する。また、強国に対して、劣等感を抱くようになった。それ故、自国をユニークな存在にしようとするようになった[11]。そのため、「単一民族」のビジョンを創造し、それを信じるようになった人々がいた。現実は自国への尊敬と相手への尊敬の両方にあり、シンプルな考え方・超越的価値・世界の総合的見方・段階な見方も大切であると思われる。将来は、さらに増加すると思われる外国から移民に対する新しい日本人のアイデンティティーを作る必要は出現するかもしれない[12]。

---

[11] N. du professeur SHINOMIYA：この点については丸山真男氏の古層論の考え方と共通するものがありますね。ただし、丸山氏の古層論からすると「知識は分裂」しているというよりも、総合的にあるいは丸ごと理解する視角をそもそも欠いていた、となりますが。

[12] N. du professeur SHINOMIYA：「新しい日本人のアイデンティティー」が必要か、それともアイデンティティーの存在自体の必要性をめぐって、現在の日本社会はゆらいでいる状況です。国際情勢やその中での日本に対する認識、さらには日本社会の現状を見すえながら、それを客観的に分析する視角が今の日本には求められています。これまでとは異なる日本人論・日本社会論が生まれる可能性もあるのではないでしょうか。

Alexandre MANGIN, *Articles sur le Japon*

「日本人論」「日本社会論」「日本文化論」[13]

　「日本人論」「日本社会論」「日本文化論」という研究分野が出現したのは、本居宣長（１７３０－１８０１）からであった。以前は、それらの議論だけでなく、「日本とは」「日本人とは」ということについての本格的な定義さえもなかったのである。しかし、「日本」や「日本人」についての仮説はかなり多く、その点については日本語でも、外国語でも、豊富な文献がある。日本人自身「日本人とは」という問題に対して興味や関心があり、その理論も当然あるはずである。それらの理由の要素を整理してみると、そこから日本人のパラドックスをより理解できるようになるであろう（I参照）。そこで、日本人自身の書いた「日本人論」と外国人の書いたこれとを手短かに検討し、日本人とそのアイデンティティー及び外国人との関係に関しての感想を若干述べたいと思う（II参照）。

I　何故「日本人論」「日本社会論」などがこのように盛んに議論されたようになったのか

　以上に述べたように、日本人のものの考え方については色々な説がある。一つは日本人が劣等感を少し持っており、国としての誇りを守るために、そうした論文を書いているという説があるが（A 参照）、それらの作品には成功例が数多く、日本文化を生かした傑作もある（B参照）。

---

[13] Second rapport de fin de semestre dans le cadre du cours « *Nihon shakai no rekishi to bunka* » 日本社会の歴史と文化 (Histoire et culture de la société japonaise).

Alexandre MANGIN, *Articles sur le Japon*

A 日本人は自分のことに自信を持っていないから
「日本人論」を書きはじめたのである

　狭い国である日本は、昔から数世紀にかけて、韓国と
中国の影響を受けてきた。例を挙げると、最も大切な借
用は漢字や仏教である。それらを取り入れなかったとし
たら、我々の知っている現在の日本はないだろうと思わ
れる。しかし、日本は大陸の影響を受けたとしても、中
国でもないし、韓国でもない。漢字や仏教を保存しなが
ら、威信のある中国の文明・文化・概念との間に距離を
置こうとしたのである。日本人は「やっぱり、我々は違
う」と思って、自分のアイデンティティー・文化・特殊
性は何かと自らに問うた。この授業で習ったことで、儒
教に対する反発から、「國學」というものが出現したと
いうことがあった。確かに、世界で一番儒教的な国であ
る韓国とは違って、日本は自分の価値観がある。芸術の
場合でも、日本の芸術は大陸のそれに劣っているという
わけではないと思われる。その点について考え深い著作
が日本人によって刊行された。

　　B 日本人によって書かれた優れた議論

　国学者であった本居宣長は、『古事記』に関してそれ
以前に書かれた評論とは比較できないほど深遠な考察を
した。開国を経験した福沢諭吉（１８３４－１９０１）
も独立自尊と実学を鼓舞した。ただ、こうした(母)国語で
書かれたものだけでなく、外国語（とりわけ英語）でも
本が書かれたのである。例えば、英語で書いた新渡戸稲
造（１８６２－１９３３）の『*Bushidô*』や岡倉天心（１
８６２－１９１３）の『*The Book of Tea*』（『茶の本』）
によって、西洋をはじめ、世界の国々の人がそんな深い
内容を理解した。

以上のような日本人だけでなく、外国人の日本学研究者も「日本人論」などをよく書いた。さて、そこで日本人及び外国人による「日本人論」や「日本文化論」の比較をしてみよう。

II　日本人及び外国人による「日本人論」や「日本文化論」の比較

　日本人によって書かれた「日本人論」「日本文化論」と外国人によって書かれたそれを比較してみると、日本の外国人への関係も若干現れていると思われる。そこで、二つの点を検討したい。一方、日本人によって書かれた議論は等質のものではなく（A 参照）、他方外国人によって書かれた議論はいつもエキゾチックなものであるとはいえない。外国人も客観的な分析ができると思う（B 参照）。

A 日本人によって書かれた議論

　日本のことを理解するために、日本の知識人はよく日本と外国を比較した。「発展段階」論を作った福沢諭吉だけでなく、多くの著者は世界を切り分けたのである。中国・韓国は一つにし、次に欧米、そしてそれ以外の国々の三つとなっているのである。日本人はよく「欧米」と比較をし、共通点より相異点を強調する。「欧米」そのものはヨーロッパ人として、とても日本的な概念である。例えば、フランスは日本とアメリカと同数の共通点があると思われる。ただ、日本人は外国語に対して複雑な関わりを続けるのである。例えば、フランス語のできる日本人はフランスのことを研究する。フランス人によるの日本人論・日本文化論を読まない。しかしながら、英語の読める日本人が多いので、それらの人はア

メリカ人によって書かれた本を読み、「それらの本が「欧米」の視角を表す」と思う。

　日本人の思想家の分析はもちろん外国人の日本学研究者に大きな影響を与えた。特に本居宣長（『古事記』の理想的な分析）から、福沢諭吉（「日本民の気風」など）、丸山眞男（「日本の古層」）、加藤周一（日本人の精神構造）などは海外で読まれ、研究されたのである。

　日本人は「他」を完全に自分の範囲から排除しておくのである。しかし、日本文化を日本の中から分析した外国人が日本人に承認された場合もある。

B 外国人によっての分析

　Luís FROÍS（日本人とポルトガル人の日常生活における相違）のような伝道師を始め、Lafcadio HEARN（小泉八雲）（日本の魅力）、Ruth BENEDICT（階級制度、恩、誠）、韓国のイー・オリョン（YI Oryong 이 어령 [李御寧]）（日本人の「縮み思考」）、フランスの Bernard FRANCK（古典・仏教）、René SIEFFERT（古典・宗教）、Jean CHOLLEY（古典・江戸文化・川柳・恋愛詩）、Jean-Pierre GIRAUD（宗教・想像・武道）、Philippe PELLETIER（地理学・現代社会）などはよく日本のことを知っており、Ruth BENEDICT を除いた他の著者は日本語ができ、日本人に書かれた議論を読んだこともあり、日本に住んだ経験もしたのである。その著者たちの分析を読むと、彼らが日本のことをよく理解していると思われる。日本人もその人たちの作品から多くのことが学べると言える。

　結論として、筆者はフランス人の先任者のように、日本学研究者になりたいと思う。外国語・外国文化・外国のメディア・移民は、日本人にどのような影響を与える

かという問いについて現在研究しており、将来「日本人論」「日本文化論」などを総合して研究してみたい。

参考文献

授業で紹介された本以外、興味を持って、次の著作を読んだらいい。
1 日本語についての本
OONO Susumu 大野晋 (編集) : *Nihongo no keitô* 『日本語の系統』, *Gendai no esupuri bessatsu* 現代のエスプリ別冊 6 号, 至文堂, Shôwa 55 年 (1980 年) ;

OONO Susumu : *Nihongo wa doko kara kita no ka?* 『日本語はどこからきたのか』, Chûô kôron shinsha 中央公論新社, Tôkyô, 初版 1999 年 1 1 月, 3ème éd. 2002 年 3 月

SUZUKI Takao 鈴木孝夫 : *Nihongo to gaikokugo* 『日本語と外国語』, Iwanami shinsho 岩波新書, Tôkyô, 初版 1990 年 1 月, 29ème éd. 2002 年 4 月 ;

SUZUKI Takao : *Nihongo wa kokusaigo ni nariuru ka?* 『日本語は国際語になりうるか』, Kôdansha gakujutsu bunko 講談社学術文庫, Tôkyô, 初版 1995 年 7 月, 10ème éd. 2000 年 1 2 月.

2 日本について
PELLETIER Philippe : *Japon Crise d'une autre modernité*, Editions Belin, La Documentation française, Paris, 初版 2003 年.

3 日本とポルトガル人について
FRÓIS Luís (s.j.) (1532-1597) : *Tratado em que se contém muito susinta & abreviadamente algumas contradições & diferenças de custumes antre a gente de Europa & esta provínvia de Japão (Traité où l'on trouve de*

manière très succincte & abrégée quelques contradictions & différences de mœurs entre les Européens & les habitants de cette province du Japon), 1585 年, Xavier de CASTRO 訳 et publié sous le titre *Européens & Japonais Traité sur les contradictions & différences de mœurs*, Chandeigne, 新校訂版 Collection Magellane, 1993 年, 改訂版 1994 年, 再版 en poche sans l'appareil critique 1998 年 11 月, 再版 2003 年4月.

4 オランダの影響と蘭学について

CARON François (1600-1673) : *La vraie description du puissant royaume du Japon*, 1ère éd. 1636 年, 再版 Chez Chandeigne en français, collection Magellane, sous le titre : *Le puissant royaume du Japon – La description de François Caron*, Jacques と Marianne PROUST 訳と考証資料, Paris, 2003 年3月 ;

SUGITA Gempaku 杉田玄白 (1733-1817) : *Rangaku koto hajime* 『蘭学事始』, KATAGIRI Kazuo 片桐一男校訂版, Kôdansha gakujutsu bunko, Tôkyô, 初版. 2000 年 1 月.

5 宗教の影響について

SIEFFERT René : *Les religions du Japon*, 初版 1968 年, *puf* (Presses universitaires de France), 2ème éd. *pof* (Publications orientalistes de France), ALC, 2000 年.

6 文学について

CHOLLEY Jean : *Un haiku satyrique, le senryû*, Publications orientalistes de France, 2ème trimestre 1981 年。

II Recherches en ethnographie du folklore (*minZokugaku*)

民
俗
学
研
究

Alexandre MANGIN, *Articles sur le Japon*

宮本学事始
(Les débuts de la miyamotologie en France)[14]

序論：フランスにおける日本民俗学の研究

　フランスにおける「宮本学」という学問は現在まだ存在していない。

　宮本つねいち常一という名前を聞いたことのあるフランス人も非常に少ない。三十人ぐらいであろう。フランスの一番有名な民族学・人類学辞典である BONTE & IZARD の「Dictionnaire de l'ethnologie et de l'anthropologie」に今でも宮本常一の名前が一度も出てこないのは著者にとって納得しかねるところである。

　日本民俗学に確実に相当する学課及び学科さえないに等しい。たしかに、日本民俗に関する本及び記事・小論文はいくつか出版されているが、その「日本民俗」は「日本民俗学」なのであろうか。また、学問であり、研究分野なのか。シャルル・ハグナウアー（Charles HAGUENAUER）という「日本学」（「japonologie」）の先達からロランス・カイェ（Laurence CAILLET）を経て、現在のアン・ブーシー（Anne BOUCHY）やセスィル・ディディエジャン（Cécile DIDIERJEAN）にかけて、数人の「日本学者」（「japonologues」）は日本民俗に関する研究をし、著作を著している。考察を始める前に、説明しなければならないことがある。

---

[14] Tôkyô, *The Journal of Rikkyo University Language Center*, n°18, septembre 2007.

一つは、フランスの「民俗学者」（「ethnographes folkloristes」）というのはフランス民俗を研究する学者であり、他国（つまり日本）の民俗を研究する学者ではない。よって、日本民俗を研究する学者は元々日本学者で、その上で日本民俗を専攻しているのである。

　もちろん、例外はある。例えば、有名な民族学者・先史学者 アンドレ・ルロァ＝グーラン（André LEROI-GOURHAN）(1911-1986) は渡日し二年の滞在期間の中で日本民俗を研究し複数のエッセイや手紙を残した。その作品はただ 2004 年に蒐集され、一冊の本としてまとめられ、出版され、現在日本民俗学の参考文献となっている。

　比較民俗論はフランスでは盛んではないが、確かに存在する。しかし、日本民俗を考察しながら他国の民俗と比較する民俗学者・民族学者は非常に少ない。その小数の学者たちはもっぱら日本学者の記した民俗学に関する本を基づいて検討する。また、日本民俗を研究する日本学者は他国の民俗と比較をすることが少ない。比較するとしても、それは主に中国民俗かフランス民俗との比較にとどまる。

　二つ目に、日本民俗に関する情報・資料・材料はフランスでは滅多に見つけることができない。現代社会に集中する業績は少なくないが、今日の日本民俗というと、もっぱら今日の都市の祭り・民俗である。そのような日本民俗、今日の田舎の民俗の起源及び各時代の民俗を知ったり、理解したりするように充分で正確な資料・本などがフランスでは必要である。一つの解決は宮本常一の作品の翻訳であり、さらにはその全作品の集大成を作ることである。なぜなら、世界中で宮本常一ほど日本全体を歩いたり、見たり、聞いたり、描写したりした人物は今までいないと言っても過言ではないからである。宮本

以上に日本社会を深く分析した学者は確かに存在しているが、大正時代・昭和時代に限っていうと日本民俗に関する本の中で、宮本の著作は一番徹底している。私は、そのコーパスを他のフランス人の民俗学者・民族学者・文化人類学者が利用できるように、未だフランスでは周知ではない宮本常一のことを研究することにした。

そして、フランスでは、20世紀の日本民俗学者に関する研究をおこなうのは（儲かる研究分野ではないとしても）問題とならない。しかし、日本では問題にならないとよく言っても、問題となったことを一回経験したことがある。ある日本人のフランス語の助教授にフランス語で「Savez-vous qu'il s'agit d'un auteur controversé ?」（（宮本常一は）「論争の的となった著者であることを知っていますか」）と言われた。その時、非常に驚き、その意見の理由を理解しなかった。今は、自分の主な研究テーマである「日本人のアイデンティティー」を考慮して、何とか分かるようになったと思う。本稿では、それを説明することを試みる。

「宮本学」を研究するということに、どういう意味があるのか。私の経歴・方針・アプローチは何なのか。具体的に何をしているのであろうか。私は確かに民俗学者ではないが、よい良い結果を求めるならば（II 参照）、後述のように調査をする（I 参照）必要があったと考えている。

I 調査とその準備

民俗学者ではなくても、日本に行かずに日本のこと及び日本民俗学者を日本学者として研究する意味がないの

思いなら、来日するだけではなく、宮本常一の足跡を辿りながら調査することにした。その調査について説明する前に、私の履歴やフランスの日本学の制度についていささか説明してみたい。

A/ 知的な素養・学歴

著者は、フランス人であり、フランスで教育を受けてきたことを否定できない。日本語学科に入るまえに法学部を卒業もした。

フランスのデカルト的な（旧）「共和主義的な教育制度」の典型は、小論文（「la dissertation」）という試験の型である。大阪教育大学のフランスの小論文の専門家住谷祐文教授が指摘するとおり、フランスではよい小論文を書く能力は人文科学のどんな科目にも応用可能である。小論文の様々な形式があるが、一番難しく純粋な形式は法律の小論文（「la dissertation juridique」）である。その小論文の主な規則は二つある。第一は、バイナリーの構造（「une structure binaire」）を用いること。すなわち、第一の部分と第二の部分が必ずあるのである。また、その第一部分と第二部分はそれぞれ二つの部分（「deux sous-parties」）に分けることである。

第二は、なにかを肯定すると、証拠を挙げなければならないということである。そのために脚注などを利用するのは周知のとおりである。

さらに、法律の小論文には結論は本文を読むことで自ずから導きだされるので、必ずしも必要ではないと言われている。逆に序論は、「la problématique」（問題提起）をはじめ、複数の考察や意識を含めているので、非常に重要なものである。法律の小論文の場合、序論が小論文の全体の3分の1まで占めることもしばしばある。

読者の分かったとおり、フランスの法律の小論文はフランス式庭園（「un jardin à la française」）のようである。つまり幾何学的であり、対称的であり、人間の理性や美意識を見せる作品なのである。本稿もそれの構造をとっている。

　そのような教養を身につけた後、言語学部に入学した。そこで、「日本語学」の三つのアプローチである日本語・日本文学・日本文化（「Lettres, langue et civilisation japonaise」）を学んだ。ところで、フランス語の「civilisation」を日本語に訳すと、なぜ普段は「文明」ではなく「文化」になるのか。それも日本文化論・アイデンティティーと関係があるのではないかと考えている。ヨーロッパは一つの文明があるが、複数の文化があると思われる様に、アジアには一つの文明があるが、複数の文化があるということなのであろうか。

　四年生になると、研究テーマ及び専門分野を選択しばなければいけない。私は主に文学を選んだが、研究したかった対象は最初から上述したように「日本人のアイデンティティー」（「l'identité japonaise」）であった。「日本人のアイデンティティー」に関する研究のアプローチの仕方は多くあるに違いない。社会学・歴史学・言語学・文学・民族学という領域によって完全に違うのである。それらの領域は「言語学」及び「文化」（「civilisation」）という二つの大きなグループで分割されることができる。著者の選択した専門分野は上述したとおり、「文化」である。そうして、文学と民族学・民俗学を注意して研究することにした。最初は日本文学、そして外国の様々な影響及び日本人論を考察してから、最後に恩師に紹介していただいた宮本常一の作品におけ

る日本人のアイデンティティーを探すことを目指して研究をしている。

　民俗学者ではないのに、どうやって民俗学者を科学的に研究するつもりなのかという反論できるであろう。しかし、前述したとおり、たとえ民族学・民俗学そのものを大学で学ばなかったが、法学部及び日本語学科で人文科学というものを学び、ある方法論や推論を身につけたのである。また、民族学の教科書や民族学・人類学の古典といえる書物を読んで独学し、特にアルノルド・ヴァン＝ジェネプ（Arnold VAN GENEP）、クロド・レヴィー＝ストロス（Claude LEVI-STRAUSS）、マルセル・モース（Marcel MAUSS）、エドワード・ティ・ホール（Edward T. HALL）、フランスワ・ラプランティン（François LAPLANTINE）などの影響を私は受けた。

　以上のようなそれらの教育を受け、2005 年に来日し、調査に至った。

　B/ 宮本常一の足跡を探す（日本での調査）
　2005 年から 2006 年までに一年間の大学院の研究生奨学金を与えてくれる武蔵大学に就学した際、小島孝夫氏という宮本常一の最後の弟子がそこで民俗学を教えていることを聞き驚いた。小島助教授の授業を始め宮本袈裟雄教授や小野博史助教授の授業を受講した。フランスでの指導教授、ジャン＝ピエール・ジロー（Jean-Pierre GIRAUD）教授（日本神話・日本の宗教）の指導を受けつつ、武蔵大学では古典文学の専門家古橋信孝教授に指導教官としてご指導いただいた。その折、西日本及び東北への調査旅行を行う企画を立てた。

　宮本常一について検討しはじめようとしたら、まず宮本家の出身地である山口県の周防大島に行くのは当然で

あると考えられる。以前、日本国内を観光した経験はあったが、研究のための調査旅行は初めてであった。可能な限り、写真を撮ったり、人々と話したり、博物館に行ったり、安い宿に泊まったりすることにした。

日程は 3 月 20 日から 27 日にかけてである。東京を出発し、最初は京都に行き、六波羅蜜寺・六道珍皇寺及び鞍馬の寺々を訪れた。22 日、電車にて広島まで移動し、そこで一泊した。23 日から 25 日にかけて、宮島、そして周防大島に調査した。帰る前に、26 日に下関まで行き、宮本が描写した魚市場や社寺などを歩いた。27 日、東京に帰った。

二回目の調査旅行は帰国する直前で、7 月 29 日から 8 月 5 日までであった。そのとき、宮本常一がその著作で取り扱った東北地方の「マタギ」の村二ヵ所さわ沢うち内むら村及びゆ湯だ田まち町で一週間滞在し、調査をおこなったわけである。調査のための予算が足りなかったので、そこでアルバイトをすることも覚悟した。半日アルバイトをし、半日調査をした。

これらの二度に亘る調査がもたらした結果は大きかった。最初の調査旅行の際、とりわけ久賀の歴史民俗資料館を訪れ、すべての民具の写真に収めることができた。宮本常一の家族のもとを訪れ、懇意にしていただいた。二男光氏に家族の私的な写真を見せていただいたり、宮本常一の所蔵が保存してある文化交流センターに案内していただいたり、周防大島の住民方々を紹介していただいたりした。周防大島をあちこち訪れ、資料を集め、宮本常一のお墓に行くともできた。その調査の際、一番素晴らしい出来事は宮本家の手厚いもてなし及び読ませてもらった宮本常一の未刊の『病間録』であった。

二回目の調査旅行の間、特に地元の人々と会話し、田舎を発見し、資料を集め、さらにマタギの道具の目録を手に入れた。

　2005 年までに二年間留学したのに、その二つの調査は特に役に立った。博士論文のための研究はもちろん、日本の農民・漁民・狩猟民の生活実態や事情の理解を助ける豊かな経験ともなったのである。その経験から、宮本学を概念化できるようになった。

II 知的なアプローチ：宮本学の認識論

　著者の宮本常一の著作・思想の分析を述べる前に、あらかじめアプローチの基本原則について若干触れてみたい。

A/ 基本原則

　できるだけ宮本常一の著作を数多く（日本語で）読むことは当然であるが、その著作をどのように捕らえ検討して真理に近づけるのか知りたいと思う。私が最も避けたいのは自国文化中心主義（「ethnocentrisme」）なのである。したがって、フランスの知識や分析基準も日本の知識や分析基準もともに使用し、さらに理性的な見方あるいは情動的反応に偏することも避け、同時に理性的で情動的な見方を採用しようとしている。前述したとおり、私はフランスの知的な教養を身につけ、現在もフランス人の知識人の本（とくに民俗学者・民族学者・人類学者）を尊重している。自分をそのような「フランス派」であることを認めつつ、宮本自身の使った概念や単語も、他の日本の民俗学者・民族学者・文化人類学者の使っている概念や単語も、少しでも使い、分析してみたいと思

う。それらの宮本常一に関する業績をはじめ、一般的に民俗についての本も考察、研究の対象である。今のところ出版された宮本に関する本がもっぱら伝記風であるのは、宮本が没したのはまだ最近だと言えるからである。

　さらに宮本常一は海外でまだ研究されていなくとも、宮本常一も他人にも著作された日本民俗学に関する本もなおざりにしてはならない。

　最後に、小論文（「dissertation」）のようにテーマの問題提起（「problématique」）を見失ってはいけない。

　私の研究の目的は、宮本常一に対する個人的な意見を表すどころか、フランス語を話す民族学者・民俗学者・人類学者・日本学者に宮本の作品及び蒐集した情報を紹介することである。従って、重要なことはその作品の多様性を見せ、できるだけ論理的に整理することで、他人に使いやすい材料を提供することである。

　宮本学を以下の二つの軸によって、将来紹介しようと思っている。

B/ 宮本常一をどのように取り扱うのか
　前述したとおり、どのような分析でも大切なことは問題提起である。その問題提起を見つけるまえに、要請（「postulat」）・第一原理を立てるしかできないが、研究が続くと分析の方針や主な軸が次第に出現してくる。いまのところ、要請・第一原理を超えてしまい、仮の問題提起及びアプローチを以下のように練った。問題提起は「宮本常一の作品の中で、Ruralité (田舎性)という主なテーマは歴史・patrimoine (遺産)・アイデンティティーとどのような関係があるのか」ということである。詳しいアプローチは以下の通りである。

はじめに、念のため基本的な概念（民俗学・民族学・文化人類学など）の定義をし、宮本常一の伝記的な注釈（歴史的・地理的な文脈）を紹介してから、問題提起（「problématique」）及びプランを述べる。

　そこで、私のアプローチは二つの主な軸に分かれる。

　一つは「日本人のアイデンティティーを求めている宮本の方法」という問題である。まず、宮本常一の知的な素養は、師範学校の頃にヨーロッパの１９世紀の左翼の思想家の影響を受けたのに、澁澤敬三という実業者・民俗学者の教訓に従ったことを問う必要がある。そこで、宮本の調査の融資のことに触れてみたい。また、柳田國男の教えも重要であったはずだが、後に宮本は冷静な距離を置いた。個人的な理由も学問的な理由もあったと思われる。その理由も明らかにしたい。

　また、宮本の方法の特徴及び日本人自身による日本民俗学の分析を詳細に説明することにより、宮本の現代性（「modernité」）が明らかになると考えられる。したがって、宮本の科学的な方法の問題を検討した後、宮本の参加した研究会・学会連合とその活動を考察のが良いと考えられるのである。そこで当時の知的な文脈や他の日本民俗学者も紹介する必要がある。

　二つ目では、「歴史に関する考察及び環境との相互作用」ということを分析したい。まず、(無)常及び遺産という概念・現象について述べ、「Ruralité」（「田舎性」）・フォークロア・アイデンティティーを取り扱う。そこで、宮本常一の歴史的試論、特に日本人の系統や日本の歴史上のマイノリティー（サンカ、またぎ、ツチグ

Alexandre MANGIN, *Articles sur le Japon*

モ、蝦夷など）という問題を提起しないと宮本の民俗学への貢献（「apport」）を明らかにすることができない。

　宮本常一の研究は、ある意味では「日本人論」のような「暗黙の考察」ではないのかということを検討もしたい。

　宮本による永続性及び無常を分析することにより、宮本の歴史的なまなざしを明らかにすることができるようにはならないだろうか。その上で、日本における「遺産」という概念及び民具学の出現を紹介すべきであると思う。

　さらに、宮本常一の行動及び幻滅、つまり農民の立場を支持する民俗学者としての宮本常一（彼は学者としても本当に中立であったのか）がどのように表面上の矛盾をどのように一致させるのかを問い、アフリカに行った宮本常一がどのように反応したのかを問おうとしたら、宮本常一の民俗学へのアプローチにニュアンスをつけようとする。そうして、そのアプローチと外国の民俗学者・民族学者のアプローチを比較し、民俗学を超える「文化人類学の討論」（「un dialogue anthropologique」）の条件を確立したい。

　おわりに、宮本常一についての論争（「la controverse」）（例えば、さなだ ゆきたかが指摘した宮本の「故意の沈黙」）について述べ、宮本の継承及び「宮本学」を紹介してから、宮本常一の弟子やこれからの「宮本学者」の見解も見落としてはならない。今日、宮本の作品を研究するのは意義があることであると思える。が、アイデンティティーと民族主義との複雑な境を現在考察する必要もあるのではあるまいか。最後に、フランスで宮本常一とその現代性に含められている日本人

Alexandre MANGIN, *Articles sur le Japon*

文科学を研究することは、日本についての理解に役に立たつと思う。

　結論

　宮本常一の豊富な著作は魅力に富む。日本民俗を研究しようとしているフランス人の民族学者をはじめ、日本学者もその著作では様々な情報を見つけることができ、日本史を専攻している学者にとっては昭和時代の田舎の生活・習慣などの詳細な描写・叙述は貴重な情報源となるであろう。また、その著作は文学作品としても価値あるものでもあると思う。ノンフィクションとして、その文体の簡素さや明晰さは内容の理解を容易にしている。それ故、中級・上級日本語を勉強している大学生には、練習テキストとして使用できるものであろうと思う。さらに、宮本常一の研究した概念やテーマ（とその逆に触れなかったテーマ）を考察することは、よい「日本人論」への貢献にもなるのではないのであろうか。
　「宮本学」がフランスで知られるようになれば、論争の的になるどころか、むしろ日本のことに興味のある学者の知的好奇心及び関心をきっと満足させると私は思う。

　参考文献

日本語で（宮本常一について）：

宮本常一『宮本常一著作集』、未來社刊、東京

網野義彦『『忘れられた日本人』を読む』、河出書店、東京、初版 2003 年

さなだ ゆきたか『宮本常一の伝説』、阿吽社、京都、2002 年

佐多尾信作『宮本常一という世界』、みずのわ出版、神戸、2004 年

佐野眞一責任編集『宮本常一 旅する民俗学者』、KAWADE 道の手帳、河出書房新社、東京、2005 年

長浜いさお功『彷徨のまなざし 宮本常一の旅と学問』、明石書店、東京、1995 年

『宮本常一 同時代の証言』宮本常一追悼文集編集、マツノ書店、周南市、2004 年

『宮本常一 同時代の証言続』田村善次郎編集、マツノ書店、周南市、2004 年

<u>フランス語で（日本民俗学について）</u>：

BOUCHY, Anne : *Les oracles de Shirataka*. Vie d'une femme spécialiste de la possession dans le Japon du XXe siècle. (再版 2005 年, texte augmenté, 60 photos et illustrations, 7 plans et cartes), Toulouse, Presses universitaires du Mirail (初版, Philippe Picquier, 1992 年)

CAILLET, Laurence : « Fêtes et rites saisonniers », « Kokugaku », « Parure (Arts de la) », « Proverbes (*kotowaza*) », in A. Berque (éd.), *Dictionnaire de la civilisation japonaise* (Paris, Hazan, 1994 年), pp. 205-208, 263-268, 370-375, 422.

– « *Honke* et *bunke* », in J.-F. Sabouret (éd.), *L'État du Japon* (Paris, La Découverte, 1996 年), pp. 11-13.

Alexandre MANGIN, *Articles sur le Japon*

- « Lien du sang, liens du sol au Japon », *Diogène*, n° 174, vol. 44-2 (1996 年), pp. 83-97.
- « Lieu, ancêtre et céréale : le dieu du sol au Japon », *Etudes rurales* (juil.-déc. 1997 年), pp. 139-150.
- « Yanagita Kunio, lecteur de James G. Frazer », *Daruma*. Revue d'études japonaises, n°5 (1999 年), pp. 183-212.

DIDIERJEAN, Cécile : « Des dons, des dieux et des hommes : les offrandes alimentaires dans le village de Himeshima », *Ebisu*, Tôkyô, Numéro 34 / printemps-été 2005 年

LEROI-GOURHAN, André : *Pages oubliées sur le Japon*, Jérôme Million, Grenoble, 2004 年

ROTERMUND, Hartmut O. : *Religions, croyances et traditions populaires du Japon*, Maisonneuve et Larose, Paris, 2000 年 (監修).

宮本学事始 II
(Les débuts de la miyamotologie II) :
宮本常一が見た田舎の若者たちの辛い状況[15]

　本稿は博士論文を書き終えた後に書いたものである。筆者が以前に書いた「宮本学事始」では、その博士論文の執筆の具体的ないきさつについて述べたが、ここでは宮本にとっての重要なテーマ一つを選んで、それを若干分析してみたいと思う。

I　村の若者たちの苦しみと離村

　「青年期」というテーマは宮本常一の著作にしばしば現れ、宮本はそのテーマについて本を一冊書いているほどである。それが『村の若者たち』（1963 年）である。そこでは、「田舎の若者たち」の意気消沈したさまや農業界における女性の位置が描写されている。時代は異なるが、フランスではニコラ・ルナヒ (Nicolas RENAHY)（2005 年）が同じように田舎の若い（一回も仕事をしたことのない）無職業者や工場労働者について同じ考察をしている。
　宮本常一は、村の若者たちを精力的に研究したが、すでに 60 年代初頭に始まった地方の青年の都市への急激な流入（離村）や田舎の少子化という憂慮すべき状況に気づいていた。1952 年に中学・高校を卒業して農業に従事

[15] Tôkyô, *The Journal of Rikkyo University Language Center*, n°20, octobre 2008.

Alexandre MANGIN, *Articles sur le Japon*

した青少年の数は 450,000 人だったが、1961 年に 130,000 人に減少した 。戦場から帰った田舎の青少年は様々な企画を温めていたが、きつい労働環境や低収入であることを経験し、その企画を実現するのは困難であると理解した。その時に、都市における仕事の状況や暮らし方と比較し、都市のほうが生活が安定し、楽しそうだと思ったのであろう。ニコラ・ルナヒが言うように 、若い農民の間に「『現（原）地性・土着性の資本』の低下」 」という傾向が見られる。オトクトニ土着性というのは村人に認められ受け入れられているアイデンティティー的な非物質的な資本である。すなわち、これはライフスタイルやアイデンティティーの構成要素としての「田舎遺産」の段階的な喪失なのである。この事情をルナヒルナヒが分析したとしたら、こ故きょう郷に残る若い農民は逆説的に「自分の古里で『根なし草になった』」 といえるであろう。正に彼らはもう故郷をアットホームだと感じられず、むしろ自分が場違いだと思うようである。

　宮本は何度も農学の講演会をしたり、若い農業開拓者や農業労働者にアドバイスしたりしたが、彼らを自分の古里に引き止めることはできなかった。それは、宮本にとっては「民俗学者という仕事とその役割」の限界を痛感する機会となった。若者の離村という世界的な傾向を阻止することは困難であるため、その現象を観察し、描写し、分析してみることしかできない。宮本以前にも柳田國男はその現象を予測し、複数の解決を提案してみたが、その意見に参同する政治家がおらず、それは空しい努力に終わった。

　Ⅱ　村の若者たちと伝統的な組織

II-1　人間関係に関する伝統的制度

　「宮本常一は田舎の生活を理想化した」と非難する人こそ、宮本常一の『村の若者たち』と『村の崩壊』(1966年-1971年)読むべきである。『村の若者たち』は、219ページという短さの中に青春のすべての苦悶が集められており、長編『日本残酷物語』に劣らない著作である。若者たちの証言（記録）を集め、同情しながらも鋭く詳細に批評を行っている。この二冊の中から例を挙げる。

　弟や妹が自由に離村して都市に移り、就職進路を自由に選んでいる にもかかわらず、長男は父親を継いで農場を経営しなければならないため失望する。あるいは、同じ理由で、家を出てはいけない、家業を継がなければならない長女は精神的に混乱する。この二つの場合にも、宮本は同じ結果を述べる。つまり、拘束力の強い伝統的なルールは選択の自由を制限するので、長男・長女はそのルールをもはや受け入れず、故郷で暮らし働かなければならないという故郷への帰属意識を感じないのである。故郷という共同体の一員となる価値（お金を儲けること、同輩に認められること）がないので、外の世界のイメージ・映像の影響を多分に強く受けている若い農民は、押し付けられた故郷のオトクトニ現地性を、新たに自由に選んだ住居・職業のオトクトニ現地性に変えながら、自分のオトクトニ土着生を定義し直そうとしている。若者は積極的に新たなアイデンティティーを構築しているのである。言うならば、それは家の歴史（系統）や象徴的な財産と違い、貰った遺産ではなく、作り上げた遺産である。

　さらに、宮本常一は、「もしオートバイを買ってくれないなら、離村する」と言う若い長男の一件についても述べる 。家庭という範疇だけではなく村さえも超え、地

- 103 -

域全体での議論が始まる。問題は、ライダーとしての若者の行動より、オートバイと村の関係にある。村人が持っているオートバイのイメージと若い男が持っているイメージは異なる。その若者にとっては、それは息抜きの道具であり、現代的でスポーティなイメージを伝えるものである。それと同時に村から一時的に（地理的に・象徴的に）逃げ、村に「未来がない」ことを忘れるための一つの手段でもある。あるいはむしろ、オートバイは言わば、自分で選べなかった生活への不満を我慢するための唯一の安全弁である。逆に、オートバイを写真とテレビで見たことはあっても、実際に見たことのない多くの村人にとっては、そのような機械は騒々しく、また「仕事への精進」という農民の伝統的な美徳を犯すかもしれない脅威をともなっているのである。つまり、その長男はオートバイに乗れば、時を忘れ、畑作業をおろそかにするようになるのではないかと思っている。さらに、類似のケースでは、村民全員の安全のためにオートバイが走るのに適していない道を改修工事しなければならないときでも、村民の大半は長期の有益を無視し、公共支出が高いと反対するのである。しかし、新しい道は運送会社のトラックの往来交通を容易にして、村の経済の発展に役立つものである。「誰もこの村に来ない」と文句を言っている村民の村には、このような抵抗があるため、新しい道が出来ないのだから誰も来ないのである。

　　ノンフィクションライターおおやそういち大宅壮一（1900-1970）は、宮本との対談で「夜這いをやめてオートバイ」という村の若者たちの青年運動に言及する。「〜ばい」という韻を踏むため語呂あわせかもしれないが、同時に彼らの隠れた苦しみを示している。若者が欲しいのは、オートバイという物体だけではないのである。

オートバイは同時に「開放の道具」（上記参照）と「交換物」（夜這いをやめてオートバイを貰う）と「補償」（夜這いをやめたことで愛の喜びを経験しないという不利益の補償）であろう。この問題をよりよく理解するには、「夜這い」に関して若干述べたい。

　武家社会では、婚姻・売春・武士同士の同性愛以外、夜這いは厳しく批判されていたが、百姓社会では違っていた。若い恋人たちがある程度慎重を期し、控えめに行動する限り、夜這いは黙認されているものであった。第二次世界大戦前の人家は、ほとんど電気照明や安全装置がなかったので、（夜なべをしない夜に）一般に人々は現在よりかなり早い時間に就いていた。お目当ての娘の両親が寝てから、男性は頻繁に、そしてかなり容易に家に忍び込め、計画を達成できた。いささか下品で些細なことであるかもしれないが、「夜這いに行ったときには、（きし軋む音がしないように）障子のところへ小便を」したり、「角帯をまるのままサラリーッと投げて（防音の）《道》をつく」ったりしていた そうである。そうすれば、父親は目覚めなかったのである。

　相次いで数人の恋人との関係を経験していた娘たちは、恋人に紺の足袋を配っていた。そのことを「こんのたび限り」と言っていた。紺の足袋を貰う人は他の男にうらやましがられていた。

　要するに、夜這いは結婚する前に恋愛関係を内密に経験できる手段であった。そのおかげで、早まって間違った相手と結婚するという事態を回避することができた。宮本が調査した多くの老人は恋愛結婚をした一つの理由がこれだと述べている。前もって夜這いで付き合っておき、気が合う人を見つけて結婚したのである 。当時は見合い結婚、あるいは自由に選んだが親密さが足りない人

Alexandre MANGIN, *Articles sur le Japon*

との結婚のほうが少なかった。上述したとおり、電気照明や安全装置が発達したせいで、このような「夜の探検」と、婚姻生活前の一種の恵まれた体験期間 もなくなった。

　さらに、現代フランスと同様に、離郷女性は離郷男性より遥かに多かったので、1970 年代から村に残った農民は主に未婚の男性であった。結婚しようと思っても結婚相手がほとんどいないため、婚期をいっ逸しつつあった。それ故、やむなく独身となってしまった青年たちの精神的な混乱・不安はつの募るばかりである 。

　しかし、町は必ずしも若者たちが夢見ている暮らしやすい世界ではない。とりわけ風俗界に行き着く田舎の娘たちは少なくないと宮本は述べている。最も幸運な女性でもホステスかウエイトレスにしかなれない。宮本常一は、町への出稼ぎに失望した人々の出身地域 への帰還にも着目した。筆者も「出身地域」と言い、「古里」と言わないことにする。宮本はそれについてこう述べている。

　「ところが、郷里の町へ、直接は帰らないんです。郷里の近くの市や町へ帰るんですな。面白いのになると、半年一年と居所を変えながら、だんだん郷里へ近づくんです。それでも郷里そのものへは戻らない。いつの頃からそうなったか、郷里というのは郷愁というか安心感か、そういうものがあるにはあってついそっちへ足が向いてしまうがさりとて、一たん出た以上すんなりとは帰っていけない」

　この段階的な帰還をどうやって説明するのか。宮本はその帰還の理由を述べているが、なぜその帰還が直接ではないのかは説明していない。その理由は類似の「郷

愁」と「懐郷」であり、文学や日本人論によく出ている概念である。しかし、直接帰郷することへのためらいについて考えなければならないのではないか。また、その若者たちが自分と精神的に戦っているのではないのか。彼らは、懐かしさで古里・実家に帰りたい気持ちと、根源に立ちかえってエネルギーを得たい欲求と、失敗したという思いからくる恥（あるいは自分の経験を「失敗」として感じたこと）との間で引き裂かれている。また、同時に村に残った者からとがめるような視線を感じたり、罪悪を抱かせる親の文句を聞いたりすることもよくある。「言ったでしょう？でも私たちの言うことを聞かなかった！」というような文句を言われる帰郷した若者は少なくない。

　いずれにせよ、宮本は個人の人生軌道をも超えた集団現象が当時の若者たちの苦悶となっているとこう指摘している。「青年は定着性が乏しく、しかも時代の動きに対してもっとも敏感だからであり、村にのこる青年の苦悶が、同時に村の苦悶であるとも言える」。

　宮本常一は、より良い生活を見つけるために離村することにした若者たちの動機を理解し、彼らを応援する。宮本は、居場所を得ようとしている若者たちに余裕を与えなければならないと思った。それは正にニコラ・ルナヒが言った un quant à soi「一つのカンタスア」（象徴的なプライバシー／我関せずの態度）ではないか。そうして、大人が若者による「大人をこまらせる行動」を許す必要がある と述べている。それは彼らを村に引き止めるための代償なのである。もしかすると、若者たちの祖父母の世代は、彼らの世代よりもその「カンタスア」を持っていたのかもしれない。孫たちが経験しなかった慣わし（伝統的な祭り・若者組み・夜這いなどという）のお

Alexandre MANGIN, *Articles sur le Japon*

かげだと思われる。それらの慣わしは、当時の若者たちにある種の自由を与えたのである。その自由が認められたのは、村民全員が認めているある種設定されたパターン型に含まれているからである。

　筆者が理解するに、宮本は『村の若者たち』を書き始めた当初（序論）は、（はかないとはいえ）希望にあふれているように見えたが、徐々に疑念を持ってきたのではないかと思われる。その中で宮本は、数百年存在しつづけてきた農村社会や農村秩序（魅惑的に見えるが同時に人々をむさぼり喰う）が町の発展で「崩壊」におびや脅かされているのではないかと考えている。村の秩序の崩壊に抵抗できないと、それ自身が存在する理由を失うかもしれないと考える。

　宮本はそれを認めず、田舎の若者たちのエネルギーで状況を改良することを望むという結論に達する。しかも、注意深く読んだ読者にとってはその結論は遅きに失するのではないかと感じられるかもしれない。「変遷」が打ち勝ち、昔の生活の均衡は破られ、新しい暮らし方の慣しが現れた。宮本の分析（一般的に日本思想による分析）によると、あらゆる状況の急激な変化は苦しみを引き起こすものである。それは仏教に影響されているのかもしれない。「la logique de la table rase タブラ・ラサ」（ものを完全に一掃すること）の論理は、全く、宮本がle bien 善・le bon 良・le juste 正と思うものの反対側にある。

II-2　経済に関する伝統的制度
　宮本は後に『村の崩壊』に収録された様々な小論文で、経済政策の失敗や農村住民の都市への流入というテーマを再考する。その小論文は直接「諸君」と呼びかける、

若い農民向けの作品であり、その結論では「村の若者たち」と違い、もう楽観的ではなくなっている。

「とにかく私の夢みていたような農業も農村も生まれはしなかった。（中略）ついに隷属的農業から脱出することができなくなり、農村自体も完全に共同体としての機能を失ってゆくであろうことが予想させられる」

しかも、村は共同体としての機能を失いつつあるだけでなく、人口も減っている。それは－とくに小さな島・離島では－憂慮すべき状況である。それらの島々の人口は高齢化が進んでおり、無人になってしまった村もある。例えば、すおう周防大島の近くにあるおきかむろじま沖家室島では、一番若い住民は 35 歳で、年齢平均は 70 歳である。

宮本常一は『日本人を考える』の中のインタビュー（1968 年）で、いくつかの実験（提唱）を考え出す。ある提言は国の援助を必要とする。例えば、それは一番小さい離島に独立を与えることと述べているエッセイストおおや大宅そういち壮一 (1900-1970) の提唱に同調する。独立すると、その島はヨーロッパのモナコ、サンマリノ、リヒテンシュタインなどを手本とするマイクロ国家になり、特別な税制や資源の経営で移民や資金を引き寄せることができるであろう。しかし、その提言は地元の住民の拒絶を引き起こした。島民は日本自衛隊が「攻めこんでこないか」と恐れた。しかし、大宅と宮本は逆に（とりわけ韓国が同様にチェ済ジュ州ド島に独立を与えれば）その独立がアジア地域では平和の維持に寄与できるであろう と考えている。恐らく彼らは領海の所有権の基本的な地政学の問題側面を忘れたのかと思われる。人の

Alexandre MANGIN, *Articles sur le Japon*

住む島が無人島となり、単なる排他的経済水域になってしまうという状況だけでなく、石油の採掘（さらに北朝鮮に向けた砲台・ミサイルまで）という様々な側面が懸念されるからである。

　宮本常一の予測した村の崩壊はのちに実際に顕現した。彼の広い見聞とそこから導き出された論理が予測を可能としたのだろう。しかし、その客観性は悲観的なものであり、宮本の農村への深い憧れや農村の状況のさらなる悪化を防ぐ希望と矛盾している。

　実は、宮本の希望は教育・しつけ躾を拠点としているのである。

　彼の持論は「教育を始めるべきなのは幼いころだ」である。宮本は、戦後から少子化を経験しはじめたため、日本の子供を大切にするがゆえの放任主義の教育を批判している。宮本は、日本の子供がそれほどかわいがられていなかった時代に育てられたのである。『家郷のおしえ訓』(1943 年)ではいちごろう市五郎という祖父が与えてくれた伝統的な躾について述べている。宮本常一は情愛が深く、物知りの祖父を深く尊敬していた。いちごろう市五郎は職業上の知識をはじめ、民俗的な知識の蓄積があり、剣道も修めた人物で、「農民の名士エリート」ともいうべき人だったのである。宮本常一が祖父と同じぐらい尊敬していたと同時にとても恐れていた父ぜんじゅうろう善十郎は、多くの旅とフィジーへの出稼ぎの豊富な経験があった。その出稼ぎは、全然儲からず失敗であったのだが、のちにぜんじゅうろう善十郎の人生における価値ある経験として利用された。子供の教育に必要なのは、確かに子供に情報を伝えることだ。しかし、社会の機能の仕方の理由を説明し、躾をもって 先祖への尊敬を教え込むことも重要である。宮本は家庭内での「闘

争」や「たたかい」を必ずしも禁止すべきではないと述べている。それは罵り合う親子関係を許すのではなく、意見の自由な交換を許すことなのである。つまり、弱さで自分の意見を述べることを諦めてはいけないということである。幼い頃からあまりにも甘やかされている子供－まるで王子（l'enfant roi、つまり甘やかされた子ども）のような－への崇拝は、宮本にとっては、道徳においても知能においても大失敗なのである。そのせいで、子どもは欲しいものを貰うために論証をしなくてもよくなってしまったのである。要求するだけで母親から与えられたり、ものを取得できない場合（例えば、高価なもの）は親が子供に媚びたりする。少なくとも町では、家にめったにいない父親は普段、家庭内での権威を諦め、もっぱら経済的な支援だけをするようになったのである。

　宮本常一にとっては、「家族・家庭」が問題解決の手がかりであり、国の経済のかなめ要でさえある。民俗学の中ではユニークである宮本のその理論によると、日本の大会社が下請け会社を使用していることは、農業でいう小作の一種であり、農業経営をそのまま日本の工業とし、商業経営に受け継がれていると説明している 。政治にも同様なことが言え、宮本は「日本の場合、そういう組織が一番最初に政治組織としてスタートしている」とも述べている。日本は、特異な地理的事情（耕作可能な土地の面積は狭くて分断している）および歴史的な事情のため、大きな農場はまだ少ない（北海道・小岩井にはある）。欧米の大農場に匹敵し得るものはない。地主と中小農場の家庭的な構造は、第二次産業と第三次産業部門に適応された。このような制度は「日本以外にあるのか」と宮本は問う。先進国の中で日本以外にないものなのかもしれなく 、それは日本人の職業アイデンティティ

- 111 -

一の一つの重要な特色となるのである。そのような組織はストライキを抑制でき、強い労働組合運動を妨げることができるのが特色である。しかし、その反面請負会社に安く請け負わせるために、大きい会社は「もう下請けに出さない」と言って脅迫することも起こる。宮本は家庭のような経済制度の重要性を強調しているが、筆者はそのマイナス面にも気づかなければならないと考える。

　宮本は、フランスでも日本でも労働者の雇用を不安定にさせている農業・工場の海外への企業移転という深刻な問題を見ることはなかった。とにかく、我々の 21 世紀は宮本常一が生きた時代以上に、彼のような存在を必要としていると言えるだろう。

参考文献

MANGIN, Alexandre 『*MIYAMOTO Tsunéichi, un ethnographe folkloriste, infatigable marcheur à la recherche de l'identité japonaise*』（博士論文）、リョン第三 Université ジャン・Jean ムーラン Moulin 大 Lyon 学 III、2008 年, édité aux Editions universitaires européennes, Sarrebruck, 2010 ;

宮本常一『日本人を考える』、東京、河出書房新社、2006 年

宮本常一『村の若者たち』、東京、レインボウ・ブックス、家の光協会,昭和 38 (1963)年、復刻版 2004 年

『宮本常一著作集 12 村の崩壊』、東京、未来社、1972 年、2002 年

RENAHY, Nicolas 『Les gars du coin : enquête sur une jeunesse rurale』（『隣のやつら：田舎の若者たちを調査する

』）、パリ、Edition La Découverte、Textes à l'appui、
2005年、版 2007年.

Miyamoto Tsuneichi: A renewed method for human sciences[16]

Ladies and gentlemen, I will ask you to excuse my poor English, a language I studied many (many!) years ago. I would have been more precise in my words if I had been allowed to speak in Japanese or in my mother tongue, French (which can be a perfect academic and international language as much as English). Anyway, I will try to do my best under these conditions. So please forgive me if I tend to read my text.

First, let me start with a quotation (the translation is mine):

"He was the traveller who, for a long time, and until now, has gone gone the most all over Japan, in all directions and into its smallest corners, indeed the kind of lands where noone used to go. Very few are those who, at such a point, have attentively thought about the stories that could be interesting for us to listen to, or that we would like to listen to and that, besides, we remember. It is difficult to discern and classify the subjects (*kotogara*) that we would like the Japanese people, who will carry the future, to know in priority, but for that too, [he], who is a great reader, did not misdeem and did not take a wrong road." [17]

The author of those lines is Yanagita Kunio (1875-1962), considered to be the founder of Japanese ethnology and folklore studies as an organized discipline, an author who is extremely difficult to criticise for that reason, and because he produced a

---

[16] Intervention à la Thirteenth Asian Studies Conference Japan, Tôkyô, Université Sophia (*Jôchi daigaku* 上智大学), 20 juin 2009.

[17] Preface to the Kôdansha gakujutsu bunko edition of *Furusato no seikatsu*, 1986, reprint. 2002, p. 10-11.

Alexandre MANGIN, *Articles sur le Japon*

brilliant work covering now some 37 volumes. Yanagita Kunio knew Miyamoto very well since he was his master. But before trying to establish the differences between the two and Miyamoto's tribute to the ethnographical science of Japan, let's summarize Miyamoto's life and his domain of research.

I Miyamoto's life and research

A/ Miyamoto's life

Miyamoto Tsuneichi was born on the 1st of August 1907 (Meiji XL) in Ooaza Nishigata 大字西方, municipality of Oki-Kamuro Nishigata 沖家室西方村, Ooshima 大島郡 district (future Tôwa district (Tôwa-chô 東和町), on Suô Ooshima 周防大島 (a medium-sized island in the interior Sea of Seto), Yamaguchi prefecture (Yamaguchi-ken 山口県), a rural area known in the old days for its sculptors of wood. It is now suffering depopulation due to rural exodus and the declining birth rate. Despite museums and research centers[18] [19], it is a sad example of a dying territory slowly going back to wilderness.

He was the son of Miyamoto Zenjûrô 宮本善十郎 and his wife Machi まち, both of them agriculturists. The Miyamoto family belongs to the peasants' class (*hyakushô* 百姓), even if it counts some shinto priests (*kannushi* 神主) who are, according to Miyamoto himself, at the origin of his familiy name: at the foot (*moto*) of the temple (*miya*)

In his early childhood, his father was absent, expatriated to the Fidji Islands. His grand-father, a man of great wisdom, took to

---

[18] *Suô Ooshima kyôdo daigaku* 周防大島郷土大学 (University of the native district (the French word "terroir" is a more accurate tranlation) of Suô Ooshima). Cf. First Part, chapt. I, and annex.

[19] For more details on Suô Ooshima, see SANO Shin'ichi, *Dai-ôjô no shima* 『大往生の島』 (A passing away island), Tôkyô, Bunshun bunko 文春文庫, Bungei shunjû, may 2006, 291 p..

heart his education. He infused in him the traditionnal values and knowledge of the rural class.

[cf carte]

Miyamoto, born in a house without water supply nor electricity, with a family where everyone was wearing the traditional costume (kimono), lived long enough to see the technological modernisation of his country (even the first computers).

He seems not to have disliked the frugality of this life, since he always praised it, for it makes possible to know the true value of things and to respect everyone's work.

The traditional education provided by his grand-father, based on example and a benevolent understanding rather than on memorization, is complementary to the school education. This relationship with his grandfather seems to have compensated the more distant relations he had with his father, who was a former agricultural worker back from the Fidji Islands after a disastrous experience[20].

The Miyamoto family is not rich, but it is known for its hospitality : their house is called a *zenkon yado* 善根宿 (the ill of the good will), i.e. a refuge for travellers passing by[21].

Miyamoto therefore belongs to this generation who, born in Meiji, having grown up in Taishô and died in Shôwa, possessed the last representatives of an education "Meiji-ish" (« à la Meiji ») which, according to TAKEDA Atsushi 竹田篤司 [22], was characterised by unity and assumed the contradictions (*mujun* 矛盾), the interruptions (*kireme* 切れ目) and the contrasts (East-

---

[20] This painful episode will be related many times, particularly in *Kakyô no oshie* (1947).

[21] FUJIMOTO Kiyohiko, « *Bukkyô to iryô :* " *Miyamoto Tsuneichi no ikikata to kotoba* " *ni manabu* » 「仏教と医療　宮本常一の"行き方とことば"に学ぶ」 (« Buddhism and medical treatment : studying "the way of living and the words" of Miyamoto Tsunéichi »), in *Miyamoto Tsuneichi no messéji*, chap. II, p. 26.

[22] Professor of French philosophy at Meiji University (*Meiji daigaku* 明治大学) and essayist (born in 1934).

Alexandre MANGIN, *Articles sur le Japon*

West, new-old, Western-Japanese) [23] that it had fusionned, producing intelligence (chisei 知性), a power of observation (*kansatsu-ryoku* 観察力) and a power of reading (*dokusho-ryoku* 読書力) which will lack amongt the next generations[24].

Miyamoto was interested for some time in composing poems, but ceased rather early. After quite brilliant secondary studies, he entered the School of the Posts and Telecommunications of Osaka. He studied too intensely, nourished himself badly and cought the beriberi. Many times, he fell very ill and almost died (1930, 1939, 1942, 1949). He read a lot and started to walk long distances, to go to villages and interview the elderly. He then entered the course of the Normal School in one year and found quite quickly a post as an elemetary school teacher. From then on, he will go from one post to anoher, without settling very long. In his classes, he introduced open air lessons, which enabled him to initiate the children to the natural patrimony and the objects of the past. He also creates with his young pupils a journal of ethnographical studies, *Toroshi*, where the children write their observations and publish their ethnographical drawings.

He founded the review *Kôshô bungaku* 『口承文学』 (Oral Literature) where Yanagita Kunio will publish some articles. From 1932 on, he endeavors himself to the field study of villages, where he goes on foot most of the time. And he finally meets Yanagita in person in 1934. Yanagita's intellectual influence on Miyamoto is big, in particular concerning the history of toponyms and the study of folk tales.

Two years later, he initiates research meetings dealing with "*terroir*" (*kyôdo* 郷土). He himself inters the researchers' world. During one of these meetings, he got to know SHIBUZAWA

---

[23] TAKEDA quotes some words of biologist IIJIMA Mamoru 飯島衛.
[24] *Meijijin no kyôyô* 『明治人の教養』 (Meiji Men Instruction), Tôkyô, Bunshun shinsho, Heisei XIV (2002), 198 p.. Cf. in particular chapters I & II p. 1 to 22.

Keizô 澁澤敬三 (1896-1963), SHIBUSAWA Eiichi 澁澤栄一 (1840-1931)'s grandson. Eiichi illustrated himself as a successful businesman as well as the Minister of Finance during the Restoration. Keizô will become Miyamoto's mentor, almost a "guru". He invites him to integrate, as a full time researcher, the *Achikku myûzeamu* アチック・ミューゼアム (the Attic Museum) that he founded on his property. It is both a museum, where Shibusawa stocks *mingu* 民具 (traditional craft objects used by the rural people), and a research center on the ethnographical study of the rural people of Japan, entirely financed by Shibusawa. He also is a specialist of the fish names and the painted rolls (*emakimono* 絵巻物). The same year, Miyamoto marries TAMADA Asako 玉田アサコ. He continues his field studies, having long interviews with the elederly of the countryside, transliterating the most truculent of them (e. g. SAKON Kumata 左近熊太).

Two years later, his eleder son Chiharu 千晴 was born. In 1939, invited by his former teacher Mori Shinzô to go and teach at the Mandchoury University for the Construction of the Country, however he gave up this idea under the pressure of the clairvoyant Shibusawa. The same year, he leaves his wife and children to settle near Tokyo, but he starts his fieldwork again. From 1940 on, he starts to take photographs of the people and places he visits. He is interested in the study, the classification, and the conservation of the *mingu* 民具 (popular craft objects). He multiplies his publications (articles, books and participation in collective works of reference). In 1943, his daughter Keiko 恵子 is born.

During the War, we know very few of his activities. We know, for example, that his house is completely destroyed by a bombing. He loses not only his personal library, but also all his field notes and films, irreplaceable documents. The next year, he goes back to farming for a time, all in the while studying the other farmers, and then he initiates a series of conferences about agronomy for his fellow farmers, in the stream of the *Shin-seikatsu undô* 新生活運動[25] (Movement for a new daily life), which allows him to finance his field trips.

His wife then gives birth to a second son who dies while Miyamoto is travelling. He continues his field studies, some on the account of public organisations (the Ministry of Agriculture in particular) or of agricultural associations. In 1952 his third son Hikaru 光 was born. Miyamoto Tsuneichi is still very involved in study groups and is a member of a large number of learned and scientific societies. In 1959, he is diagnosed with an ulcer of the duodenum. The same year, he sarts to write a PhD dissertation, *Seto naikai tôsho no kaihatsu to sono shakai keisei* 『瀬戸内海島嶼の開発とその社会形成』 (The development of the islands of the Interior Sea of Seto and the formation of their society), which will become *Seto naikai no kenkyû* 『瀬戸内海の研究』 (Research on the Interior Sea of Seto).

At the same time, he wrote other publications. From 1960, his works receive awards : Essayists Club Award such as the *Esseisuto kurabu-shô* エッセイストクラブ賞) and the Price of the Chûgoku for Culture (*Chûgoku bunka-shô* 中国文化賞...

In 1961, he obtains his doctorate (PhD) at Tôyô University 東洋大学 and leaves the Shibusawa residence. He then works briefly at the Fisheries College of Tôkyô (*Tôkyô suisan daigaku* 東京水産大学) and welcomes his family to come and settle with him. In 1962 and 1963 his two masters Yanagita and Shibusawa pass away. The next year he finds a post as lecturer at the Musashino Fine Arts University (*Musashino bijutsu daigaku* 武蔵野美術大学). Then, he starts working for television as a consultant on a series of documentaries about Japan. And in 1967, he

---

[25] Poet, short story writer and scientist MIYAZAWA Kenji 宮沢賢治 (1896-1933) too tought agronomy from a humanist viewpoint.

Alexandre MANGIN, *Articles sur le Japon*

becomes professor at Waseda University 早稲田大学. It is important to note that he makes his first field study abroad in 1975, at the age of 67. He goes to Kenya and Tanzania. Two years later, he makes a second trip to Chéju-dô 제주도 [済州島][26], Korea, a third one to Taiwan and a last one to China where he goes with his wife, their only trip abroad together.

Not only did he found associations and make the monkey shows revive in Japan, but he also created the *Tôwa-chô kyôdo daigaku* 東和町郷土大学, a people's university providing for low cost conferences dealing not only with agronomy, but with *minZokugaku* in general. It is the time when he makes a revolutionary series of conferences creating a synthesis of his life work as well as introducing the new perspective he intends to orient his reseach to. His main hope was to develop interdisciplinarity, especially with archeology and a new science, genetics.

At the end of 1980, his health declines. He has several stays at the hospital where he dies the 30th of January 1981, aged 73. He leaves a titanesque work (more than 200 books[27], 3000 texts if one includes the articles[28], dealing with the most diverse subjects. His disciples continue to cherish his memory today.

Before I comment Miyamoto's method, I would like to say some words about the substance of his work.

B/ <u>Miyamoto's domain of research</u>

First, Miyamoto has a way of looking at things (*manazashi* 眼差し), rather than a "thought" for he doesn't try to elaborate a "system". He is looking for an understanding which sustains his description, privileging details to general and abstract principles.

---

[26] Cheju-do : read in Japanese indifferently *Saishû-tô* さいしゅうとう or *Cheju-do* チェジュド.
[27] According to personal recension.
[28] According to Sanada Yukitaka さなだ ゆきたか, in *Miyamoto Tsuneichi no densetsu* 『宮本常一の伝説』 (The Legend of Miyamoto Tsunéichi), Kyôto, A'un-sha 阿吽社, August 2002, 330 p., preface p. ii.

Alexandre MANGIN, *Articles sur le Japon*

His looking at things, therefore, is not cisconscripted to a unique domain, but to the territorial limits (borders) of Japan, even if he sometimes pays attention to the moves of populations at the international scale. In fact everything that deals with the Japanese of the past as well as the Japanese of his time can become, for him, subject of study. The only exceptions are the upper classes (nobility of Court – *kuge* 公家 – and warriors – *bushi* 武士, except if they are poor !) and what relates to them. Miyamoto describe, as precisely as possible, the land he goes through and its toppography, as well as humain activity such as economics (traditional jobs, routes and flux of money, goods and people), techniques and customs, objects and individual trajectories. Every time, he introduces the history of what he speaks about. His *minZokugaku* which is as much a history as a sociology, makes geographical comparisons, listing the common points and the differences. He also adopts a diachronic viewpoint when he introduces the evolution of the practives, their moves, changes and disapearance, so as to keep a trace of them as well as to try to understand the reason of their disapearance and to avoid that too many of those customs disapear. He is one of the first ethnographers who introduced the history of travels and tourism, and who, in the late part of his life, studied the origin of the cereals as a mean to find traces of humain habitations, taking into account the work of the archeologists, the physical anthropologists (dealing with humain morphology) and even the first geneticians.

What he left us today is a wonderful historical material for ethno-history.

He also was interested in what should be considered as national patrimony, a new notion that should not be limited to the upper class's possessions, but should include the people'e material and immaterial goods, such as techniques and all forms of oral transmission. He was extremely conscious that this kind of

Alexandre MANGIN, *Articles sur le Japon*

patrimony was the most eager to disapear, especially during the after-war period of growth.

All his life long, he never ceased to interrogete himself about what the Japanese are and to try to rectify some preventions and tenacious stereotypes, such as the myth ot "Japan, a people of *samurai*". Trying to be as close to reality as he could, Miyamoto could not but shape the *minZokugaku* to his image, curious and interested in many fields of knowledge, making it the always changin living laboratory of humain sciences of Japan. Miyamoto's minZokugaku therefore exceeds the limits of what we call in Western countries "folklore", "folk studies" or "folklore ethnography". It includes a large part of rural sociology and local History.

II What Miyamoto brought to the method and Miyamoto posterity

A/ Miyamoto's method

Miyamoto's methodology could be summed like this : systematic fieldwork, verification of the datas with scientific protocols, redaction/writing and diffusion among the scientists then among the people. For Miyamoto's *minZokugaku* aims to edify the people, so as to ameliorate its conditions of work and existence, in the respect of the *kyôdo* (or *terroir*) and its traditions, trying to check/stop?? the rural exodus. His conception of science posseses its morals.

In terms of method, it is important to emphasize Miyamoto's two major contributions to the discipline and, more generally, to the human sciences.

1) Maps and photographs

With his series "*Watashi no Nihon chizu*" (My maps of Japan), Miyamoto was doubly inovating : First, he incerted big folding maps that were not glued in the book but just incerted, so that the

- 123 -

Alexandre MANGIN, *Articles sur le Japon*

reader could look at the map while reading every page. I think Miyamoto drew those maps himself (otherwise the title of the seerie would not make sense). And secondly, the pictures take half of the page and are present at every page, constantly dialoguing with the text. [example]

It is interesting to compare the original exemplaries (zhich have become rare), with the republished edition (at Miraisha) of this series still a work in progress. In the new edition, the photographs have not been resised, and and the dates and exact locations are given, whreras in the previous edition, the publisher tried to make the pictures more "presentable" by resizing them. Working with the original films of the photographs, the Miraisha's publishers could restitute the subtelety of their details, even if Miyamoto's photographs were never taken with any esthetical ambition, rather compulsively, their films absorbing most of Miyamoto's budget. And finally, the new publishers have added more *furigana* (or *rubi*), i.e. the reading of some words, especially toponyms, that today's Japanese are not necessarily able to read easiliy. [here is an example]

Miyamoto considered maps and photograph to be one of the indispensable ethnographical documents and he would have liked to be able to record sounds too if he had had the money to do it. Description – and quantified if possible – was more important, for him, than abstract explanation, that made him rather an ethnographer than an ethnologist.

2) His field work (by himself) : a comparison with Yanagita Kunio

Miyamoto is known for his participating observation of rural populations, lodging at the inhabitant's, like his predecessors Furukawa Koshôken 古川古松健 (1726-1807), Sugae Masumi 菅江真澄 (1754-1829) and, in a way, English writer Isabella Lucy Bird (1831-1904) (who lodged in small inns), three authors about

Alexandre MANGIN, *Articles sur le Japon*

whom Miyamoto wrote books in which he showed a deep admiration.

He is also famous for having been the Japanese man who walked the longest distance during his life, i.e. the equivalent of four times the circonference of the earth. He wanted to see everything by himself, to understand the distances in his own body and evaluate the quality of roads and paths by his feet. It helped him a lot when he wrote *Shio no michi* (The routes of salt). But he also consulted the archives, especially private ones (*komonjo* 古文書).

It is difficult for the French to imagine how problematic it can be in Japan to base an approach on field work, not to say that field work does not exist in Japan, but rather there is a tendency here in Japan to delegate the field work to graduate students or PhD students to go into the field in place of the teacher/professor and using their data without giving them credit or just thanking them on the acknowledgments. We had to wait until today to read about Yanagita Kunio's tendency of using his disciple's fields notes without crediting them. Even with their consent at that time, it seems today this practice is similar to theft or appropriation of information. Miyamoto, similar to Shibusawa, was the first modern ethnographer to mention every informant and assistant and what he learned from them. Indirectly, this extreme honesty makes a contrast to the usual practice in Japanese universities even today, where a student whose work was appropriated by the professor, has no way to prove his right to his work. That, of course, is one of the major taboos that subsist in the Japanese university system.

Beside that, his transcriptions of his interviews of elderly workers of the countryside are interesting at a triple point of vue : ethnographical, historical and literary. The dialectal structures of speech are conserverd as well as all the details concerning the daily life of the informant, even the most trivial ones.

B/ <u>How is Miyamoto perceived in Japan today?</u>

Miyamoto, this too honest researcher who – as we would say today in France – values transparency – represents a threat to a certain number of professors in Japan, who therefore try to minimize the value of his work with obvious disdain. I have two personal anecdotes. The first time I was confronted with this attitude towards Miyamoto was when I applied for a French adjunct lecturer position in a well known public university. I was asked very few questions about my positionning in terms of teching the French language, but was violently attacked on my interest in Miyamoto's work and I will always remember this sentence (said in French) : "Are you conscious that this is a controversial author?". No words could express my surprise at that time, since I thought Miyamoto was only a ethnographer who wrote about sandals and jars ! I didn't think that this would be subversive. The second anecdote is about a free conversation I had with Japanese colleagues who tought French literature (and had no link to the ethnographical world). I was trying to tactfully formulate a sentence about his links to nationalism and his will to make *minZokugaku* one of the means to help Japan prevail in Asia. This is an objective explicitly written about in his letters, speeches and articles which are available in public librairies. When I said Miyamoto was more intellectually neutral, I was suddenly told by one of my colleagues quite forcefully that I didn't know about Yanagita Kunio who "never spoke about politics in his works". To be told by a French literature professor what Yanagita *had not* written – but what I *had read* with my own eyes – made me experience a kinf of Pascalian vertigo ! In this example, Miyamoto was indirectly the catalyst for an extremely surprising and disagreeable) experience.

Finally, speaking of interdisciplinarity in Japan, even today is, unfortunately, often a wishful thinking in the university : ethnography, sociology, history, geography, genetics and agronomy rarely meet in big universities, wheras in small

Alexandre MANGIN, *Articles sur le Japon*

structures such as the Kyôdo daigaku created by Miyamoto, the most improbable but extremely stimulating meetings can happen.

In a word, Miyamoto cannot leave you indifferent if you are working in the human sciences. His popularity amongst the population, and especially the rural areas and the historians of local history, tend to show that he is responding to a need. He has a lot of followers among the young researchers even today, people who do field work and direct observation as well as crediting the informants as an indispensable part of their ethics. Examples of his indirect heirs include the young researchers of Musashi University or the elite researchers that constitute the Nihon jômin bunka kenkyûjo of Kanagawa University, that inherited the intellectual heritage of the Achikku myûzeamu. There, field work is privileged, honesty and modesty prevail, and the young researchers are provided help.

As a conclusion

To complete this presentation, I have to state that until now, in my works, I only studied themes that appeared to me as the most representative of Miyamoto's work.
However, there remains lots of others that deserve to be studied or studied more deep in. I hope to to do so in the future, in complementary studies, as well as to realize on certain points from a comparative analysis of Miyamoto and some Japanese ethnographers with foreign authors. It would be a true joy for me, if other people, one day, try it on their own, for I have no other aim than to contribute, as well as I can, to a better understanding,

if not to help to recognize, of a remarkable man, fascinating by his approach to his lifework as well as by the breadth of his research that I call a kind of humanism.

Vocabulary and *kanji*
Termes employés et *kanji*
語彙・漢字

Achikku myûzeamu アチックミューゼアム : Attic Museum (Musée des greniers) ;

Kôshô bungaku 『口承文学』 : Oral Literature (Littérature orale) ;

minZokugaku 民俗学 : "*minZokugaku*", ethnographical study of folklore, traditional arts, techniques and culture at their present state and their history (« *minZokugaku* », ethnographie du folklore, des arts, traditions et techniques populaires actuels et de leur Histoire) ;

minzokugaku 民族学 : ethnology, study of ethnicity (ethnologie, étude des ethnies) ;

Suô Ooshima 周防大島

Bird, Isabella Lucy (1831-1904) ;

Furukawa Koshôken 古川古松健 (1726-1807) ;

MiyamotoTsuneichi 宮本常一 (1907-1981) ;

Shibusawa Keizô 澁澤敬三 (1896-1963) ;

Sugae Masumi 菅江真澄 (1754-1829);

Yanagita Kunio 柳田國男 (1875-1962) ;

Alexandre MANGIN, *Articles sur le Japon*

Témoignage simple, traduction compliquée ? : La biographie de SHIBUSAWA Eiichi par son fils Hidéo[29]

Le lecteur japonais qui achète le *Shibusawa Eiichi* 『渋沢栄一』 de SHIBUSAWA Hidéo 渋沢秀雄 au Shibusawa Eiichi shiryô-kan 渋沢栄一資料館 (Conservatoire des archives Shibusawa Eiichi) sait en général qui est SHIBUSAWA Eiichi (1840-1931), ou, s'il ne le sait pas – ce qui semble encore fort rare – il vient de le découvrir en visitant le musée qui lui est dédié non loin de son ancienne résidence d'Ôji 王子[30], dans le nord de Tôkyô, et, intéressé, sinon fasciné par une telle personnalité, cherche à le connaître davantage. Or quel meilleur choix d'entrée en matière que ce petit livre, qui plus est écrit par son fils[31]. On espère découvrir le grand homme en famille autant qu'en action, et sa vie fut si remplie qu'on s'étonne devant la brièveté de l'ouvrage – il appartient au genre du *shôden* 小伝 (la courte biographie, genre peu pratiqué en France[32]) – habile résumé d'une vie qui a suscité (et continue de susciter) de nombreuses études de plusieurs centaines de pages. A la lecture de l'ouvrage, qui n'a rien de pédant ni d'aride – au contraire, il est rempli d'anecdotes sympathiques et d'épisodes romanesques – le lecteur japonais doit

---

[29] Tôkyô, *Rikkyô daigaku Furansu bungaku* 立教大学フランス文学 *Bulletin de la Section française Faculté des Lettres*, n°38, 2009.

[30] De nombreux japonais connaissent ce nom grâce à l'entreprise de papeterie, Ôji seishi 王子製紙, sans toujours savoir qu'il s'agit d'une part d'un toponyme de Tôkyô, ni, d'autre part que l'entreprise en question a été fondée par SHIBUSAWA Eiichi.

[31] L'éditeur Ryûmonsha 竜門者 se félicite de le vendre depuis 1956 avec un succès non démenti. C'est même son livre le plus demandé. C'est ce qu'on appelle en langue japonaise un *rongu.serâ* ロング・セラー (un titre très rentable sur le long terme). En 1998, il réalisait sa vingt-deuxième édition, augmentée de surcroît.

[32] Citons comme exemple français de courte biographie la *Vie de Molière*, par Voltaire, *Maurice Ravel* par Roland MANUEL ou encore *Pascal Pia* par Roger GRENIER.

Alexandre MANGIN, *Articles sur le Japon*

probablement éprouver une sensation de distraction, peut-être sa curiosité est-elle stimulée et désire-t-il en apprendre encore davantage sur l'objet de ce livre qui apparaît à chaque page davantage comme un « super sujet ». Il sait qu'il vient de lire un témoignage biographique, ou une biographie-témoignage, et pourtant il ne peut s'empêcher de refermer le livre comme on referme un roman. Peu de détails, en effet, distinguent SHIBUSAWA Eiichi d'un personnage de roman. Il a ce charisme indéfinissable qui, comme n'importe quel grand homme, fait de lui le sujet rêvé de roman historique tout autant que d'essai historique, le premier genre cherchant, nous semble-t-il, l'esprit, et le second la trace… Au même titre que ses contemporains SAIGÔ Takamori 西郷隆盛 (1828-1877) ou SAKAMOTO Ryôma 坂本龍馬 (1836-1867), représentants plus guerriers d'une époque encore mal connue en France (en dehors du cercle des spécialistes, bien entendu) : le passage du shogounat tardif (la période dite *Bakumatsu* 幕末) à l'ère Meiji 明治時代 marquée par la restauration (*ishin* 維新) institutionnalisée du pouvoir impérial.[33]

---

[33] A cet égard, en 2003, le film d'Edward ZWICK *Le Dernier samouraï* (*The Last Samurai*) aura eu pour effet positif de susciter un regain d'intérêt du grand public pour cette période. L'histoire du film se passe en 1876 (Meiji IX), choix intéressant : en effet, le personnage du dernier samouraï (pour peu qu'on accepte que ce ne soit pas celui joué par Tom CRUISE et inspiré non pas par un ancien soldat américain, mais par un Français, Jules BRUNET (1838-1911)), Katsumoto 勝元, évoque beaucoup un mélange des figures historiques que sont FUJIMOTO Tesséki 藤本鉄石, dit « Tsunosuké » 津之助 (1816-1863), guerrier du fief d'Okayama, chef du Tenchûgumi, qui périt au combat dans une expédition punitive contre son camp, et MATSUMOTO Keidô 松本奎堂 (ne serait-ce que par son nom), dit « Kenzaburô » 謙三郎 (1831-1863), guerrier professeur de sa propre petite école privée, originaire de Mikawa, qui fonda la milice Tenchûgumi, attaqua le Yamato et mourut au combat, ainsi que SAIGÔ Takamori qui jouit encore aujourd'hui d'une reconnaissance ambiguë : sa statue (peu flatteuse) trône dans le Parc d'Uéno, très visité par les touristes étrangers, mais sa tombe n'est guère connue. Elle est pourtant à Kagoshima 鹿児島, au cimetière Nanshû 南州墓地. D'après une autre théorie, ses restes seraient enterrés dans une autre sépulture, anonyme, à Tôkyô (bien que nous ne puissions personnellement ni confirmer, ni infirmer cette théorie), au cimetière d'Aoyama 青山霊園, en signe de punition contre son action. On comprend que le personnage du film, vivant en 1876, ne peut être exactement ni MATSUMOTO Keidô, ni FUJIMOTO Tesséki (tous deux morts en 1863), ni même SAIGÔ, décédé en 1877.

Alexandre MANGIN, *Articles sur le Japon*

La figure de SHIBUSAWA est à la fois indissociable de cet ordre ancien et fortement liée au XXème siècle qu'elle aura quitté en paix, mais plus pour longtemps. Comme nous le disait l'historien des toponymes, NAKAHIRA Ryûjirô 中平竜二郎, si SHIBUSAWA avait vécu, la Guerre du Pacifique n'aurait peut-être pas eu lieu, ou du moins aurait probablement duré moins longtemps. Que le lecteur japonais nous pardonne le résumé si simplificateur qui va suivre (I), mais il se peut qu'un lecteur francophone non japonais et non spécialiste vienne à tomber sur nos lignes. Il sera le préalable à quelques réflexions suscitées tant par la lecture qu'à l'occasion du travail de traduction (II).

I SHIBUSAWA ou l'ascension d'un membre de l'élite paysanne

A première vue, il semble qu'il y ait deux SHIBUSAWA, le jeune idéaliste (A), et l'homme mûr pragmatique (B). Pourtant, on va vite comprendre qu'un même projet le mènera toute sa vie. La cohérence est peut-être plus subtile à trouver que pour d'autres personnages historiques, mais elle est bien réelle.

A/ Une jeunesse tumultueuse

SHIBUSAWA Eiichi naît dans une famille de *gônô* 豪農, des cultivateurs aisés, pratiquant d'autres activités annexes comme l'élevage des vers à soie ou la fabrication de balles d'indigotier (*aidama* 藍玉). Très jeune, il se signale par sa connaissance approfondie des techniques agricoles tout autant que par son sens du commerce. La fréquentation de ses cousins, très politisés, l'aide à élargir son horizon intellectuel et stimule sa réflexion politique. Grâce à son cousin ODAKA Shingorô 小高新五郎, intellectuel local, il est initié aux humanités de Mito (*Mito-gaku* 水

戸学)[34]. Convaincu que le pays est en danger, il adhère aux idéologies du *sonnô jôi* 尊皇攘夷 (respect de l'empereur et expulsion des barbares) et du *tôbaku* 倒幕 (mise à bas du shogounat) et décide, avec l'aide de ses cousins et d'amis de passer à l'action. Ils planifient la prise d'assaut du château de Takazaki 高崎城. Au dernier moment, son cousin Chôshichirô 長七郎 se désiste. Eiichi se laisse convaincre par ses arguments et évite un bain de sang. Après une longue négociation avec son père, il obtient l'autorisation de quitter l'exploitation familiale (bien qu'il en soit l'aîné, ce qui était loin d'aller de soi à l'époque), et monte à la capitale, où il ne tarde pas à trouver du travail.

Par un hasard dont seule l'Histoire a le secret – son cousin Chôshichirô, venu le rejoindre à Kyôto tue en chemin un homme qu'il soupçonnait d'être un espion et est arrêté peu après – il est recruté par ceux qu'il avait juré de détruire, les employés du shogounat, grâce à HIRAOKA Enshirô 平岡円四郎, l'intendant shogounal. C'est le début d'une carrière loyale au service du shogounat, et qui nous apparaît aujourd'hui comme un revirement. Cette expérience unique sera riche d'enseignements, culminant avec un séjour en Europe, au cours duquel Eiichi escortera TOKUGAWA Akitaké 徳川昭武 (1853-1910), le frère cadet de Yoshinobu. Ils resteront plus longtemps en France, où SHIBUSAWA apprendra la langue, fera la connaissance des hommes politiques et des élites financières du pays et approchera même Napoléon III de près. Il assistera à son discours à l'Exposition universelle de 1867, qui lui laissera un profond souvenir.

B/ Une maturité très productive

---

[34] Le fief de Mito était connu pour la qualité de ses humanités, selon un programme élaboré par TOKUGAWA Mitsukuni 徳川光圀 (1628-1700). Il s'agissait du néo-confucianisme (*jukyô* 儒教), de l'Histoire, des études nationales (*kokugaku* 国学) et du shintô.

A son retour, parallèlement à ses fonctions au service de l'Etat (dont il sut saisir la vocation essentiellement altruiste), et de plus en plus intensivement, il entretient ses liens avec le monde des affaires, créant de nombreuses sociétés commerciales. Un temps, il participe au gouvernement du nouvel Etat comme Ministre des Finances (*Ookura daijin* 大蔵大臣), puis quitte ses fonctions pour se consacrer pleinement à la banque (la Dai-ichi kokuritsu ginkô 第一国立銀行, ancêtre de la Banque du Japon), aux affaires, à des œuvres de bienfaisance ainsi qu'à l'établissement de réseaux d'amitiés binationales, d'abord avec la France, puis avec les Etats-Unis d'Amérique. Il est ainsi un des pionniers de la Maison franco-japonaise (Nichi-Futsu kaikan 日佛會会館) d'Ebisu, à Tôkyô, dont il est l'administrateur en 1924, et le président de la Nichi-bei dôshi-kai 日米同士会 (Société à projet commun nippo-américaine). Il reçoit dans sa résidence secondaire[35] de nombreux personnages historiques japonais et étrangers, essentiellement des hommes politiques, de hauts gradés militaires mais aussi des intellectuels et des artistes, comme par exemple Rabîndranâth TAGORE (1861-1941). Mais ses deux plus belles réalisations sont la fondation d'institutions éducatives et le projet nippo-américain d'échange de poupées pour la paix (1927). Il s'agissait de s'envoyer réciproquement plusieurs centaines de poupées redistribuées à des enfants, en signe de paix et d'amitié. Les Américains envoyèrent des poupées blondes aux yeux bleus, et les Japonais des poupées japonaises traditionnelles en costume japonais. Les familles Américaines qui reçurent ces magnifiques objets les conservèrent précieusement et les cachèrent pendant la Guerre du Pacifique. Malheureusement, ce ne fut pas le cas au Japon où furent organisés des autodafés de poupées blondes, ce qui explique le très petit nombre de ces « poupées aux yeux

---

[35] Le bâtiment, d'un style hétéroclite, un peu Art nouveau, un peu japonais, existe toujours, avec son élégant jardin, à Ôji 王子. Le *shiryôkan* cité en introduction a été bâti à côté.

Alexandre MANGIN, *Articles sur le Japon*

bleus » à nous être parvenues aujourd'hui, et qu'on peut voir au Conservatoire.

Le plus étonnant dans la vie de SHIBUSAWA fut peut-être sa longévité. Malgré sa vie débordante d'activités, il atteint les 91 ans. La médecine récente a montré l'importance des projets dans la longévité des individus, le tout étant de trouver le juste milieu entre une mobilisation productive et le surmenage qui « use ». Et le dernier voyage au Etats-Unis de SHIBUSAWA, se rendant de conférences en visites privées, est un bel et triste exemple de surmenage aussi inconscient qu'héroïque.

Voilà résumée à gros traits la vie de SHIBUSAWA. Qu'en est-il du traitement dans la biographie qu'en fait son fils ?

II Quelques réflexions sur l'homme et son traitement en biographie à l'occasion de notre traduction

Nous ferons ici deux types de réflexions : des réflexions sur l'objet littéraire en lui-même (A), et sur des questions de fond (B).

A/ Un livre, des styles, une traduction

Il est intéressant d'observer la structure du livre en lui-même, que SHIBUSAWA en soit le sujet ou pas. L'ouvrage suit le plan chronologique de rigueur, divisé en vingt-quatre chapitres de deux à sept pages, à l'exception du premier, qui en fait dix. Toutes les quatre ou cinq pages est insérée une illustration. Ce qui semble avoir retenu davantage l'attention de son fils, ce sont les premières et les dernières années d'Eiichi, la période de formation et celle d'aboutissement. L'œuvre humaniste et humanitaire du grand homme est davantage présentée que les nombreuses entreprises (plus d'une dizaine) qu'il créa et dirigea, quant à l'activité d'écrivain (non professionnel), il n'en est pas fait mention. SHIBUSAWA est pourtant le coordinateur d'une œuvre vaste et de grande valeur historique, qui raconte, de l'intérieur, l'exercice du pouvoir dans le Japon de son temps. La biographie de TOKUGAWA Yoshinobu (le dernier shogoun), dont il dirigea la rédaction, vaudrait à elle seule le respect, méritant presque d'être considérée comme l'œuvre d'une vie. Peut-être le lecteur japonais moyen d'aujourd'hui n'aurait-il pas envie d'entrer dans l'aventure que constitue la lecture d'une telle somme, rédigée dans une langue qui n'a plus grand chose à voir avec celle d'aujourd'hui, un idiome riche en mots et locutions d'origine chinoise (*kango* 漢語), qui rappelle un peu, mais en moins ardue, celle de FUKUZAWA Yukichi 福沢諭吉 (1835-1901), son aîné de cinq ans (mais mort plus jeune). L'influence de sa formation est ici évidente. Plutôt que « daté », nous parlerions de style « datable », sans aucun doute. Celui de son fils Hidéo est au contraire proche du style contemporain, en orthographe moderne, mais sans la présence cependant du moindre *gairaigo* 外来語 (mot d'origine étrangère non chinoise). Pour le lecteur et traducteur français, c'est une langue extrêmement limpide, simple (mais pas simpliste) et agréable à lire. C'est *en principe* un type d'écriture facile à traduire en langue française. Très peu d'ambiguïtés sont à signaler, nous ne sommes pas dans un écrit poétique, ni même dans une œuvre qui se veut littéraire. En revanche, malgré les explications et définitions claires que donne l'auteur, de nombreuses références à des personnes, des institutions et des événements du passé, immédiatement compréhensibles pour un lecteur japonais, échapperaient complètement au lecteur étranger sans des notes explicatives. Ainsi, une fois traduit, le texte, par ses nombreuses notes de bas de pages dues au traducteur, voit-il sa physionomie changer, devenir plus « académique », plus sérieuse et, malgré tous nos efforts pour tendre le plus possible vers la clarté sans trahir le texte (au contraire), nous ne pouvons que craindre que le résultat final ne touche pas du tout le même public. Le lectorat francophone qui pourrait être tenté par l'achat d'une telle traduction se situerait davantage dans les milieux intellectuels, voire parmi les seules personnes s'intéressant au

Japon, ou à l'Histoire (économique ?), alors que son lectorat japonais est davantage hétérogène, « tout public ».

B/ <u>Des petits riens du grand-père et de la transmission de l'« esprit Eiichi »</u>

Difficile pour un Français de faire la part de l'humilité réelle et de la modestie de circonstance, dictée par la politesse : la culture japonaise est, entre autres nombreuses choses, une culture de l'humilité, en témoigne par exemple la notion d'*enryo* 遠慮 (le fait de s'abstenir de faire quelque chose ; la discrétion, la réserve) qui a déjà été suffisamment mise en avant dans les études japonaises. Mais il semblerait que l'auteur ait simplement voulu (ou accepté sur sollicitation, peut-être) coucher sur le papier quelques souvenirs familiaux. Ayant perdu son père assez jeune (puisqu'Eiichi l'avait eu dans sa vieillesse[36]), et celui-ci ayant été fort occupé, c'est pendant les vacances scolaires que Hisao pouvait le côtoyer le plus. D'où ce très petit nombre de souvenirs relatés[37] (ou dignes d'être relatés), au final, dans ce petit livre. A moins d'avoir le talent d'un écrivain permettant de donner de l'épaisseur aux petits gestes du quotidien, par la description et la suggestion, de parvenir à la re-création d'un « caractère », il y avait malheureusement là peu de matière, même pour un fils aimant. Manifestement, cela ne suffisait pas à faire « un livre de souvenirs », mais aurait très bien pu constituer le fond d'un article composé exclusivement de ceux-ci. L'absence de « révélation choc » ou de secret ne lui aurait guère permis de sortir de l'insignifiance, en revanche, mêlés au récit proprement biographique, rédigé plusieurs années après la mort du personnage, à l'issue d'une enquête dans les archives familiales et dans les livres, ces instantanés du quotidien, ces « petits riens » du quotidien du grand homme lui donnent une épaisseur tout

---

[36] Notons par ailleurs que SHIBUSAWA eut cinq enfants de Chiyo ちよ [千代], et six enfants de Kané かね (dont Hisao).

[37] Douze, d'après notre recension.

Alexandre MANGIN, *Articles sur le Japon*

humaine, et c'est, intentionnellement ou pas, en tout cas plus ou moins consciemment, ce que cherche à faire Hidéo.

Parmi les nombreuses autres réflexions que l'on pourrait être amené à faire à l'issue de la lecture de ce livre et d'autres ouvrages qui sont consacrés à SHIBUSAWA Eiichi, nous pensons qu'il n'est peut-être pas inintéressant de souligner la filiation non seulement familiale, mais spirituelle, qu'Eiichi entretint avec un de ses petits-fils, Keizô 敬三 (1896-1963), qui acceptera, plus ou moins incité (plutôt plus que moins selon nous) à prendre la suite de l'illustre grand-père dans le monde des affaires et de la banque. Alors que le père de Keizô, Tokuji 篤二 (deuxième fils qu'Eiichi eut avec Chiyo) était un artiste qui ne jurait que par la littérature. Mais, si Keizô se montra fidèle à la lettre des exigences du grand-père, il sut intégrer l'influence de l'esprit de celui-ci, à la fois libre, aventureux et généreux, lorsque parallèlement à ses activités d'homme d'affaire, il décida de s'adonner à sa passion – la recherche en ichtyonymes et en ethnographie du folklore côtier – rédigeant notamment une somme sur les scènes de la vie qutotidienne dans les rouleaux peints (*emakimono* 絵巻物), organisa et finança à perte le centre de recherche qu'il créa chez lui et où il stocka les objets populaires fabriqués à la main selon les méthodes traditionnelles, les *mingu* 民具 : l'Achikku myûzeamu アチックミューゼアム (le Musée des greniers)[38] et c'est au sein du groupe de jeunes chercheurs qu'il emploie qu'émergera celui qui allait rénover de fond en comble l'ethnographie de soi au Japon, un certain MIYAMOTO Tsunéichi 宮本常一 (1907-1981)…

En conclusion, on ne pourra que recommander la lecture de cet opuscule à tous, que ce soit au curieux qui s'intéresse à l'Histoire du Japon, de Meiji à Shôwa, ou au spécialiste à la

---

[38] Actuel Nihon jômin bunka kenkyûjo 日本常民文化研究所 de l'Université de Kanagawa 神奈川大学.

Alexandre MANGIN, *Articles sur le Japon*

recherche du moindre élément concernant SHIBUSAWA Eiichi ou tout du moins la perception qu'en avait (ou l'image que voulait en donner !) un de ses fils.

Bibliographie / 参考文献

渋沢秀雄『渋沢栄一』、渋沢青淵記念財団竜門社、東京、初版　昭和 31 年、22 版増補発行　平成 10 年；

MANGIN Alexandre, *Miyamoto Tsunéichi, un ethnographe folkloriste, infatigable marcheur à la recherche de l'identité japonaise*, thèse de doctorat (J.-P. Giraud dir.), Université de Lyon, Université Jean Moulin Lyon III, 2008, édité à Sarrebruck par les Editions universitaires européennes, 2010.

Qu'est-ce qui fait défaut
à la démocratie japonaise :
Expérience de dissertation française
en temps limité

[18h 12 : frappe du brouillon qui fut commencé à 16h 30]

日本の民主主義に欠落しているものは何か
Qu'est-ce qui manque / fait défaut à la démocratie
japonaise ?

[Idées en vrac]

- Demander : « Est-ce que la démocratie japonaise manque de quelque chose ? » est une insinuation selon laquelle la démocratie japonaise manquerait de quelque chose. Avec la question (formulation) : « Qu'est-ce qui manque à la démocratie japonaise ? », il est clair que, pour celui qui la pose, la démocratie japonaise manque effectivement de quelque chose. Le postulat de départ est l'affirmation de manque.

- Qu'est-ce que la démocratie ? [du grec] *demos* (le peuple) et *kratos* (le pouvoir) [nécessaire car « l'homme est un loup pour l'homme » (HOBBES) – besoin de sécurité]

- Démocratie directe : petits pays (un ou deux cantons suisses) → démocratie représentative (des représentants gouvernent à plein temps) par délégation du peuple [occupé à ses tâches quotidiennes, à son métier]. C'est le contrat social [ROUSSEAU].

- Histoire de la démocratie : philosophie grecque [Aristote notamment], puis République romaine, système d'élection des représentants professionnels (corporations) et religieux auprès du pouvoir royal + Etats généraux. Puis 1789 et la République.

L'Histoire japonaise est différente. Dès le départ et jusqu'à maintenant, un gouvernement de type aristocratique (gouvernement d'une minorité qui devient héréditaire).

- 2 choses traditionnelles au Japon :   • action de s'en remettre (allégeance féodale française) à un plus fort [en lui offrant sa liberté]   → 「よろしくお願いします」

                                            →

loyauté puis clientélisme

                                     • pratique des assemblées locales de village (よりあい[寄り合い]) [prenant des décisions] reposant sur le consensus ≠ majorité absolue en Europe (Occident).

↳ Mais qui gouverne vraiment [au Japon] ? → rôle de l'initiateur [instigateur, homme de décision], du chef charismatique qui a l'idée des propositions et les fait passer en recourant à la persuasion de sa force de caractère ou à des intimidations. L'unanimité [le consensus] est souvent obtenue à l'usure (épuisement des participants qui souhaitent rentrer chez eux [après une réunion très longue]) → technique de manipulation.

- Démocratie idéale → démocratie pervertie

- Démocratie à la japonaise → féodalisme clientéliste

                                    } double axe

La démocratie japonaise moderne : • le Japon est un Etat de Droit avec des représentants élus au suffrage universel mixte (hommes et femmes) depuis 1945 (avant la France !).

• l'instruction civique à la française est quasi-absente des programmes scolaires. On ne fait rien pour faire des jeunes des adultes responsables, mais on les cantonne dans un rôle de consommateur passif compulsif.

• les campagnes politiques sont d'une niveau extrêmement bas et se ressemblent beaucoup [et ne suscitent guère d'intérêt dans la population, contrairement au reste du monde, notamment à la Corée, très politisée] ;

• les dirigeants politiques (自民党 / PLD en tête) ont perdu la confiance du peuple par leur train de vie, leurs malversations ou tout simplement par leur immobilisme. ↳ « Tous pourris ».

• vu par les yeux d'un Occidental [d'un Européen en tout cas], on n'a pas l'impression que le gouvernement japonais ait beaucoup de pouvoir : - relations étrangères : à la solde des USA → manque de force des dirigeants japonais pour faire entendre leur voix sur la scène internationale et notamment auprès des USA ([problème de l'occupation militaire d']Okinawa [et des bavures que celle-ci occasionne (viols à répétition par des soldats américains)]) et de la Russie (territoires du Nord) ;

- politique nationale : ❖ espace public défini par les grosses entreprises (dont la pègre) : ¤ architecture au rabais, on rase le patrimoine…

¤ urbanisme limité à sa plus simple expression [d'où espace mal géré]

❖

[problème de l'éducation :] tendance à supprimer toutes les

- 143 -

dépenses publiques qui ne sont pas directement rentables (ex. : cours de littérature étrangère) ou [dont l'usage] pourrait s'avérer subversif, remettant en cause les 2 piliers / valeurs de la société japonaise actuelle : l'ordre, lequel permet le business (suppression des cours de français par la doctrine ISHIHARA [石原慎太郎]) 17h 08

         • Problème de l'abstention (manque d'intérêt et de formation des jeunes à la vie de la Cité et à la chose publique [*res publica*]) d'où clientélisme auprès des minorités votantes (un électorat courtisé : les vieux) ;
         • Forme moderne de la féodalité : la reproduction des élites selon un parcours immuable / inchangeable :　- 東大　/ 早稲田　(faculté d'économie ou de Droit) → avocat / haut fonctionnaire adhérant d'un [grand] parti → élu

         - système d'ancienneté (rôle des « patrons » [au sens figuré] et du paternalisme, des dirigeants vieillards – mais ça change à l'échelon local [ex. : les gouverneurs]) + système 世襲 (hérédité) critiqué par les journalistes.

Rôle de la presse ambigu, tantôt très critique, même avec le Premier Ministre (plus qu'[on ne l'est] en France ces derniers temps), tantôt faisant bloc avec le gouvernement à l'international (attitude antifrançaise dans l'affaire du [renflouement par l'Etat français] du Crédit lyonnais, banque [pourtant] à demi nationale, puis quand le gouvernement japonais a fait pareil avec des banques 100% privées, la presse n'a rien dit…)

Le peuple (*demos*) : Nation : volonté générale → idéal universaliste ; peuple : somme des intérêts particuliers → réalité concrète (distinction de ROUSEAU).

(3 min de pause)

Alexandre MANGIN, *Articles sur le Japon*

La question du peuple au Japon : Y a-t-il conscience du peuple ? – Oui et non. Peur (mauvaise conscience) de paraître nationaliste en étant patriote (générations « adultes ») et individualisme narquois des jeunes (recherche hédoniste de la jouissance immédiate et de la possession matérielle, et désintérêt pour la chose publique ou pour la Nature).

- Constat pessimiste : une démocratie dans ses institutions et des lois (un arsenal législatif d'Etat de Droit) mais vidée de son sens par une utilisation de pays non habitué à la démocratie (clientélisme) et une volonté flagrante de ne pas éduquer la jeunesse pour en faire des hommes libres, mais au contraire des consommateurs, futurs travailleurs dociles exploitables à merci (système des clubs universitaires notamment sportifs, qui forment à la docilité et à l'obéissance aveugle aux ordres sans contestation [sous peine de blâmes, de brimades et enfin d'exclusion]). Absence d'outils rhétoriques et conceptuels permettant un débat de haut niveau entre le peuple et les politiques. On revient à l'éducation et au rôle de la dissertation.

[Problématique : le Japon n'est-il pas responsable de son malheur civique par son cynisme mercantile ?]

➡Le Japon court à sa perte car sa démocratie est une coquille vide.

[Idées de plans]

Plan thèse-antithèse :
I Le Japon, une démocratie moderne, un Etat de Droit
    A/ Un Etat en avance sur la France (droit de vote) et les Etats asiatiques
    B/ Des lois qui respectent généralement les Droits de l'Homme (mais problèmes bioéthiques / peine de mort /

[tolérance à l'égard des] enlèvements d'enfants par la mère en cas de divorce international)

II Mais c'est une coquille vide
    A/ Problème des [hommes] politiques
    B/ Problème des électeurs

Plan chronologique :
I La démocratie japonaise est ancienne
    A/ Féodalisme
    B/ *Yoriai* et réunions locales

II La démocratie aujourd'hui [au Japon]
    A/ Institutions
    B/ Dans la pratique

Plan thématique :
I Démocratie et institutions
    A/ Démocratie participative et abstention
    B/ Démocratie participative et hommes politiques

II Démocratie et éducation
    A/ Manque d'intérêt de la jeunesse
    B/ C'est orchestré par les dirigeants pour gouverner en paix

[éléments entrant dans la]Conclusion : on oppose souvent au Japon individualisme occidental et conscience de groupe au Japon, mais l'individualisme occidental va de pair avec un souci de la chose publique à laquelle on est formé très jeune (dès l'école primaire) → discussions sur l'intérêt général ≠ au Japon, l'individualisme se contente du consumérisme (manipulation des jeunes par les grandes entreprises via la publicité et les media).

Alexandre MANGIN, *Articles sur le Japon*

Business de l'éducation et corruption des politiques achèvent de saper les bases réellement démocratiques du pays en créant une future génération d'esclaves inaptes à la réflexion construite et argumentée. (17h40)

Plans semi-détaillés

Plan thèse-antithèse (le plus simple à élaborer)

I Un Etat de Droit, une démocratie en avance, fleuron de l'Asie

A/ Un Etat en avance

1) des institutions démocratiques

2) le suffrage universel

B/ Des lois qui respectent généralement les droits de l'Homme

1) exemples : loi contre les discriminations (à l'encontre des *burakumin*, [par exemple])

2) exception : problèmes bioéthiques [(la mort cérébrale = mort de l'humain, problème actuellement discuté)] ; peine de mort ; [tolérance par la Loi à l'égard des] enlèvements d'enfants [métis] par la mère [japonaise]

II Mais c'est une coquille vide

A/ Problème des (hommes) politiques décevants

1) une reproduction des élites politiques (« toujours les mêmes »)

2) une incapacité à convaincre (« tous pourris »)

B/ Problème des électeurs

1) clientélisme → favorise les vieux

2) une jeunesse non éduquée à la citoyenneté et à la chose publique

- 147 -

Plan historique (simple à élaborer mais requiert des connaissances) :

I La démocratie japonaise est ancienne et « socialiste » (cf. MIYAMOTO [Tsuneichi 宮本常一])

    A/ Le féodalisme

        1) l'allégeance (よろしく[お願いします])

        2) les structures et les élites politiques

    B/ Les institutions de concertation locales

        1) les *yoriai* de village (MIYAMOTO)

        2) la pratique de la concertation au sein de tout groupe

[*nemawashi* etc.]

II La démocratie japonaise aujourd'hui

    A/ Des institutions démocratiques

        1) institutions

        2) lois

    B/ Une pratique décevante

        1) élites

        2) électeurs

Plan thématique (difficile à élaborer) :

I Démocratie et institutions

    A/ Démocratie participative [et représentative]

        1) la démocratie participative

        2) l'abstention

    B/ La représentation politique [en question]

        1) formation des élites

        2) réalité de la vie politique japonaise

II Démocratie et éducation

    A/ Un constat alarmant

Alexandre MANGIN, *Articles sur le Japon*

1) une jeunesse sous représentée
2) un désintérêt pour la chose publique
B/ Raisons possibles
1) individualisme consumériste
2) système éducatif pourri à la base

fini à 17h 57 [et fini de taper à 20h 08]

Commentaire sur cet exercice de dissertation

Après quelques considérations sur les conditions dans lesquelles fut élaboré le texte que le lecteur a eu sous les yeux, je reviendrai sur la question de la dissertation de manière générale.

Pour cet exercice, j'ai fait en sorte de noter l'heure au cours du processus d'élaboration du brouillon, et lors de sa mise au propre sur ordinateur. Dans le premier cas, entre parenthèses, et dans le second, entre crochets, tout comme les ajouts qu'il m'est apparu nécessaire de faire à ce moment-là, tant pour des raisons de fond (ajout d'éléments factuels et de nuances) que de forme (compréhension du lecteur). J'ai signalé les moments où j'ai fait une pause, n'étant alors pas en situation optimale pour un examen (fatigue physique notamment). Je ne me suis imposé aucun temps limité, toutefois j'ai cru bon de travailler aussi vite que possible, comme si j'étais en conditions d'examen.

Lors de la mise au propre, j'ai remplacé mes abréviations par des mots complets, mais j'ai gardé la plupart des flèches et autres points servant à montrer la structure de mon argumentation, telle que je la construisais au fur et à mesure. En mettant ce brouillon au propre, je me suis refusé à toute réécriture ou à toute correction du fond. J'ai conservé le brouillon quasiment « en l'état » de ma pensée « pendant une épreuve de dissertation » (même si, je le répète, je n'étais ni en situation, ni en condition physique optimale pour un tel examen, ce qui pourrait expliquer la faiblesse conceptuelle de ma réflexion à ce moment-là). Mais, peut-être, derrière cette faiblesse, y a-t-il justement matière à réflexion sur l'aspect « charnel » de l'examen à la française, à la fois exercice intellectuel de concentration et de réflexion et exercice d'endurance nerveuse nécessitant beaucoup d'énergie, une sorte de rite de passage selon mois lorsqu'il s'exerce lors d'un examen ou d'un concours.

Un article que j'aurais rédigé sur le même sujet, dans les conditions de la rédaction d'article universitaire (à savoir une période de plusieurs semaines, aux horaires libres et la consultation à loisir de tout type de document, ce qui permet la citation exacte et donc, la preuve) aurait peut-être eu une structure et un contenu différents. Aussi faut-il bien retenir le point suivant, qui m'apparaît fondamental : l'essai, l'article et la dissertation, s'ils peuvent avoir la même structure (binaire, ternaire ou autre), ne sont pas rédigés dans les mêmes conditions, et ne sauraient donc être jugés de la même manière. Il en va de même, dans un autre domaine, du croquis (ou de la caricature) en temps limité, par opposition à la toile dont la composition prendra des mois. La question de la taille (les dimensions du tableau monumental ou de la miniature) joue aussi.

En aucun cas l'exercice de dissertation en temps limité n'est une quête de la perfection (cela n'aurait par nature pas de sens) : c'est une recherche du « mieux possible », compte tenu des circonstances. La notions de « chef d'œuvre » ne saurait donc s'appliquer même à la meilleure des dissertations, alors qu'elle pourra désigner un article ou un essai. En revanche, une excellente dissertation pourra toujours servir de modèle, l'exemple le plus admirable de ce que l'esprit d'un humain normal peut faire, compte tenu de circonstances – contraignantes – bien précises.

L'historique de la structure de la dissertation, parallèle à celle de l'essai et héritée de la philosophie grecque, puis latine ainsi que des penseurs juifs, puis chrétiens et musulmans, ne doit pas occulter chez celui qui veut étudier cet exercice une réflexion sur sa réalisation matérielle et l'historique de celle-ci. Au départ, il existait plusieurs exercices à l'origine de la dissertation :

- la controverse (ou *disputatio*), orale, ou mise en application des règles de la rhétorique, et dont le sujet pouvait être donné longtemps à l'avance, permettant une longue préparation (permettant notamment d'anticiper les objections de l'adversaire, ou au contraire être donné le jour même, requièrant de l'examiné une capacité d'improvisation qui est aujourd'hui requise pour la dissertation. Les soutenances de mémoires ou de thèses en sont les héritières ;

- le discours, préparé à l'écrit, puis récité à l'oral, avec ou sans le texte, là encore sur un sujet donné en avance ou sur le moment ;

- l'essai épistolaire, très répandu chez les Grecs et les Latins comme chez les érudits juifs, la lettre servant tantôt de prétexte, tantôt fournissant des objections suscitant le « rebond » de la réflexion ;

- l'essai, enfin, sur un sujet librement choisi ou imposé par un tiers. Un certain type d'essai, la glose, particulièrement pratiqué par les religieux de toute confession, peut être vu, en un sens, comme l'ancêtre du commentaire de texte et du commentaire composé, exercices voisins de la dissertation, mais contrairement à ces derniers, sans limitation de temps.

La question du temps limité se pose à intervalle régulier. L'exercice en temps limité, comme nous l'avons vu, n'est pas apparu avec l'école de la Troisième République. Il nous vient de la plus ancienne Antiquité. Déjà, la capacité d'improvisation, la réactivité ou, en termes plus classiques, la rapidité d'esprit, était considérée par certains comme une marque d'intelligence. Les tests de QI (quotient intellectuel) inventés aux Etats-Unis, sont non seulement en temps limités, mais prennent aussi en compte la vitesse de réponse comme un des éléments de l'intelligence. Pourtant, force est de constater que l'on peut être intelligent sans être toujours très rapide. La mesure, la prudence, le manque de confiance en soi (la peur de se tromper et d'être ridiculisé, de déchoir), sont aussi des éléments moraux et psychologiques à prendre en compte dans l'analyse du résultat. S'il est indubitable qu'un imbécile ne fera jamais une bonne dissertation, il n'en est pas moins vrai qu'un candidat intelligent ne fera pas forcément une bonne dissertation et ce pour les facteurs les plus divers (ceux que j'ai cité plus haut, sans compter la fatigue, le stress dû à l'enjeu ou à la simple compétition, ou encore l'excès de confiance en soi poussant à la paresse, d'où le problème de nombreux surdoués non détectés et en situation paradoxale d'échec scolaire. Mais qu'on nous permette de croire que même leur plus mauvaise dissertation comprendra une phrase, ou même un mot, qui révèlera leur malice).

La dissertation ne rend pas les êtres plus intelligents. Elle donne des outils pour la canalisation la plus efficace possible de l'esprit dans un but bien simple, mais fondamental : la (re)formulation d'une interrogation, l'énonciation d'un point de vue personnel et libre et, enfin, la défense argumentée et (donc) convaincante de celui-ci. Lorsque les arguments scientifiques, basés sur la raison et les faits vérifiables (références) viennent à manquer, le recours à l'émotion devient nécessaire. C'est ce que nous dit SCHOPENHAUER dans son *Art d'avoir... toujours raison*.

Tôkyô, 19 juillet 2009, 21h 14

穿袖の謎
フランス語圏で絵引をどう使うか[39]

　以下で述べる理由から、宮本常一の研究を始点に「日本常民文化研究所」と「非文字資料研究センター」で『絵引』の翻訳を行うことは自然な成り行きであった。私は、Frédéric LESIGNE 氏とアシスタント原麻子氏と協力し、『日本常民生活絵引』の仏語訳を担当した。
　ここでは、『絵引』の内容の分析等ではなく、『絵引』の翻訳という作業そのものについて述べ、そしてフランス語圏における、本翻訳の意味を明らかにしたいと思う。ここでの私の目的は、翻訳の理論を作ることではなく、ただ私たちが経験した困難や問題をありのままに紹介し、そしてその企画をより広い観点から検証することだけである。

　一　翻訳の具体的な点から

まず、例から始めたいと思う。この発表のタイトルに挙げた単語の説明についてである。実を言うと、私たちはタイトル中の単語「穿袖」の読み方が分からない。音読みの「センシュウ」か「センジュ」、それとも訓読みの「うがちそで」か「はきそで」なのか。一体なんと読むのであろうか。索引に読み方は記されていないが、並び

[39] Kanagawa, *Himoji shiryô kenkyû News Letter* n°20『非文字資料研究ニュースレター』20号, Kanagawa daigaku 神奈川大学, 2010.

Alexandre MANGIN, *Articles sur le Japon*

順から「うがちそで」だと判断でる。しかし、その索引を作った人は『絵引』を書いた人ではない。

　『絵引』の実質的な執筆者は、編集者：澁澤敬三自身より、アチックミューゼアム（屋根裏博物館）のチームであった。そのメンバーの一人、宮本常一が 60％程度―大半を執筆したと推測される。宮本常一は碩学であったが、平安時代の全ての専門用語のニュアンスを知っているわけではなかったので、時々「適当な」名称や新語や造語が現れるのである。「穿袖」はその一例である。

　さて、なぜ翻訳者にとって、漢字の読み方はそんなにも重要なのであろうか。実際は服装だからなのである。それは、単語が服飾用語＝専門用語または固有の名詞などであるという理由からなのである。（『絵引』という）翻訳対象が服飾のみならず、仏教・動植物等さまざまな専門用語や固有の名詞で構成されており、それを正確に仏語で訳し、かつ、日本語での読み方を付記しなくてはならないからである。

　この翻訳に着手する前に、我たちは共通の翻訳のポリシー（Charte）を決める必要性を強く感じた。原文の説明を加える脚注を掲載してはならないという前提がある以上、原文が今の基準によると充分に科学的であるとは言いがたくとも、その翻訳はできるだけ科学的なものでなければならない。

　私たちのポリシーのいくつかの例を挙げたい。

　例えば、1/　服装の名称の場合、単語のローマ字表示、そしてその省略された定義（小定義）を載せる。

　2/　ある単語が二回出てきて、同じものを示す場合、その翻訳は同じであることである。つまり、ある単語の翻訳は途中で変わってはならない。

3/　また、二つの単語の意味が非常に近いものであっても、違う仏語に訳する。

　4/　明確さを目指しているので、たとえば、植物の名称がフランス語にない場合、そのラテン語の学名に、また、仏教関連の名称の場合は、日本語から梵語にというように、それぞれ変換して記載する。

　5/　さらに、仏語訳に特有の原則も決定しました。例えば、章のタイトルでは、定冠詞を使うが、キャプションでは不定詞（つまり辞書形）の前「action de ～」（～動作）をつき加える、などである。

　そのような科学的な一貫性を必要としているのはフランス語圏の読者が特別だからだ。なぜこのようなプロセスが必要なのかと言うと、そのような科学的一貫性を重視する、フランス語圏の読者の特殊性が背景にあるからだと思う。

二　フランス語圏における『絵引』の仏語訳

　私たちがポリシーの必要性を感じた理由は、『絵引』の仏語訳の読者が一体誰であるのか、それを自問した結果なのである。

　英語訳が対象している読者が誰であるのかは分からないが、仏語訳の可能的な読者（仏語訳を読むであろう人）は、きっとフランス語圏（つまりフランスだけではない）の一般の人というよりも、学者の世界の人なのである。『絵引』を買う可能性が高いのは、まず大学の研究所だと思われる。ご存知の通り、フランス語圏における「郷土研究」のレベルは依然として高く、他の国々に

Alexandre MANGIN, *Articles sur le Japon*

比べて、その研究範囲に関する小論文は定期的に出版されている。しかしながら、日本の庶民の生活史に関する研究論文は少なく、使われている資料は主に筆記資料である。絵を歴史資料として使うのはまだ稀で、始まったばかりである。現在、私たちの作業を手伝ってくださっている校閲者のドイツの Charlotte von VERSCHUER 教授やフランスの Jean-Michel BUTTEL 准教授は、そのような非文字資料を使って授業や研究をしていらっしゃるそうである。

　要するに、「郷土研究」や「民族学」「民俗学」研究レポートで一番使われている言語は英語、そしてフランス語なので、英語訳のほかに仏語訳があれば、『絵引』は世界中で広く知られるのではないかと思う。

　そう仮定すると、その読者の期待している翻訳のレベルは高く、近似を許せないものである。したがって、専門用語を使用しなければいけない場合は多い。例えば、建築用語の場合、「板」を「planche」と直訳するより、その板が縦板か横板なのかなどを区別して、ふさわしい専門用語で翻訳しなければならないと思う。そうすると、「板屋根」を直訳の「toit de planche」より、専門用語の「toit de bardeaux」と翻訳したほうが正確なのである。

　もちろん、このような翻訳は、本来、専門家 15 人ぐらいのチームがフルタイムで行う仕事なので、伝統建築や平安時代の服装の専門家ではない二人のパートタイム翻訳者で完璧にできる任務ではないと言えるが、高い質を要求しながら翻訳しようと、日々真摯に取り組んでいる。

　結論

Alexandre MANGIN, *Articles sur le Japon*

『絵引』の仏語訳は、二人だけで短期間に仕上げなく
てはならないという無謀とも思える厳しい任務であるが、
きっと科学的な効果のある計画となると強く信じている。

Alexandre MANGIN, *Articles sur le Japon*

MIYAMOTO Tsuneichi :
Ier épisode : présentation et exemple
des ritualistes ruraux dans *Minkan-reki*[40]

Introduction : présentation de MIYAMOTO

Le présent article se propose avant tout de présenter brièvement la vie et l'œuvre de l'ethnographe folkloriste MIYAMOTO Tsuneichi 宮本常一 (1907-1981)[41]. Afin de donner une idée de cette œuvre encore peu connue en France, et qui n'est pas sans résonances avec l'œuvre de Marcel MAUSS, *Théorie générale de la magie*, nous donnerons deux exemples tirés de *Minkan-reki*『民間曆』 (Le calendrier populaire) (1942) : le cas des ritualistes et celui des arbres rituels. Ce sera l'occasion, sinon de tenter, du moins d'inviter à la comparaison entre les deux auteurs.

A/ Aperçu biographique

Né dans une famille d'agriculteurs lettrés[42] et philanthropes (ils accueillent gratuitement chez eux les voyageurs de passage[43]), MIYAMOTO Tsuneichi envisage une carrière dans les lettres. Après des études à l'Ecole des postes et communications, puis à l'école normale où il suit les cours du professeur MORI Shinzô 森 信三 (1896-1992), un intellectuel nationaliste particulièrement

---

[40] Article publié le 20 décembre 2010 dans la *Revue du MAUSS permanente* : http://www.journaldumauss.net/spip.php?article751.
[41] Pour plus de détails, on se reportera à notre thèse de doctorat, *MIYAMOTO Tsuneichi, un ethnographe folkloriste, infatigable marcheur à la recherche de l'identité japonaise*, Lyon, Université de Lyon (Lyon III), 2008, (http://www.sudoc.abes.fr/xslt/DB=2.1/SET=2/TTL=1/SHW?FRST=1), texte édité en 2010 : Stuttgart, Editions universitaires européennes.
[42] Sa famille comptait de nombreux *kannushi* 神主, les prêtres shintô.
[43] Système du *zenkon yado* 善根宿 (auberge du bon vouloir).

Alexandre MANGIN, *Articles sur le Japon*

brillant et charismatique[44], et une brève carrière d'instituteur au cours de laquelle il initie ses élèves au travail de terrain, leur faisant même réaliser une revue ethnographique, *Toroshi* 『とろ し』, MIYAMOTO Tsuneichi fait deux rencontres qui marqueront profondément son parcours professionnel : celle de YANAGITA Kunio 柳田國男 (1875-1962) et de SHIBUSAWA Keizô 澁澤敬三 (1896-1963). Le premier est le fondateur de l'ethnologie du folklore comme science humaine. C'est aussi un penseur d'économie politique et agricole et un spécialiste des contes et légendes. Parlant français, allemand et anglais, ce qui est la marque des élites – il a vécu en Suisse où il travaillait à la Société des Nations – il est aussi un nationaliste[45] discret mais sincère, mais surtout un « mandarin »[46], un fondateur d'Ecole de pensée entouré de disciples à qui il enseigne à l'ancienne manière, vêtu du costume traditionnel. Ayant fait son terrain en kimono de prix secondé par des porteurs de bagages, et logeant en hôtellerie de luxe, il contraste avec son futur élève, poussiéreux et chaussé d'espadrilles. Il avait aussi tendance à s'approprier sans les citer les travaux de ses disciples, intégrant les données recueillies sur le terrain, mais il semble que ce n'ait pas été inhabituel à cet époque. Malgré un intérêt vif mais non innocent pour les petites gens (son but final semble avoir été, par le comparatisme inter-régional, de prouver l'unicité du Japon et ses liens avec le continent, afin de favoriser l'impérialisme et le colonialisme), son respect allait à la réflexion a posteriori et au monde des livres, le travail de terrain n'étant qu'une nécessité pleine d'inconvénients. En 1930, YANAGITA lance un appel à contribution dans *Tabi to densetsu* 『旅と伝説』 (Voyages et légendes) la revue d'ethnologie du

---

[44] MIYAMOTO, indifférent à la question du nationalisme, découvre à cette époque les œuvres de Max STIRNER (1806-1856) et de Pyotr KROPOTKINE (1842-1921) lequel le marquera profondément, ainsi que l'entomologiste Jean-Henry FABRE (1823-1915), très populaire au Japon, et les japonologues américains (Edward Sylvester MORSE (1838-1925) notamment).

[45] Notons cependant que YANAGITA a expressément condamné le fascisme italien.

[46] Au sens français du terme (un « ponte »).

Alexandre MANGIN, *Articles sur le Japon*

folklore fondée par MIYAMOTO qui, en retour, y répond. C'est le début d'une relation de professeur à élève particulièrement riche pour le jeune chercheur. Il ne prendra ses distances, dans un flou respectueux, que lorsqu'il rencontrera SHIBUSAWA Keizô.

Petit fils, d'Eiichi 栄一 (1840-1931), le grand entrepreneur artisan de la rénovation du Japon sous Meiji, fondateur de sociétés, de la banque du Japon, d'écoles et d'institutions de charité, cofondateur avec Paul CLAUDEL de la Maison franco-japonaise à Tôkyô, essayiste talentueux et diplomate, Keizô était promis dès sa naissance à un poste de dirigeant d'entreprises. Après les meilleures études qui soient (diplôme d'économie à l'Université impériale de Tôkyô), il est employé aux affaires, formé par son illustre grand-père et finira gouverneur de la Banque du Japon. Keizô, parallèlement à ses activités d'affaires, se lance dans la recherche en indépendant. Il s'intéresse aux noms de poissons et aux villages de pêcheurs. Il fonde en 1921 l'Achikku myûzeamu アチックミューゼアム (le Musée des greniers) [47] dans sa propriété : le musée, qui réunit des objets de la vie quotidienne des paysans, des pêcheurs et du petit peuple en général, devient vite un centre de recherche qu'il finance. Il recrute de jeunes chercheurs (dont MIYAMOTO en 1935, qu'il finit par employer à plein temps et loge) et les dirige de manière moderne, autour d'une table, comme le ferait un chef de projet en entreprise. Reconnu unanimement comme un grand organisateur (*oruganaizâ* オルガナイザー), le grand œuvre de ce patron paternaliste (*patoron* パトロン), outre les cinq volumes de ses travaux ethnographiques, c'est l'*Emakimono ni yoru Nihon jômin seikatsu ebiki* 『絵巻物による日本常民生活絵引』 (Pictopédie de la vie quotidienne du petit peuple Japon telle qu'elle apparaît dans les

---

[47] L'Achikku myûzeamu est devenu l'actuel Nihon jômin bunka kenkyûjo 日本常民文化研究所 (Institut de recherche sur les cultures populaires du Japon) dont dépend le Himoji shiryô sentâ 非文字資料研究センター (Centre de recherches sur les documents non écrits) de l'Université de Kanagawa 神奈川大学.

Alexandre MANGIN, *Articles sur le Japon*

rouleaux peints) [48] qu'il dirige, entreprise à laquelle participe MIYAMOTO qui en rédige une large partie à lui tout seul (environ 60 %), première entreprise en son genre, en cinq gros volumes entièrement illustrés, œuvre pionnière de jeunes chercheurs déchiffrant des pans entiers de la connaissance. L'Université de Kanagawa, sans toucher au texte original [49], continue cette œuvre par l'ajout de tomes supplémentaires, sur Hokkaidô, l'île de Hǎinán 海南島 en Chine et la Corée.

A la mort de SHIBUSAWA, qu'il considérait comme son maître et un deuxième père, MIYAMOTO se lance dans une carrière de chercheur indépendant, diversifiant ses activités : études de terrain de commande, articles pour des revues scientifiques et des revues de vulgarisation, conférences sur l'agronomie et publication de livres. En 1961, à 54 ans, il obtient son doctorat de Lettres avec une thèse ethnographique extrêmement documentée sur la Mer intérieure de Seto. L'année suivante, il est embauché par l'Université de la mer de Tôkyô (Tôkyô suisan daigaku 東京水産大学) puis, en 1964, par l'Université des Beaux Arts de Musashino (Musashino bijutsu daigaku 武蔵野美術大学) et en 1967 par l'Université de Waseda 早稲田大学 où il enseigne la minZokugaku 民俗学 (ethnologie des arts et traditions populaires) jusqu'en 1974. Sur la fin de sa vie, il réalise quatre voyages à l'étranger qui auront une forte influence sur son moral (la Tanza,ie, surtout) et la perspective dans laquelle il situe son travail : en 1975 (18 juillet-30 août : 44 jours) : voyage en Afrique orientale (Tanzanie et Kenya) [50] ; en 1977 (13-20 septembre : 8 jours) : voyage à Cheju-do 제주도 [済州島] [51]

---

[48] Par la suite, nous abrègerons en « *Ebiki* ».

[49] Les imperfections du texte, ses petites erreurs çà et là n'enlèvent quasiment rien à son mérite, d'autant que ses rédacteurs se sont montrés d'une absolue modestie.

[50] « *Higashi Afurika wo aruku* » 「東アフリカを歩く」 (« Marcher en Afrique orientale »), in *Aruku miru kiku* 『あるくみるきく』, numéro de janvier Shôwa LI (1976), s.l., Nihon kankô bunka kenkyû-sho-kan 日本観光文化研究所刊.

[51] Cheju-do : lu en japonais *Saishû-tô* さいしゅうとう ou *Cheju-do* チェジュド.

Alexandre MANGIN, *Articles sur le Japon*

(Corée)[52] ; en 1979 (10-20 septembre : 11 jours) à Taiwan[53] et en 1980 (14-24 septembre : 11 jours), en Chine populaire[54]

Enfin, jusqu'à sa mort en 1981, il ne cessera d'écrire et de faire des conférences, dont un cycle, *Nihon bunka no keisei* 『日本文化の形成』, fondamental dans son oeuvre.

L'œuvre qu'il laisse compte près de deux-**cents** volumes[55]. Il aura fondé aussi et participé à de nombreuses sociétés savantes et aura été à l'origine des projets visant à faire vivre des activités en voie de disparition (les concerts de tambours japonais, avec la création du groupe Ondekoza 鬼太鼓座, ou le dressage de singes).

Avant de clore cette présentation, donnons quelques détails concernant sa méthode et les thèmes de ses recherches.

B/ La méthode et l'œuvre
1) la méthode

Sa méthode est celle recommandée par SHIBUSAWA : du terrain, au plus près des gens, et la marche. MIYAMOTO, toute sa vie de santé fragile, fut un grand marcheur. Les cartes qui

---

[52] « *Shimpan Kaijin monogatari* » 「新版　海人ものがたり」 («Nouvelle version d'Histoires des gens de la mer»), in *Ama : Nakamura Yoshinobu shashin-shû* 『海女　中村由信写真集』 (Plongeuses-pêcheuses de perles : recueil de photographies de Nakamura Yoshinobu), s.l., Marin keikaku-kan マリン計画刊, décembre Shôwa LIII (1978).

[53] « *Taiwan kikô* » 「台湾紀行」 («Journal de voyage à Taiwan»), in *Aruku miru kiku*, numéro de juin Shôwa LV (1980).

« *Taiwan no Takasago-zoku* » 「台湾の高砂族」 («Les Ethnies des hauteurs ensablées (*Gāoshā-zú*) de Taiwan»), 1ère éd. in *Getsurei kôkai kenkyû-kai* 『月例公開研究会』 (Mensuel de l'ouverture des réunions de recherches), s.l., Nihon kankô bunka kenkyû-sho 日本観光文化研究所, 17 novembre Shôwa LIV (1979) republié in Nihon kankô bunka kenkyû-sho Kenkyû kiyô 『日本観光文化研究所　研究紀要』 (Annales de recherches de l'Institut de recherches sur les cultures du tourisme japonais), n°6 (décembre Shôwa LX (1985)), s.l. Ce texte est celui d'une communication (approuvé par Miyamoto), plutôt qu'un article à proprement parler.

[54] « *Chûgoku no fune* » 「中国の船」 («Les bateaux chinois»), in *Aruku miru kiku : Miyamoto Tsuneichi tsuitô-gô* (Numéro de commémoration de Miyamoto Tsuneichi), s.l., août Shôwa LVI (1981). Ce texte est la transcription, d'après enregistrement, d'une communication de Miyamoto.

[55] L'édition de ses Œuvres compte pour l'instant 51 volumes publiés.

Alexandre MANGIN, *Articles sur le Japon*

retracent ses voyages sont biffées en tous sens par les itinéraires de ses voyages, dans le prolongement des écrivains voyageurs qu'il appréciait particulièrement car il sut trouver en eux les précurseurs des ethnographes de terrain : le poète MATSUO Bashô 松尾芭蕉 (1644-1694) bien sûr, mais aussi NODA Senkôin 野田泉光院 (1756-1835), SUGAE Masumi 菅江真澄 (1754-1829), FURUKAWA Koshôken 古川古松軒 (1726-1807) ou encore l'Anglaise Isabella BIRD (1831-1904), seule Occidentale ayant obtenu des autorités japonaises, à l'époque Meiji, un laisser-passer valable pour tout le territoire afin de réaliser une étude ethnographique.

MIYAMOTO s'entretenait longuement, parfois des nuits entières, avec les habitants, en particulier les personnes âgées, détentrices d'un savoir populaire, notamment dialectal, que l'ethnographe cherche à fixer, sachant que tout ce qu'il observe a déjà commencé un déclin, ne serait-ce qu'à cause de la baisse de la fécondité et de l'exode rural. Pour ce faire, il loge chez l'habitant et note tous les détails, même mes plus anodins, de la vie rurale. L'essentiel de son budget est consacré aux pellicules de ses deux appareils photo. Il photographie tout ce qu'il voit, tant qu'il lui reste de la pellicule, sans souci du cadrage ou du rendu esthétique. Ses clichés, bruts, constituent en soi un riche matériaux historique sur le monde de l'époque Shôwa, que l'on redécouvre depuis les années 2000, non sans que les éditeurs jouent sur la nostalgie du « bon vieux temps », avec ses enfants gambadant sur des sentiers en terre entre deux temples, ses ouvriers agricoles faisant une pause en chanson, et ses maisons en bois et papier. Mais MIYAMOTO, toujours dans un souci encyclopédique, et mû par un appétit de savoir, répertorie tous les outils de corps de métiers et photographie (et dessine) ce qu'il voit depuis le train. Plus tard,

Alexandre MANGIN, *Articles sur le Japon*

il le fera depuis le ciel, devenant un pionnier de l'ethnographie aérienne[56].

2) les thématiques miyamotiennes

Présenter exhaustivement les thèmes de l'œuvre de MIYAMOTO Tsuneichi relève de la gageure. Commençons d'abord par élimination : MIYAMOTO a traité de tout ce qui ne relève pas de la vie des élites militaires et aristocratiques ainsi que tout ce qui n'est pas la grande ville. Malgré un étonnant livre sur Kyôto[57] dans lequel il s'attache à nous présenter la ville à sa façon, ses faubourgs, ses champs et ses demeures de roturiers, MIYAMOTO nous parle de villages, de routes, de mer, d'îles moyennes et d'îlots minuscules, de lieux-dits, de populations nomades (les *Sanka* サンカ [山窩]) ou de chasseurs montagnards (les *matagi* マタギ [叉木]), de rites, de jeux, de chants, de divinités, de croyances, de pratiques agricoles et économiques, de circulation de biens et de flux de personnes. Il décrit les bouleversements rapides, et les mutations lentes, du patrimoine en voie de disparition, qu'il soit matériel (meuble ou immeuble) ou immatériel. La *minZokugaku*, que l'on peut traduire approximativement par « ethnographie du folklore » ou « ethnographie des arts, traditions et techniques populaires », telle qu'il la conçoit, touche aussi à l'Histoire afin de savoir qui agissait, où et depuis quand. Et MIYAMOTO, s'appuyant sur les recherches archéologiques, préhistoriques et historiques les plus pointues de son temps, tente d'élaborer une synthèse cohérente des mouvements de population vers l'archipel et recherche la construction de l'être japonais dans ses cultures populaires. Parallèlement aux travaux de son cadet de vingt ans l'historien

---

[56] Il nous en reste l'excellent *Sora kara no minZokugaku* 『空からの民俗学』 (L'ethnographie du folklore vue du ciel) (2001).
[57] *Watashi no Nihon chizu 14 : Kyôto* 『私の日本地図 14 京都』, 1975, rééd. 2010.

Alexandre MANGIN, *Articles sur le Japon*

AMINO Yoshihiko 網野善彦 (1928-2004)[58] qui fut le premier dans sa discipline à traiter frontalement des petites gens, catégorie qui était jusque là reléguée aux marges de l'Histoire japonaise qui se préoccupait uniquement des guerriers et des nobles de Cour, soit moins de 10% de la population, MIYAMOTO met l'homme japonais simple, obscur, le paysan, le lettré de campagne, le pêcheur ou le moine itinérant au centre de ses recherches et lui rend sa voix, sa cohérence, et même sa truculence grâce aux récits de vie qu'il recueille presque textuellement, dans leur baroque dialectal, comme cet étonnant « *Tosa Genji* 土佐源氏 » (le Casanova de Tosa) qui lui vaudra la popularité. MIYAMOTO fut le premier à fournir une étude systématique de l'habitat japonais des couches populaires[59] qui reste aujourd'hui encore une œuvre de référence. Parmi tous ses ouvrages, on note des séries en 3 volumes (L'Histoire d'écrivains voyageurs), en 7 volumes (L'Histoire du petit peuple), en 10 volumes (Folklore et Histoire du voyage) et en 15 volumes (Mes cartes du Japon). Ce dernier projet reste sans équivalent : MIYAMOTO, seul, traite de façon ethnographique une zone par volume où, presque toutes les deux pages, l'image illustre le texte. Il s'agit des photos qu'il a lui même prises et que nous évoquions plus haut[60]. Cette entreprise, dans la droite ligne de l'*Ebiki*, a ceci de nouveau qu'elle ne porte cette fois plus sur une époque ancienne (celle de Heian en l'occurrence), mais sur l'époque contemporaine, et qu'elle est l'œuvre d'un homme seul.

Dans le présent article, nous nous proposons d'étudier deux exemples d'études des cultes populaires, qui peuvent s'apparenter à la magie : la question des officiants, et le cas des arbres rituels.

---

[58] Qui eut la chance de le côtoyer, mais sans en être particulièrement proche, quoique ressentant de l'admiration pour l'œuvre de MIYAMOTO à qui il consacra un livre.

[59] *Nihonjin no sumai* 『日本人の住まい』, rééd. Nôbunkyô 農文協, 2010.

[60] La nouvelle édition est à saluer pour le sérieux avec lequel elle a été établie, même si l'on peut ça et là discuter les choix qui ont été faits dans la modernisation de l'orthographe de tel ou tel mot (suppression des *okurigana* notamment).

Alexandre MANGIN, *Articles sur le Japon*

I MIYAMOTO et les ritualistes

Le thème que nous donnons ici comme exemple est traité dans la Seconde partie de *Minkan-reki*[61], après un premier point sur les interdits et abstinences (*mono-imi* 物忌み), un second sur les purifications et ablutions (*misogi-harai* みそぎはらい[禊祓い]) et un troisième sur les réclusions volontaires précédant un rituel (*rôkyo* 籠居), la Première partie étant consacrée à un questionnement historique et épistémologique sur les *nenchû gyôji* 年中行事 (évènements rituels annuels) du calendrier populaire avec des exemples concrets de grands rites liés à l'agriculture.

A/ Terminologie et méthode

1) terminologie

Mais avant tout, il nous faut préciser la terminologie que nous utilisons ici. Dans l'exemple que nous avons choisi de présenter, nous avons à faire à des personnes, professionnelles ou non, qui accomplissent des rituels ressortissant de la magie (au sens où la définit Marcel MAUSS) – qu'elle soit exercée hors de tout cadre religieux ou non – et/ou de la religion shintô ou proto-shintô, ou encore du culte syncrétique shintô-bouddhique. Nous ne parlerons donc pas ici du culte purement bouddhique. MIYAMOTO, pour nommer ces personnes de manière générique, utilise le terme, relativement peu employé dans le langage courant, de *saishu* 斎主, dont l'orthographe lui est propre, car ce mot s'écrit normalement « 祭主 » (maître de célébration, maître de fête). L'orthographe miyamotienne, pour peu que l'on parte du postulat qu'elle est délibérée, choisit un caractère de sens proche mais plus polysémique que le caractère normal. Le *Kanji-gen*[62] en recense quatre : 1° la préparation par abstinence (de

---

[61] *Minkan-reki*, IInde partie, 4ème point, p. 171 éd. Kôdansha gakujutsu bunko.
[62] *Kanji-gen* 『漢字源』, dictionnaire des caractères chinois utilisés dans la langue japonaise, Gakken, 2006.

Alexandre MANGIN, *Articles sur le Japon*

viande et d'alcool notamment) d'une fête magique ou religieuse ou d'un rituel, syn. *mono-imi* ; 2° la pièce (ou chambre) de réclusion volontaire (*rôkyo*) pour cause d'abstinence ou d'études ; 3°la cuisine sans alcool ni viande, syn. *shôjin ryôri* 精進料理 (cuisine d'abstinence ou de dévotion) ; 4° le repas du bonze bouddhiste, syn. *toki* 斎 qui s'écrit justement avec le même caractère prononcé différemment. Dans le mot *saishu*, il est fait davantage référence aux sens 1 et 2, sans que les sens 3 et 4 ne soient complètement exclus. Sous ce terme, MIYAMOTO regroupe ceux que par convention et faute de mieux nous appellerons les ritualistes, plutôt que prêtres (fonction qui suppose des sacrements et un minimum d'institutionnalisation et de permanence) ou magiciens (terme qui fait davantage référence à l'efficacité et suppose la non-institutionnalisation). Parmi les *saishu*, on trouve donc les *kannushi* 神主 (prêtres shintô), les *negi* 禰宜 (officiants shintô de rang inférieur aux *kannushi*) et les *hafuri* 祝 (desservants shintô de rang inférieur aux *negi*) qui sont des ritualistes permanents, ou en tout cas dont la fonction s'est peu à peu spécialisée, professionnalisée avec le temps. On trouve aussi les officiantes, réunies sous le termes extrêmement polysémique de *miko* 巫女・神子, désignant tantôt des sortes de sorcières, tantôt des médiums, tantôt des desservantes de temple shintô. Ce terme est donc défini par deux éléments : le service des *kami* 神 (les esprits de la Nature, les divinités), et le sexe de la personne désignée sous cette appellation.

Ceci étant précisé, nous aimerions mettre en lumière la manière de procéder de MIYAMOTO.

2) *méthode*

La façon dont MIYAMOTO décrit les ritualistes fait beaucoup penser à celle employée par MAUSS pour parler des magiciens, sauf que le premier le fait à l'échelle d'un pays, en l'occurrence le sien, alors que le second opère à l'échelle du monde. Il en résulte que les correspondances découvertes ou mises en lumière par MAUSS peuvent parfois nous étonner quand elles mettent face à face deux ethnies que ne rapprochent ni la géographie, ni l'époque, alors que chez MIYAMOTO, la proximité culturelle d'aires géographiques régionales au sein d'un même pays permet de micro-comparaisons. En ce sens, MAUSS fait de la macro-ethnologie et MIYAMOTO de la micro-ethnographie. Dans *Théorie générale de la magie*, MAUSS semble peu intéressé (nous ne disons pas « pas du tout ») par les ensembles intermédiaires : il y a la tribu A et la tribu B, mais MAUSS parlera peu de l'aire culturelle dans laquelle se situe la tribu A et d'autres tribus voisines. Il la comparera avec la tribu B, située en dehors de la zone intermédiaire, voire la comparera avec le pays C (ou son peuple, par exemple « les Assyriens »). Chez MIYAMOTO, les comparaisons internationales existent, bien sûr, mais elles sont rares à l'échelle de l'œuvre et presque complètement absentes dans *Minkan-reki* (on note quelques allusions à la Chine). Conscient qu'il existe des cultures et non une culture au Japon (malgré le fait que la langue japonaise ne possède pas de pluriel grammatical) puisqu'il parle de culture de la montagne, de culture de la mer, de culture de la campagne etc., il est conscient de l'existence de cercles identitaires concentriques avec : l'Asie, l'Asie orientale, le Japon, et au sein du Japon, la Mer intérieure, l'Est (jusqu'au département d'Iwate environ), le Centre, l'Ouest (du Kansai à l'extrémité ouest de Honshû), le Nord (nord de Honshû et Hokkaidô), les Ryûkyû tout au sud. Au sein de ces micro-ères culturelles nationales, MIYAMOTO va scruter en entomologiste (amateur de FABRE) les moindre nuances de forme ou d'appellation, variations temporelles ou mutations (*hensen* 変遷). En ce sens, la façon de procéder de MIYAMOTO est typiquement japonaise : partir du plus petit pour aller au plus grand, tout l'inverse de la façon occidentale de procéder, à partir

Alexandre MANGIN, *Articles sur le Japon*

de principes généraux, de lois universelles. La langue japonaise est ainsi faite que les termes génériques [63] sont peu utilisés (leur utilisation est très théorique et ne relève guère du langage courant), et tout objet, dès qu'il change légèrement de forme, voit son appellation changer du tout au tout, ce qui explique le nombre colossal de noms communs dans la langue japonaise, par rapport au français qui préfère, à partir d'un petit nombre de noms, les qualifier par des adjectifs ou des compléments [64]. Cette façon de penser ne pouvait qu'être favorable aux langues régionales dans un pays au départ aussi divisé que pouvait l'être la France des duchés ou la Chine des Trois Royaumes avant la lente unification du pays soutenue par la construction d'un Etat fort. Là comme presque partout ailleurs, c'est la langue de la capitale qui s'est imposée, d'abord celle de Kyôto, puis celle d'Edo (Tôkyô).

Lorsqu'il nous présente une dénomination, MIYAMOTO procède souvent de la même manière : d'abord le mot écrit phonétiquement en japonais, ensuite son sens, enfin son étymologie réelle ou hypothétique avec l'utilisation d'idéogrammes chinois. Ainsi par exemple :

「この人形を斉藤実盛だといっている所が多いのだが、（中略）実盛はおそらく、サノボリの転訛と考える。サは田の神の義であろう。田の植え始めの行事をサビラキともサオリとも言っているところが多く、植終いを、サノボリ・

---

[63] Ces mots japonais viennent du chinois ou ont été formés avec des caractères chinois à partir de traduction des langues européennes. Aujourd'hui, les concepts sont de simples transcriptions phonétiques de l'anglais : *gurobarizêshon* グロバリゼーション (de *globalization*) la mondialisation par exemple.

[64] Ainsi n'existe-t-il pas en japonais de mot pour dire « eau » ou « riz », mais une multitude de mots désignant l'eau et le riz selon leur état chimique ou biologique : par exemple *(o-)mizu* (お)水, l'eau froide, *o-yu* お湯, l'eau chaude, *mineraru uôtâ* ミネラルウオーター, l'eau minérale ; *(o-)kome* (お)米, le riz en grain sec ou entendu comme produit agricole dans un échange économique, *go-han* ご飯 [御飯], le riz cuit dans un bol pour un repas, ou le repas lui-même, *raisu* ライス, le riz cuit mais sur assiette, *ine* 稲, le riz sur pied.

Alexandre MANGIN, *Articles sur le Japon*

サナボリ・サナブリなどと呼んでいる。サのの
ぼってゆく義であろう。サののぼるのを送るの
がサノボリの行事であった。これがサネモリに
転じたことはいちおう考えられるわけである」[65]

(Nombreux sont les endroits où l'on appelle ces
poupées SAITÔ Sanémori[66], mais (…) je pense que
Sanémori est peut-être une déformation de *sa-nobori*. *Sa*
aurait le sens de « *kami* (esprit, divinité) des cultures ». Il
y a de nombreux endroits où l'on appelle *sabiraki* ou *sa-
ori* la célébration annuelle du début du repiquage, et la
fin du repiquage *sa-nobori*, *sa-nabori* ou *sa-naburi*. Cela
signifierait « monter à la rizière » (*sa no nobotteyuku*). Le
fait de « monter à la rizière » était la célébration du *sa-
nobori*. On peut alors penser faute de mieux que c'est
cela qui a dérivé en Sanémori.)

Autre exemple où, malgré l'absence de phonétique, la
dénomination en caractères chinois demande une petite
précision :

「高知県寺川で神楽を見たさい、いささかのハ
ナを出すと「.....若太夫へ下さアる」と披露され
た。五十すぎの神楽師も一般にはただ太夫さん
といっていたが、この人々自身は若太夫といっ
ている。幸若舞の若もかくて同様な若であり、

---

[65] *Minkan-reki*, Seconde partie, chap. 7 « *Kami-okuri* », 221-222.
[66] SAITÔ Sanémori (? - 1183) : général du XIIème siècle ayant réellement existé. Il servit sous les
ordres de MINAMOTO no Yoshitomo lors des batailles de Hôgen et Heiji, puis après la mort de
son chef, sous ceux du clan ennemi, les TAIRA. Il mourut dans le Tôhoku dans une bataille
l'opposant à MINAMOTO no Yoshinaka. Il est célèbre pour avoir teint ses cheveux blancs en noir
pour dissimuler son âge avant cette bataille.

Alexandre MANGIN, *Articles sur le Japon*

若者若衆の若にも、かかる意味がふくまれたよ
うに思われる」 [67]

(Lorsque nous avons observé le *kagura*[68] de Teragawa
dans le département de Kôchi, on sortit quelques fleurs
et il fut annoncé : « Donnez-les aux *wakadayû* » (=jeunes
grands hommes / jeunes officiants). Les maîtres de
kagura de plus de cinquante ans était aussi généralement
appelés *tayû-san* (messieurs les grands hommes /
messieurs les officiants), mais ces gens eux-mêmes
parlaient de *wakadayû*. On peut penser que le « *waka* »
(jeune) de *Kô-waka-mai* (la danse des jeunes pour le
bonheur) était autrefois ce même « *waka* » et dans le
« *waka* » de *waka mono waka-shu* (jeunes et associations de
jeunes) également un tel sens était inclus.)

Ces points étant précisés, voyons à présent brièvement
comment MIYAMOTO nous présente les ritualistes.

B/ Classification des ritualistes dans *Minkan-reki*

MIYAMOTO voit dans les ritualistes des **personnes
généralement choisies pour accueillir et vénérer le(s) *kami*, à
l'occasion d'un événement particulier, d'une période
déterminée ou au contraire de façon permanente, à titre de
profession ou non**. Le texte du chapitre « *Saishu* » présente
plusieurs pistes afin d'appréhender la question dans sa richesse.

MIYAMOTO commence par le *toshi-otoko* 年男 (« homme de
l'année ») appelé à Izu Kami le *sechi-otoko* セチオトコ[節男]
(« homme du *sechi*[69] »), à Nasu en Tochigi le *waka-otoko* ワカオト

---

[67] *Minkan-reki*, Seconde partie, chap. 4 « *Saishu* », p. 178.

[68] *Kagura* 神楽 : ensemble de danses et de musiques données en l'honneur d'un *kami*.

[69] *Sechi* 節 : terme polysémique désignant à la fois la saison et les jours de rituels de passage d'une saison à une autre.

Alexandre MANGIN, *Articles sur le Japon*

コ [若男] (« jeune homme »)) ou encore le *mankiri-otoko* マンキ
リオトコ (« homme du *mankiri*[70] ») ou *iwai-tarô* イワイタロウ [
祝い太郎] (« fils aîné de célébration ») ailleurs[71], une fonction de
ritualiste non professionnel désigné pour un rituel annuel unique.
La fonction peut être reconductible. Elle consiste entre autres en
la purification de l'espace rituel à l'aide de la *waka-mizu* 若水 (« la
jeune eau ») lors des cérémonies du Nouvel An, acte généralement
(mais pas toujours suivant les régions) interdit aux femmes
considérées comme impures.

Puis il traite justement plus longuement de la question des
femmes[72] (le plus souvent appelées *miko*[73]) en soulignant que l'on
passe historiquement de fonctions majoritairement exercées par
des femmes à une situation plus équilibrée voire à l'avantage des
hommes. Cette chute de la position des femmes dans les rituels a
pu être accentuée sous l'influence du bouddhisme qui insiste sur
la notion de souillure[74]. Il note que dans les Ryûkyû à Okinawa[75],
les *noro* ノロ [祝女] (« femmes d'incantations ») sont parfois
habitées (ou visitées) par les *kami* Chidaganashi チダガナシ
(*kami* du soleil) ou Niree ニレエ (sens inconnu[76]) et de ce fait
vénérées alors comme telles. Leurs fonctions supposent parfois
des phases de réclusion acceptée dans un lieu consacré,
généralement retiré. Dans le reste du pays, les *miko* étaient
autrefois appelées à jouer le rôle du *kami* et étaient prises
réellement pour des incarnations des *kami*[77]. Aujourd'hui, de telles
cérémonies ne supposent plus cette croyance. La *miko* joue le rôle

---

[70] *Mankiri* マンキリ : terme à la signification non identifiée, probablement en rapport avec *kiri* 切
り (la coupe, l'idée de couper) qui suggèrerait le passage accepté d'une période à une autre.

[71] *Minkan-reki*, Seconde partie, chap. 4 « *Saishu* », p. 171.

[72] *Minkan-reki*, Seconde partie, chap. 4 « *Saishu* », p. 172.

[73] Cf. plus haut.

[74] *Minkan-reki*, Seconde partie, chap. 4 « *Saishu* », p. 175.

[75] Pour plus de détails en français sur la question, cf. notamment Jean HERBERT, *La religion d'Okinawa*, Paris, Dervy, 1981.

[76] Peut-être y a-t-il une parenté d'origine entre Niree et *noro*, du genre « célébré » - « célébrant ».

[77] *Minkan-reki*, Seconde partie, chap. 4 « *Saishu* », p. 182.

Alexandre MANGIN, *Articles sur le Japon*

du *kami* mais c'est en l'honneur de ce dernier. Personne ne croit plus qu'elle est le *kami* et elle même ne prétend pas l'être non plus.

Les *toshi-onna* 年女 (« femmes de l'année »), contrairement aux *toshi-otoko*, pouvaient tout comme les *noro* être prises pour les *kami* dont elles jouaient le rôle et qu'elles étaient simplement chargées, à l'origine, d'accueillir (non pas en elles, mais dans le lieu consacré).

Enfin, MIYAMOTO rappelle le rôle prépondérant des femmes (appelées alors *saotome* 早乙女 , « jeunes femmes rapides ») dans le rituel du *ta-ue* 田植え (repiquage du riz).

MAUSS tente d'expliquer la place des femmes dans la magie de la façon suivante :

> « C'est moins à leurs caractères physiques qu'aux sentiments sociaux dont leurs qualités sont l'objet qu'elles doivent d'être reconnues partout comme plus aptes à la magie que les hommes. »[78]

Plus loin, il ajoute :

> « Il y a moins de magiciennes qu'on ne le croit. Il se produit souvent ce phénomène curieux que c'est l'homme qui est magicien et que c'est la femme qui est chargée de magie. »[79]

Remplaçons « magicien » par *kannushi* et « chargée de magie » par « *miko* possédée par un kami » et nous avons-là une autre correspondance entre les observations des deux auteurs.

---

[78] *Théorie générale de la magie*, chap. III, I « Le magicien », p. 20.
[79] *Théorie générale de la magie*, chap. III, I « Le magicien », p. 20.

Alexandre MANGIN, *Articles sur le Japon*

L'ethnographe japonais passe ensuite au cas des jeunes et évoque les groupes institutionnalisés de classes d'âge, des sortes d'associations coutumières cultuelles et culturelles, vectrices d'autochtonie et de cohésion au sein d'une génération autant que porteuses d'un but rituel. Les *waka-shu* que nous évoquions plus haut par une citation en sont un exemple fondamental. MIYAMOTO s'est intéressé à toutes les classes d'âges, mais ne les a pas traitées sous le même angle. Les enfants[80], dont il a répertorié les jeux et à l'éducation desquels il s'est intéressé dans d'autres ouvrages[81], font ensuite l'objet d'une réhabilitation, si l'on peut dire, car c'est à l'époque de MIYAMOTO qu'on commença tout juste à s'intéresser à eux comme sujet d'étude ethnologique. L'ethnographe remarque que les enfants peuvent être appelés à exécuter les mêmes actes rituels que les jeunes, mais rarement avec eux. Une classe d'âge exclut l'autre dans de nombreuses localités. Par ailleurs, une autre caractéristique des rituels pratiqués par des enfants est la moindre exigence de forme requise par les adultes : MIYAMOTO parle de « *kuzure-kaketa katachi* くずれか けた形[82] » (forme qui commence à être altérée). Il remarque aussi un transfert de certains rituels des adultes aux enfants, non, précise-t-il, par convenance personnelle des adultes, mais par reconnaissance progressive de l'importance du rôle des enfants[83]. Dans la zone de la mer intérieure de Seto (où la société est plus matriarcale que dans l'est et le nord du Japon), et notamment sur l'île d'Awaji 淡路島, une fonction spéciale de ritualiste, le *tônin* 頭 人 (chef [de rite]) est très souvent exercée par un enfant. On considère que la mentalité de l'enfant est la plus proche de celle des *kami* que le *tônin* est appelé à servir. Malheureusement, MIYAMOTO ne donne pas plus de détails sur le rôle du *tônin*.

MAUSS note de son côté le cas d'enfants qui :

---

[80] *Minkan-reki*, Seconde partie, chap. 4 « *Saishu* », p. 180-182.

[81] cf. *Kakyô no oshie* 『家郷の訓』 (L'enseignement du village familial) (1943).

[82] *Minkan-reki*, Seconde partie, chap. 4 « *Saishu* », p. 180.

[83] *Minkan-reki*, Seconde partie, chap. 4 « *Saishu* », p. 181.

Alexandre MANGIN, *Articles sur le Japon*

« sont souvent, dans la magie, des auxiliaires spécialement requis, surtout pour les rites divinatoires. Quelquefois même, ils font de la magie pour leur propre compte, comme chez les Dieri australiens, comme dans l'Inde moderne (…). Ils ont, on le sait, une situation sociale toute particulière ; en raison de leur âge et n'ayant pas subi les initiations définitives, ils ont encore un caractère incertain et troublant. Ce sont encore des qualités de classe qui leur donnent leurs vertus magiques »[84].

Ce qui est peut-être le plus intéressant dans ce chapitre consacré aux *saishu*, c'est le dernier point traité, le mécanisme de la délégation croissante des fonctions rituelles de la communauté au *saishu*, dont la fonction de *kannushi* se professionnalise, qui traduit un besoin d'être rassuré et d'avoir l'esprit tranquille (*kimochi wha raku ni naru* 気持ちは楽になる). En contrepartie :

「社会的連帯感はとくにこわれやすくなる」 [85]

(« Le sentiment de solidarité dans la société devient particulièrement fragile. »)

La professionnalisation a joué pour les *kannushi*, bien évidemment, mais elle a vu également l'apparition de troupes de saltimbanques spécialistes des danses rituelles (*kagura* 神楽), les *kaguragumi* 神楽組. Ces danses étaient autrefois interprétées par la population locale, entière ou sélectionnée (voir ce que nous avons dit plus haut). MIYAMOTO cite l'exemple du *Hana-matsuri* 花祭

---

[84] *Théorie générale de la magie*, chap. III, I « Le magicien », p. 21.
[85] *Minkan-reki*, Seconde partie, chap. 4 « *Saishu* », p. 183.

Alexandre MANGIN, *Articles sur le Japon*

り (la fête des fleurs) de Mikawa 三河[86]. La danse passe ainsi d'élément du rite à Art à part entière.

La présentation des marionnettes rituelles, mi-personnes, mi-objets, offre enfin une transition pertinente avec le chapitre suivant consacré aux arbres rituels. Le cas le plus abouti est celui des marionnettes du *bunraku* 文楽 (ou *ningyô jôruri* 人形浄瑠璃) d'Awaji. Leur forme originale, le *deko-mawashi* デコまわし [木偶 (?)回し] (spectacle de marionnettes) était certainement moins raffiné mais faisait partie de l'*Ebisu matsuri* 恵比須祭り (la fête d'Ebisu[87]). La danse du vieillard (*samba-sô* 三番叟) était exécutée par une marionnette au sein du temple (le marionnettiste en chef (*tayû* 太夫) pouvant être un *kannushi* ou un *negi*), puis les autres danses étaient données en spectacle au porte à porte, et l'on faisait exécuter aux marionnettes, dans la cuisine, des actes visant à purifier le foyer. Aujourd'hui, les cas de danses rituelles exécutées par des marionnettes sont assez rares, alors que le spectacle de *bunraku* a conquis ses lettres de noblesse dès le XVIIème siècle, et occupe une des places au sommet de la hiérarchie des Arts traditionnels aux côté du *nô* et du *kabuki*[88].

MIYAMOTO conclut que ces traditions rituelles ont pour certaines muté, pour d'autres disparu. Il en est de même de celle des arbres rituels.

II MIYAMOTO et les arbres rituels

---

[86] *Minkan-reki*, Seconde partie, chap. 4 « *Saishu* », p. 184.

[87] Ebisu, le dieu de la pêche, est un des *Shichi fukujin* 七福神 (Sept dieux du Bonheur), dont le culte, transmis au Japon via la Chine, remonterait à l'Inde.

[88] De nombreuses pièces de *bunraku* provenant du répertoire du *kabuki*, lui même parfois influencé par les sujets traités par le *nô*.

Alexandre MANGIN, *Articles sur le Japon*

MIYAMOTO consacre le chapitre suivant de *Minkan-reki* (soit neuf pages) aux arbres rituels (contre 15 pour les *saishu*), soit les trois cinquièmes de ce que représente le chapitre sur les ritualistes. C'est, comparativement parlant bien entendu, beaucoup et cela montre l'accent qu'il entend mettre sur ce point, en faisant structurellement de l'arbre rituel l'égal du fait humain.

Les arbres rituels, littéralement *kami wo maneku ki* 神を招く木 (« arbres qui invitent les *kami* ») sont avant tout présents à l'occasion du Nouvel An sous le nom de *kadomatsu* 門松 (pin de la porte). Ils sont considérés comme une des formes (*keishiki* 形式) nécessaires au rite d'invitation – nous dirions plutôt d'accueil ou de réception – du *kami* du Nouvel An, ce dernier étant sensible aux repères visuels. A Yashiro sur l'île de Suô Ooshima (l'île de MIYAMOTO), on dispose des bambous de chaque côté de la porte[89]. Cette forme est aujourd'hui la plus observée sur tout l'archipel, notamment suite aux mesures gouvernementales visant à éviter la déforestation massive[90]. On fixe entre les bambous une corde et des bandelettes de papier représentant une fermeture mystique (*shime* 注連), puis l'on procède à la purification de l'intérieur de la maison. Celle-ci achevée, on place le pin. Celui-ci pourra éventuellement recevoir en lui le *kami*, d'où la présence d'offrandes de nourriture (des gâteaux de riz glutineux ou du gruau re riz) à proximité[91]. Dans le district d'Osaka, à Izumi 和泉, peut-être par glissement d'idée, on dit que la nourriture offerte (appelée *saba* サバ) sert à nourrir le pin lui-même. Dans le nord du Kantô, le pin est nourri à l'aide d'une pipette (*wanko* ワンコ)[92]. Dans certaines régions, il est installé à l'intérieur de la maison,

---

[89] *Minkan-reki*, Seconde partie, chap. 5 « *Kami wo maneku ki* », p. 186.

[90] Ces mesures sont un succès. Le Japon dispose aujourd'hui de grandes forêts sur l'ensemble de son territoire, surtout sur les collines et montagnes. On observe même une reforestation « involontaire » de certaines zones rurales suite à l'exode rural et à la dépopulation. Suô Ooshima en est un exemple frappant : une grande partie de ses rizières en terrasse a cédé la place à la forêt, et les routes des collines ne sont guère entretenues.

[91] *Minkan-reki*, Seconde partie, chap. 5 « *Kami wo maneku ki* », p. 186.

[92] *Minkan-reki*, Seconde partie, chap. 5 « *Kami wo maneku ki* », p. 187.

Alexandre MANGIN, *Articles sur le Japon*

parfois en plusieurs exemplaires (jusqu'à sept), attachés ou non au pilier central de la maison[93], dans d'autres, le pin est placé dans un sac de riz (on parle alors de *tawara-matsu* 俵松 : pin du sac de paille) ou dans un mortier[94]. C'est devant ce pin que l'on fait des offrandes en argent et des prières.

A Mera 米良 et Shiiba 椎葉 dans le Miyazaki, a lieu du 2 au 15 de la première lune[95] la coutume du *wakaki mukae* 若木迎え (accueil du jeune arbre), au cours de laquelle on va dans la montagne couper de petites branches du sommet des cyprès les plus hauts. Le rituel de *Tondo* トンド (ou *Dondo* どんど) clôt, vers le 15 janvier, les festivités du Nouvel An. On rassemble les *kadomatsu*, les bambous et autres décorations et objets rituels et le *kannushi* et ses assistants les brûlent dans l'enceinte du temple shintô. Le *kadomatsu*, ou le bambou abritant le *kami*, est un véhicule, un support (*yorishiro* 依代)[96]. Le fait de brûler ce véhicule a probablement pour but de renvoyer le kami d'où il vient, ce que suppose MIYAMOTO plus loin[97]. Le *Tondo* peut aussi avoir lieu à l'occasion du *Dôsojin matsuri* 道祖神まつり (Fête des *kami*-ancêtres du chemin). Aujourd'hui un peu partout sur les routes de campagne, les statues des *Dôsojin* étaient autrefois situées à l'exacte limite cadastrale du village dont ils marquaient la frontière mystique, leur raison d'être étant notamment de protéger le village contre « les mauvais esprits et les maladies » (*akuryô akueki* 悪霊

---

[93] Le pilier central de la maison est présent aussi bien dans les pagodes bouddhiques que dans l'architecture traditionnelle japonaise. On peut y voir une réminiscence du rite primordial de création du monde par le couple de *kami* Izanagi et Izanami tel qu'il figure dans le *Kojiki* (Chronique des faits anciens) (il s'agissait d'une lance, puis d'un axe autour duquel le couple tourna avant de s'unir).

[94] *Minkan-reki*, Seconde partie, chap. 5 « *Kami wo maneku ki* », p. 188.

[95] Le premier mois du calendrier lunaire. Le 15ème jour de ce mois est appelé *Ko-Shôgatsu* 小正月 (Petit Nouvel An).

[96] *Minkan-reki*, Seconde partie, chap. 5 « *Kami wo maneku ki* », p. 189.

[97] *Minkan-reki*, Seconde partie, chap. 5 « *Kami wo maneku ki* », p. 190.

Alexandre MANGIN, *Articles sur le Japon*

悪疫)[98]. Lors de cette fête, on renvoyait ces *kami* temporairement chez eux.

MIYAMOTO recense un autre rituel, cette fois visant non a renvoyer aimablement un protecteur, mais à chasser un intrus. Le huitième jour de la deuxième lune, a lieu du Kantô à Niigata l'*O-koto*[99] qui suppose, afin d'éloigner les démons, de suspendre un panier rempli d'oignons, d'aulx et d'échalotes (étonnante ressemblance avec la croyance occidentale concernant les vampires). Ce rite est également proche de celui, aujourd'hui simple coutume folklorique, de *Setsubun*[100] tel qu'il apparaît dans le Kansai. MIYAMOTO émet l'hypothèse que dans certains cas, l'*O-koto* viserait non pas à renvoyer le *kami*, mais à le chasser comme un démon. Sans doute la frontière entre *kami* et démon n'était-elle autrefois pas aussi marquée, le panthéon shintô offrant de beaux exemples de *kami* belliqueux, voire nuisibles (Susanoo no mikoto par exemple).

Dans la région d'Izumo, on peut même renvoyer le *kami* sans faire de feu et à Etomo 恵雲 en Shimane, c'est le seul bambou qu'on utilise et l'on parle alors de *take-mukae* 竹迎え (accueil du bambou). Les groupes de jeunes entonnent des chants rythmés traditionnels (*hayashi* 囃子) puis ils se retirent dans l'*Ebisu yado* エビス宿 (résidence temporaire d'Ebisu), les plus de 19 ans dans la *miya yado* ミヤ宿 (résidence temporaire du temple) où ils se préparent au *Miya-dashi* ミヤダシ [宮出し ?] (la sortie (＝mise hors) du temple), rituel un peu plus complexe qui suppose le transport d'un oratoire portatif (*hokora* 祠) dédié au Toshitokujin 歳徳神 (le *kami* de la Vertu de l'Age) vers la mer.

---

[98] *Minkan-reki*, Seconde partie, chap. 5 « *Kami wo maneku ki* », p. 191.

[99] *O-koto* オコト mot de sens incertain, peut-être (御事 ? : littéralement : « Honorable(s) chose(s) » (?)).

[100] *Setsubun* 節分 (littéralement : « Partage de la jonction saisonnière ») : rite au cours duquel on chasse un personnage déguisé en démon en lui jetant des graines et en criant : « *Fuku wha uchi, oni wha soto* 福は内、鬼は外 » (Le bonheur est à l'intérieur, le démon est à l'extérieur).

Alexandre MANGIN, *Articles sur le Japon*

Après avoir détaillé d'autres rituels (notamment le *Tentôbana*[101] impliquant d'autres végétaux[102]), et notamment la question des offrandes, et être revenu sur le rite du *ta-ue*, MIYAMOTO évoque le bambou ou l'arbre utilisé lors de *Tanabata*[103] qu'il estime jouer le même rôle que le *kadomatsu*, un rôle d'accueil.

Puis, MIYAMOTO procède à la comparaison entre le rite de *Tondo* et un des rites finaux de la fête bouddhique des morts (*O-bon*[104]) au cours duquel on brûle la *Bongoya* 盆小屋 (la cabane de la fête des morts).

Enfin, ce chapitre de *Minkan-reki* introduit la présentation de l'« *I-no-ko gyôji* » 「亥の子行事」 (« La fête du petit sanglier ») au dixième mois lunaire, l'exemple de célébration le plus abouti (irions-nous jusqu'à parler de « fait social global » ?) pour MIYAMOTO, ou en tout cas qu'il a le plus longuement présenté, lui qui n'était pas un spécialiste à part entière du fait rituel[105]. Cet exemple fera l'objet d'un long article[106]. Pour résumer en quelques mots, cet événement l'intéresse à plusieurs titres : les enfants y ont un rôle prépondérant, et on y trouve le bambou nain aux branches duquel sont accrochées des bandes de papier, appelé *bonden* ボンデン à Suô Ooshima, phénomène qui daterait des années 1910 selon MIYAMOTO. Ce rituel aujourd'hui quasiment disparu pourrait venir de l'extérieur, ou d'une simple déformation de celui de la fête des morts. Il s'accompagnait de danse, toujours

---

[101] *Tentôbana* テントウバナ [天道花] (littéralement : « Fleurs de la voie céleste »).

[102] Deutzie, azalée et rhododendron.

[103] *Tanabata* 七夕・棚機 (littéralement : « la planche du métier à tisser ») : la fête des étoiles du bouvier et de la tisserande (d'où le nom de la fête) qui se retrouvent une fois l'an sur un pont magique, séparées par la malédiction de leur parents. Lors de cette fête, des vœux écrits sur des bandelettes de papier sont attachés aux branches d'un arbre ou d'un bambou.

[104] *O-bon* お盆, abréviation d'*Urabon* 盂蘭盆, transcription phonétique du sanscrit *ullambana* (« l'envers ») ou du persan *urvan* (âme).

[105] Parmi la très abondante documentation sur le sujet, on renverra à un classique, le *Tokoyo-ron* 『常世論』 (De l'Autre monde) (1983) de TANIGAWA Ken'ichi 谷川健一, disponible chez Kôdansha gakujutsu bunko, Tôkyô, 1989.

[106] Lequel figure à la suite de *Minkan-reki* dans le volume éponyme paru chez Kôdansha gakujutsu bunko.

Alexandre MANGIN, *Articles sur le Japon*

autour de ce pilier – en fait un axe symbolique selon nous – dressé dans le jardin.

Conclusion : perspectives d'autres articles

De tout ce qui précède, on aura remarqué la place intermédiaire, si l'on peut dire, qu'occupent les rituels de l'ancien shintô (et non du shintô d'aujourd'hui), entre la magie telle qu'analysée par MAUSS et la religion.

MIYAMOTO Tsuneichi, s'il n'est certes pas un « anthropologue », c'est à dire un théoricien et un analyste de l'homme, s'avère un ethnographe (un homme de terrain) de tout premier plan, dont l'œuvre aux dimensions titanesques n'a pas fini de révéler toutes ses richesses aux chercheurs d'aujourd'hui, ne serait-ce qu'à titre historique.

Si l'on nous donne l'opportunité d'écrire une suite au présent article, nous aimerions présenter, à titre de deuxième aperçu de l'œuvre miyamotienne, ses textes sur le groupe, les assemblées villageoises et l'économie agricole qui nous semblent aller dans le sens d'un certain anti-utilitarisme. Considérée sur la longueur, cette étude prendra alors tout son sens et sa cohérence en s'inscrivant, pour modeste qu'elle soit, dans le cadre du M.A.U.S.S..

Indications bibliographiques

MANGIN Alexandre, *MIYAMOTO Tsuneichi, un ethnographe folkloriste, infatigable marcheur à la recherche de l'identité japonaise,* Sarrebruck, Editions universitaires européennes, 2010 ;

Alexandre MANGIN, *Articles sur le Japon*

MIYAMOTO Tsuneichi, *Minkan-reki* 『民 間 暦』 (Les calendriers populaires), Tôkyô, Kôdansha gakujutsu bunko, 1985, rééd. 2003 ;

The Forgotten Japanese: Encounter with Rural Life and Folklore, trad. Jeffery IRISH, Stone Bridge Press, 2010 : pour se faire une idée du travail de MIYAMOTO pour les personnes ne lisant pas le japonais.

Liens externes

http://iatj.wordpress.com/: le blog de l'auteur
http://www.towatown.jp/koryu-center/koryu.html : *Suô Ooshima bunka kôryû sentâ* 周防大島文化交流センター (Centre d'échanges culturels de Suô Ooshima)

Edition à compte d'auteur et auto-édition en France et au Japon[107]

Depuis deux ou trois ans, guère plus, grâce à une évolution technologique est apparu en France un système nouveau, venu d'Allemagne, permettant aux particuliers de faire imprimer et de vendre leurs livres directement au public à moindre frais : l'auto-édition (littéralement *jiko shuppan* 自己出版 en japonais). Ce système est à distinguer de celui qui existait précédemment et qui continue d'exister en parallèle : l'édition à compte d'auteur (*jihi shuppan* 自費出版 en japonais). Le présent article entend d'une part présenter sommairement les différents systèmes d'édition et la situation dans les deux pays (I) et d'autre part, présenter quelques points de vue d'auteurs auto-édités sur les avantages et inconvénients du système, mais aussi ses perspectives d'avenir (II).

I Le point sur les techniques d'édition en France et au Japon

Avant de comparer les situations française et japonaise, il nous semble bienvenu de revenir sur les termes que nous employons dans le présent article.

A/ Définitions et comparaison des systèmes

Le système d'auto-édition est à distinguer de celui de l'édition à compte d'auteur, lui-même différent de l'édition à compte d'éditeur (ce que l'on appelle en langage courant l'« édition » tout court, *shuppan* 出版 en japonais), l'édition à compte d'auteur occupant une position intermédiaire entre les deux autres systèmes.

---

[107] Article publié le 28 juin 2011 dans la *Revue du MAUSS permanente* : http://www.journaldumauss.net/spip.php?article822.

Alexandre MANGIN, *Articles sur le Japon*

1) l'édition à compte d'éditeur

L'édition à compte d'éditeur, tout d'abord, suppose un éditeur professionnel (une société commerciale ou une association) seul ou disposant d'associés et/ou d'employés, notamment d'un comité de lecture qui sélectionne les manuscrits qu'il peut publier parmi ceux qu'on lui envoie ou lui recommande (l'importance des réseaux relationnels est à souligner : les journalistes, les agents d'auteurs connus, les critiques ont une certaine influence, ne serait-ce que diffuse, même en amont. En effet, un éditeur préfèrera publier un auteur déjà connu plutôt qu'un inconnu). Un auteur inconnu pourra bénéficier d'une couverture médiatique pour son « premier roman », mais beaucoup plus rarement pour les livres suivants[108]. Un correcteur est aussi parfois employé à plein temps ou sous-traité par l'éditeur. Par ailleurs, l'auteur cède les droits de son texte à l'éditeur pour une durée déterminée, mais en conserve la propriété intellectuelle. Son accord est requis en cas d'adaptation du livre au cinéma, par exemple. En cas de modification du texte autre que la correction de coquilles ou de fautes de français, l'éditeur se réserve le droit d'accepter ou de refuser à sa convenance. Une édition « revue et corrigée » est parfois autorisée lors de la réimpression.

Dès lors, L'éditeur se charge de la fabrication du livre, des formalités administratives pour l'obtention d'un ISBN (*International Standard Book Number* / Numéro international normalisé du livre) et de sa distribution, via ses partenaires libraires (en librairie et/ou sur Internet). En principe, l'éditeur se charge aussi de la communication (du marketing – choix de la couverture en fonction du public visé, du type de papier, de typographie – et de la publicité – dans un journal ou une revue littéraire – ainsi que parfois de la prise de rendez-vous avec des

---

[108] Cf. le cas de la romancière Natacha BOUSSAA qui bénéficia d'une assez importante médiatisation pour son premier roman « choc », *Il vous faudra nous tuer*, prenant pour contexte les manifestations de mars 2006 contre le Contrat Première Embauche (CPE), mais plus par la suite. http://www.rue89.com/cabinet-de-lecture/2010/09/02/ma-premiere-rentree-litteraire-on-ne-trouve-pas-ton-livre-164998

journalistes comme le ferait un agent, mais avec une logistique lourde). Nous disons « en principe », car un petit éditeur, sans comité de lecture, sans grands moyens, ne fera quasiment aucun marketing et ce sera à l'auteur (aidé le cas échéant par son agent) de faire sa publicité par lui-même.

Lorsque la vente du livre génère des bénéfices, une part est reversée à l'auteur (généralement 10%).

Enfin, les exemplaires invendus seront en grande partie détruits au pilon.

2) l'édition à compte d'auteur

Avec l'édition à compte d'auteur également, on a affaire à un éditeur professionnel (nous n'avons jamais vu une maison d'édition à compte d'auteur associative) lequel fournit une prestation de service sans examen du texte. Il se charge de faire imprimer, octroyer un numéro ISBN et éventuellement mettre en vente le texte de son client auteur, lequel ne bénéficie quasiment jamais de promotion ni de marketing. De plus, l'auteur s'engage par le contrat à acheter l'intégralité du stock de livres (en moyenne 300 exemplaires minimum), qu'il les vende par lui-même ou que l'éditeur accepte de le faire pour lui. Ce système, on le voit, nécessite de la part de l'auteur un investissement financier important et ne laisse pratiquement jamais l'auteur espérer faire de bénéfice, au contraire. Actuellement en déclin en France, semble-t-il, il est pourtant très ancien et certains écrivains célèbres y ont recouru[109].

Notons enfin que les exemplaires invendus par l'éditeur (dans le cas où il accepterait de les vendre) sont retournés à l'auteur.

---

[109] « Historiquement, une forme de « compte d'auteur » a précédé le compte d'éditeur : du XVIᵉ jusqu'au milieu du XIXᵉ siècle, les libraires qui « éditaient » des ouvrages ne le faisaient que contre paiement de l'impression de la part des auteurs ou, souvent, d'un mécène. Certains auteurs ont connu le succès avec ce système de compte d'auteur : Béranger (30.000 exemplaires de ses œuvres), Arthur Rimbaud et Paul Verlaine, Marcel Proust », Wikipédia, http://fr.wikipedia.org/wiki/%C3%89dition_%C3%A0_compte_d'auteur.

Alexandre MANGIN, *Articles sur le Japon*

3) l'auto-édition

L'apparition de l'auto-édition aux Etats-Unis et en Allemagne quasi-simultanément, puis en France et enfin dans le reste de l'Europe occidentale, est concomitante de celle de nouvelles machines à imprimer, plus petites et plus rapides, permettant d'imprimer des livres en toutes quantités, d'un exemplaire à plusieurs milliers, gérant tout le processus d'assemblage. Grâce à ces machines a pu être généralisé le système d'impression à la demande de façon rentable, même pour de petites quantités. Les machines étant reliées à un système informatique, l'imprimeur peut accueillir des demandes de clients également, voire exclusivement, par Internet.

Le système d'auto-édition consiste, pour l'auteur, à passer un contrat, pour chaque livre, avec un imprimeur prestataire de service qui se charge de fabriquer et mettre en vente sur Internet l'ouvrage en question sous forme de livre ou de fichier PDF. Suivant l'entreprise, la question financière change. A l'heure actuelle, la société TheBookEdition [110], filiale de l'imprimerie lilloise Reprocolor, est la seule à fournir un service entièrement gratuit et sans risque à l'auteur. En effet, l'auteur ne paye rien à l'imprimeur. Il détermine lui-même sa marge qui sera ajoutée au prix de revient du livre, contenant celle de l'imprimeur. Aucun exemplaire n'est imprimé tant qu'une commande n'est pas passée. Le livre étant imprimé à la demande, il n'y a plus ni gaspillage, ni pilonnage. L'auteur peut acheter le nombre d'exemplaires qu'il veut son livre au prix de revient. Juridiquement, l'auteur est son propre éditeur, et est imposé comme tel. Il est donc tenu, au delà de cent exemplaires imprimés de chaque ouvrage, de faire la demande d'un ISBN et d'en déposer deux exemplaires à la Bibliothèque nationale au titre du dépôt légal.

---

[110] http://www.thebookedition.com/. L'entreprise fait également de l'impression à la demande d'ouvrages du domaine public figurant dans son catalogue (essentiellement des récits de voyage en France et en Italie, et des journaux de guerre), en partenariat avec le site Gallica (plate-forme numérique de la Bibliothèque nationale de France).

Alexandre MANGIN, *Articles sur le Japon*

Les quatre autres entreprises pratiquant l'auto-édition en France : les Editions Publibook[111], BoD Books on Demand[112], EDiFRee[113] et Lulu proposent des services d'aide à la publication comme les formalités d'obtention de l'ISBN, l'aide à la réalisation de la maquette par PAO etc. Les trois premiers ont une visibilité de tarifs correcte (les tarifs du premier sont étonnamment élevés par rapport au troisième, sans doute parce qu'il se présente comme un « éditeur » qui dispose d'un comité de lecture qui permet la publication gratuite (hors options) de cinq manuscrits « coup de cœur » par mois[114], dans les faits une sorte de loterie pour l'auteur). En revanche, pour Lulu, dont les conditions d'utilisation sont en anglais sans traduction et dont les livres sont imprimés en Angleterre et aux Etats-Unis, les tarifs ne sont pas clairement affichés[115]. Presque tous les témoignages d'auteurs ayant contracté avec Lulu se sont avérés critiques envers cette société.

Le support technique est le plus souvent assuré sur un forum, en grande partie par les auteurs eux-mêmes, car tous n'ont pas opté pour une formule « tout compris », assez onéreuse.

B/ Comparaison des situation en France et au Japon

Au Japon, lorsqu'on parle de *jiko shuppan* (auto-édition), on se fait reprendre : « Vous voulez dire « *jihi shuppan* » (édition à compte d'auteur) ? » : le terme même d'auto-édition n'étant pas passé dans le langage courant, bien qu'il soit déjà très utilisé sur Internet pour désigner l'édition qui n'est pas à compte d'éditeur,

---

[111] http://www.publibook.com/editions/index/tarifs-publication-livre.php. Le premier forfait est à 449 €.
[112] http://www.bod.fr/impression_et_publication.html. Trois formules : une gratuite, une à 39 € et une à 399 €.
[113] http://www.edifree.fr/publier/packs.
[114] http://www.publibook.com/editions/univ/publibook-comment-ca-marche.php.
[115] Une utilisatrice dit reverser 20% des bénéfices à Lulu.
http://www.kylieravera.fr/index.php?option=com_content&view=article&id=22:pourquoi-le-choix-du-site-dauto-edition-lulucom-pour-publier-tes-romans-&catid=6:faq&Itemid=11

Alexandre MANGIN, *Articles sur le Japon*

qu'elle soit à compte d'auteur ou auto-édition (quand on parle de l'étranger).

L'édition à compte d'auteur est un business florissant. L'introduction des machines permettant l'impression à la demande aurait pu y permettre l'auto-édition, comme en Europe et en aux Etats-Unis. Au lieu de cela, c'est l'édition à compte d'auteur qui s'en est emparé, parfois des sociétés filiales ou partenaires de maisons d'édition à compte d'éditeur (par exemple Sôeisha 創英社[116] filiale de Sanseidô 三省堂).

En France comme au Japon, tous les types d'ouvrages sont proposés par les éditions qui ne sont pas à compte d'éditeur, toutefois, le Japon présente une particularité : c'est la présence très riche en nombre de titres de manga amateurs (*dôjin manga* 同人漫画) et de fanzines (*dôjin-shi* 同人誌), édités à compte d'auteur. Souvent l'œuvre de collectifs étudiants ou simplement associatifs, ces titres disposent de réseaux de vente, parfois même en boutiques, qu'elles soient spécialisées en produits amateurs[117] (MESSE SANOH [Messe san'ô] メッセサンオー ou Akiba o〜koku [Akiba ôkoku] あきばお〜こく par exemple) ou qu'elles en proposent aux côtés de produits édités à compte d'éditeur (magasins MANDARAKE まんだらけ[118] ou librairies animate アニメイト[119] par exemple). Bien sûr, il ne faut pas oublier la différence de population entre les deux pays lorsque l'on compare des chiffres ou des volumes. A ce propos, il sera intéressant de faire des comparaisons chiffrées dans quelques années, lorsque la population japonaise aura diminué et qu'elle tombera à 80 millions d'habitants, quasiment au niveau de la population française.

---

[116] http://www.books-sanseido.co.jp/soeisha/.

[117] Et les produits ne se limitent pas à des livres, magazines et bandes-dessinées. Tous les produits dérivés (*dôjin guzzu* 同人グッズ) possibles et imaginables sont concernés.

[118] http://www.mandarake.co.jp/.

[119] http://www.animate.co.jp/.

Alexandre MANGIN, *Articles sur le Japon*

A titre indicatif, la Société Aoyama Life propose un service dont elle vante le coût modique : par exemple dix exemplaires de 40 pages édités à compte d'auteur pour 89 800 ¥[120] (soit environ 730,64 euros), soit effectivement un des prix les plus bas du marché japonais. Par comparaison, TheBookEdition permet d'acheter, cette fois sans obligation d'achat minimum (on peut même n'acheter aucun exemplaire de son propre livre) par exemple 10 exemplaires d'un livre de 40 pages pour 54,81 euros[121] (soit environ 6.734,35 ¥[122]), soit presque treize fois moins cher (mais rappelons que l'édition à compte d'auteur japonaise fournit quelques prestations de services, pour minimes qu'elles soient).

Notons aussi un étonnant retard technologique du côté japonais sur les sites des imprimeurs qui proposent rarement des tableaux de leurs tarifs, encore plus rarement des tableaux interactifs avec menus déroulants, ce que proposent systématiquement les entreprises françaises. Ainsi, pour connaître les tarifs d'une édition à compte d'auteur faut-il passer par un système de devis par courriel ou téléphone.

II Bilan et perspectives d'avenir des systèmes d'édition en France et au Japon

Ces questions font actuellement l'objet d'interminables débats sur Internet, mais déjà une tendance majoritaire semble se dessiner.

A/ Bilan

Historiquement, c'est à la fin du XVIIIème siècle qu'apparaît le système de l'édition à compte d'éditeur. Jusqu'à la fin du XIXème siècle, l'éditeur *achète le manuscrit* de l'auteur, qui en perd complètement la propriété intellectuelle et morale[123]. Ce processus juridique est presqu'identique à celui de « cession de copyright »

---

[120] http://aoyamalife.co.jp/j_06.htm.
[121] http://www.thebookedition.com/comment-publier.php.
[122] Conversion effectuée le 8 avril 2011.
[123] Ce contrat est parfaitement et minutieusement décrit dans *Illusions perdues* de BALZAC.

Alexandre MANGIN, *Articles sur le Japon*

toujours en vigueur en Droit anglo-saxon (*Common Law*). Ce système, écarté progressivement en France grâce à la persévérance des auteurs, risque, un jour qui sait, d'être mis à mal par les lois européennes qui favorisent de plus en plus les grosses entreprises à même de participer avec profit au phénomène de la mondialisation (*gurobarizêshon* グロバリゼーション en japonais). A moins de négocier terme à terme son contrat avec l'aide d'un agent et/ou d'un ou plusieurs avocats (un auteur connu et « vendeur » a beaucoup plus de poids dans une négociation), l'auteur est en position de faiblesse face à l'éditeur et ne peut que signer un contrat léonin ou renoncer à être édité à compte d'éditeur.

En France, l'édition à compte d'auteur est critiquée (à juste titre selon nous) de toutes parts, car elle présente finalement très peu d'avantages (le livre n'est jamais rejeté et l'auteur ne s'occupe pas de l'impression ni des formalités d'ISBN) contre beaucoup d'inconvénients (apport en capital élevé, marketing quasi-inexistant, mauvaise réputation, rentabilité quasi-nulle, risque élevé invendus, d'où gaspillage de papier). Il existe par ailleurs d'intéressants cas intermédiaires entre la maison d'édition à compte d'éditeur et celle à compte d'auteur : par exemple L'Harmattan[124] qui, avec ses 800 nouveautés par an, assure un service de presse réel (mais réduit) et oblige ses auteurs à acheter 250 exemplaires, ne les rémunérant qu'à partir du millième vendu.

Au Japon, les imprimeries et sociétés d'éditions à compte d'auteur semblent développer leurs offres d'édition à compte d'auteur en se gardant bien de favoriser la nouveauté que représente l'auto-édition, beaucoup moins rentable à court terme et qui est peut-être considérée – si tant est qu'elle soit connue – comme une menace pour les magazines de prépublications, assez nombreux et souvent hyper-spécialisés (par ex. *Bungei shunjû* 『文

---

[124] Cf. Laurent LEMIRE, « Les pièges de l'édition à compte d'auteur », *L'Express*, 1er juill. 1998 : un peu ancien, mais toujours d'actualité.
http://www.lexpress.fr/culture/livre/les-pieges-de-l-edition-a-compte-d-auteur_802331.html

藝春秋』 [125] pour citer le plus connu pour la littérature ou encore *Shôsetsu gendai* 『小説現代』 [126]), qui sont l'intermédiaire obligé dans le processus visant à être publié à compte d'éditeur. C'est chez eux que les éditeurs viennent se servir et recruter leurs auteurs. L'institution du comité de lecture à la française, à qui l'auteur envoie son manuscrit, et qui décide d'un publication *directement en livre*, est un peu différente.

Pourtant, il suffirait qu'une entreprise jeune et dynamique, ou une entreprise étrangère ayant accès au marché japonais pour inaugurer ce nouveau modèle économique et rafler la mise. Les associations, notamment, sont suffisamment structurées pour s'occuper des formalités comme la demande d'ISBN pour leur membres, faisant l'économie de ce coûteux service jusqu'aujourd'hui assuré par la maison d'édition.

En France, du point de vue littéraire ou même tout simplement technique, il est à noter que comme pour toute nouveauté, la grande majorité des titres auto-édités sont d'une nullité affligeante, que ce soit au niveau de la forme (écrits sans connaissance des règles de base du français ; dessins sans technique ni talent) ou du fond (banalité, naïveté excessive sont les moindres maux, lorsque certains manuscrits s'inscrivent hors la loi mais sont le plus souvent heureusement stoppés par l'imprimeur : plagiat, pédophilie et diffamation notamment). Heureusement, l'impression à la demande permet d'éviter tout gaspillage de papier. En revanche, les catalogues pléthoriques n'aident pas à la visibilité des bons titres.

B/ Perspectives d'avenir

De plus en plus d'auteurs inconnus se lancent dans l'auto-édition en Occident. Personne n'a à y perdre, que ce soient les imprimeurs, ou les auteurs. Le fait que des auteurs célèbres mais

---

[125] Éditions Bunge ishunjû 文藝春秋.
[126] Éditions Kôdansha 講談社.

Alexandre MANGIN, *Articles sur le Japon*

non conventionnels comme Marc-Edouard NABE[127] ou Maurice Georges DANTEC [128] (depuis mars 2011) y aient recours également donne courage aux petits auteurs et montre que ce modèle économique peut être ne serait-ce qu'un peu rentable.

Toutefois ces lueurs d'espoir ne sauraient masquer la difficulté, pour la plupart des auteurs édités à compte d'auteur ou auto-édités, à vendre leurs œuvres sans un acharné travail d'auto-promotion auprès de la presse locale, des mairies et des libraires locaux. Le talent ne suffit plus, il faut désormais une « stratégie » et des appuis comme pour toute entreprise commerciale dans un marché hyper concurrentiel. Mais cette difficulté à vendre – dans un monde où l'école et la télévision ne donnent pas le goût de la médiation, de l'effort intellectuel, de la patience ni du silence – s'inscrit de façon générale dans le contexte de crise du livre, qu'il soit de papier ou électronique. Et, ce qui est paradoxal, c'est que la désaffection pour la lecture côtoie une suroffre de livres au milieux d'autres produits culturels. Des milliers d'ouvrages sortent chaque année sur le marché francophone, rien que chez les maisons à compte d'éditeur. Si l'on ajoute les éditions à compte d'auteur et les auto-éditions, l'offre est tellement monumentale que la simple lecture d'un catalogue prend des allures de feuilletage d'encyclopédie.

On peut s'attendre, face à ces problèmes dont les imprimeurs sont conscients via les retours qu'ils ont sur les forums de leur entreprise, dans les blogs et la presse, que les catalogues, leurs fonctions de recherches sélective et le référencement des ouvrages

---

[127] http://www.marcedouardnabe.com/. Marc-Edouard NABE parle d'« anti-édition », par réaction contre les maisons d'édition à compte d'éditeur qui l'avaient déçu et auprès de qui il est parvenu à récupérer la majorité des droits de ses livres pour les republier lui-même et les vendre sur Internet et dans quelques boutiques partenaires. Cf. une intéressante interview radiophonique : http://www.alainzannini.com/index.php?option=com_seyret&Itemid=68&task=videodirectlink&id=314.

[128] http://www.enviedecrire.com/ecrivain-maurice-dantec-choisit-autoedition/
Le livre sera en vente exclusivement sur le site de l'auteur : http://www.mauricedantec.com/

Alexandre MANGIN, *Articles sur le Japon*

seront améliorés et ce dans l'intérêt de tous (auteur, imprimeur-vendeur, lecteurs).

Conclusion

Dans ces conditions, nous pensons qu'outre un travail de pédagogie nécessaire à faire auprès de la jeunesse, et ce à l'échelle familiale, associative ou institutionnelle pour donner le goût de la lecture, faire découvrir les œuvres littéraires du passé et enseigner la langue écrite avec ses règles, il y a aussi tout un travail de défrichage et d'aiguillage à réaliser par la critique, qu'elle soit faite par des journalistes, des écrivains ou des amateurs. Malgré ses dérives inévitables (« copinage » et « renvoi d'ascenseur »), elle permet de faire un premier débroussaillage. On dit que l'Histoire fera le tri. Encore faut-il que les œuvres soient découvertes avant d'être lues, évaluées et réévaluées.

La construction d'une attitude de lecteur plus humble, plus travailleuse et au goût plus éduquée semble être la condition sine qua non du développement des nouveaux modèles économiques d'édition et de l'avenir de la littérature même.

La fête de Kii Nagashima (2011) : un fait social « semi-total » ?[129]

Résumé en japonais / 要旨
紀伊長島祭りとオトクトニ

　古来より霊的なつながりがある伊勢神宮と同じく、神社の造営に関わる 20 年に一度開催される祭りが、三重県紀北町の紀伊長島地区にある長島神社にて営まれている。その際、村民の一部は動員され、信者は大きな寄付金（一ヶ月の月給の三分の一まで）を納める。紀伊長島の神社は見事に自然と人間に恵まれている。このような立派な神社がこの漁村にあるのは、かつての漁業の隆盛を物語っている。平成 23 年５月４日・５日の２日間開催されたこの祭りを観察するため、神主をはじめ、浜畑氏という今回の宮総代を担当している方などのインタビューを行うほか祭りの調査を行った。祭りの具体的な企画展開やその裏を描写し、様々なインタビューから得た情報を基に、祭りの深い意味及び結果を紹介し分析を行う。

　この祭りは漁民にとっては、非常に重要なイベントである。氏子や神社総代だけでなく、漁村の皆が多少に関わらず参加するイベントであり、村をそのリズムで活性化させるものでもある。この行事の際に表す感情を把握するために、フランスの郷土民俗学の用語「オトクトニ」（autochtonie）を使用する。オトクトニというのは、現地性の意識とアイデンティティーとプライドを表す概念であり、フランス語圏の人文科学界にて段々使用されつつある単語である。そのオトクトニはアイデンティティーのごとく、個人によって、時と場所によって変わるものである。紀伊長島の祭りの際、村民のオトクトニは準備の時期から徐々に盛り上がり、祭りの期間中に頂点に達し、次第に沈静化する。さらに、村を離れ都市に住んでいる若者たちはその際に里帰りをし、古里のオトクトニを出すさまを観察した。また、現在（福島の後）経済危機を経験している漁業は祭り

---

[129] Article publié dans le Journal du MAUSS, 18 septembre 2012 : http://www.journaldumauss.net/spip.php?article929.

Alexandre MANGIN, *Articles sur le Japon*

の間、悩みを忘れ、一種の小さな「potlatch」を行い、珍しい贅沢を味わう。

　情報提供者の一人である、宮総代の浜畑氏の経営する水産会社職員宿舎への宿泊により、氏が雇用している若いインドネシア人の漁業研修者の生活実態および祭りへの参加も観察できた。その低賃金の肉体労働者たちは月給の大半を国に送り、数年間日本に滞在する（８年間も日本で就労している者もいた）という状況である。彼らを雇用することは、二つの利点がある。まず、若い日本人が嫌がり避ける仕事を担い、かつ日本人よりも安い賃金で雇用できるということである。地域住民たちは、その対価として、彼らをコミュニティに受け入れ、祭りへの参加も認めている。発表者が観察したそのありかたは、若い外国人に対する恩着せがましさ（paternalisme）でもあると思われるが、それにしても文句を言う人はいないようである。彼らは他の漁民と一緒に、法被を着、プライドを持って祭りに参加し、所属感を見せていた。

　最後に、宮総代や有力である漁業社長の飲み会に誘われ、祭りや漁業の裏の説明をしてもらう機会もあった。

　また、発表者が書いた祭り（服装・山車など）のスケッチを見せ、録音した民謡を聞かせることによって、紀伊長島の祭りを紹介し、文化人類学的に分析する。

Le grand *matsuri* 祭り (fête populaire shintô [130]) de Kii Nagashima 紀伊長島 (district de Kihoku 紀北町, département de Mie 三重県) est encore peu connu en dehors des spécialistes du Mie. Ceux qui le connaissent le comparent avec raison à celui d'Ise 伊勢神宮 situé dans le même département, mais à une heure et demie de voiture de là (72 km). Le but de cette célébration – ayant lieu tous les vingt ans pour Ise – est, dans les deux cas, la démolition partielle et la reconstruction (*kaichiku* 改

---

[130] *Shintô* 神道 : rappelons au lecteur que le shintô (« la Voie des *kami* ») est la religion traditionnelle et officielle du Japon, sorte d'animisme et de polythéisme souple qui vénère (*matsuru* 祭る) les *kami* 神, à la fois divinités créatrices et esprits de la Nature, supérieures aux humains mais pour certaines d'entre elles mortelles bien que leur âme semble immortelle.

Alexandre MANGIN, *Articles sur le Japon*

築) avec déplacement (*sengû* 遷宮) de certains bâtiments de l'ensemble qui constitue le *jinja* 神社 (temple shintô ou « sanctuaire » dans le langage courant). Cette célébration a donc pour nom *Shikinen sengû-sai* 式 年遷宮祭 (littéralement : « Fête du déplacement du temple une année déterminée »). Le *jinja* d'Ise est d'ailleurs inscrit au patrimoine mondial de l'humanité de l'UNESCO, une première pour des bâtiments qui ne méritent pas le nom d'« anciens » par leurs matériaux mais par leur technique de construction qui a très peu évoluée malgré les siècles.

Cet article se veut une présentation et la mise en perspective maussienne avec la théorie du fait social total. Il s'appuie sur un voyage à Kii sans financement avec séjour les 4 et 5 mai 2011.

Avant d'entrer dans le vif du sujet, nous présenterons d'abord les lieux et évoquerons ensuite quelques points de méthodologie.

Présentation des lieux étudiés

Le *jinja* (2) de Kii Nagashima est intéressant à la fois pour lui-même et pour sa situation dans cette localité particulière (1).

A/ <u>Présentation du village de Kii Nagashima</u>

Fusionné en 2005 avec Miyama-chô 海山町 pour former Kihoku-chô 紀北町, Kii Nagashima-chô [131], avec ses 10 505 habitants[132] et ses 110,48 km² de superficie, mérite d'être appelé une ville. Peuplé de pêcheurs et de commerçants, il est actuellement touché par la crise, mais dans des proportions moindres que d'autres villages côtiers. Comptant une dizaine de patrons de pêcheries employant en moyenne une vingtaine de marins-pêcheurs, mais aussi d'autres micro-entrepreneurs plus modestes, il offre une image très active de la pêche d'aujourd'hui dans le contexte difficile que l'on sait.

Kii Nagashima présente la particularité, relativement rare pour un *chô* de cette taille, d'être géographiquement divisé en deux sortes de quartiers. Le premier, que l'on pourrait appeler la « vieille ville » avec toutes les précautions nécessaires, car ses bâtiments ne sont pas si vieux que cela (années 50 à nos jours), est la partie commerçante de la ville, avec deux « grand-rues » parallèles le long de la côte, dont celle où se trouvent la mairie[133] et le *jinja*. Un pont le sépare du second quartier, à la superficie plus vaste et aux bâtiments globalement plus récents, de taille plus importante. On y trouve la gare, des habitations, quelques commerces et des ateliers d'artisans, notamment un réparateur de filets de pêche. Le quartier se termine par le port. Une digue et des grues en font un outil idéal pour la pêche.

B/ Présentation du *jinja*

---

[131] *Chô* 町 est une circonscription administrative correspondant tantôt à un simple quartier, tantôt à une municipalité.
[132] Chiffres au 1er novembre 2004.
[133] Le site officiel de Kii Nagashima : http://ki.afz.jp/.

Le *jinja* n'a pris l'ampleur qu'on lui connaît aujourd'hui qu'à partir de 1615 avec l'institution d'une lignée de *kannushi* 神主 (prêtres shintô). Rapporté à la taille de la ville, celle du *jinja* est tout à fait respectable, voire importante. Situé sur une colline (cf. photo), il compte plusieurs bâtiments assez grands, dont les bureaux (*shamusho* 社務所) et le temple à proprement parler (*shaden* 社殿)[134]. On y vénère de nombreuses divinités (1) dans un environnement préservé (2).

1) les divinités vénérées au jinja *de Kii Nagashima*

Les divinités vénérées dans ce *jinja* sont particulièrement nombreuses, fait caractéristique d'un *gôshi* 合祀 (vénération de plusieurs *kami* en même temps ou déplacement dans un autre *jinja* pour y honorer ses propres *kami* et les *kami* du *jinja* hôte) avancé datant de 1908. La principale divinité est Takehaya Susanoo no mikoto 武速須佐之男命 (*kami* célèbre qui apparaît dans le *Kojiki*[135]) ; l'on trouve donc aussi Oowatatsumi no mikoto 大綿津見命, Ooyamatsumi no mikoto 大山祇命, Kotoshiro-nushi no mikoto 事代主命, Uganomitama no mikoto 倉稲魂命 (avatar d'Inari no ookami 稲荷大神, la divinité des récoltes servie par

---

[134] Que nous n'avons malheureusement pas pu visiter, son accès étant réservé aux desservants pendant la fête.

[135] *Kojiki*『古事記』: (Chronique des faits anciens) chronique mythologique du Japon, de sa création par les *kami* aux premiers empereurs légendaires, visant à asseoir la légitimité de la famille royale en place, sur le modèle des livres d'Histoire chinois. Une traduction française existe sous le titre de *Chronique des choses anciennes*, par SHIBATA M. & M. , Paris, Maisonneuve et Larose, 1969.

Alexandre MANGIN, *Articles sur le Japon*

des renards polymorphes), SUGAWARA no Michizane[136], KATÔ Kiyomasa[137] et quatre divinité dont les noms se sont perdus.

2) le site naturel du jinja

L'enceinte du temple (*keidai* 境内) comprend une forêt (*shasô* 社叢) qui contient de nombreuses espèces végétales et animales. Citons d'abord « *kusunoki* (camphrier), *sugi* (cryptomère), *sudajii* (*castanopsis sieboldii*), *hinoki* (cyprès du Japon), *tobera* (*pittosporum tobira*), *nagi* (*podocarpus nagi*), *tarayô* (*ilex latifolia*), *sakaki* (*cleyera japonica*), dont un grand *kusunoki* dont l'âge est estimé à 860 ans, comme herbes de sous-bois, citons des *manryô* (*ardisia crenata* Sims), *senryô* (*sarcandra glabra* (Thunb.) *Nakai*), *yaburan* (*Liriope muscari*), *hanamyôga* (*zingiberaceae A. japonica* (Thumb.) Miq.), des sarments comme les *teikakazura* (*trachelospermum asiaticum*), *fûtôkazura* (*piper kadsura*), et comme herbes au sol, les *kokumô kujaku* (*diplazium virescens*), *kurumashida* (*asplenium weightii Eaton ex Hook*), *benishida* (*dryopteris erythrosora*) et les rares *matsubaran* (*psilotum nudum*). Plus bas, enfin, des agglomérations d'*iwayanagishida* (*loxogramme salicifolia*) qui ont souffert des typhons consécutifs, bien que l'état de la nature soit relativement bien préservé. Les oiseaux sont des *hiyodori* (*hypsipetes amurotis*), *suzume* (moinot), *dobato* (*columba livia*[138]), *mejiro* (*zosterops japonicus*[139]), *uguisu* (rossignol), *karasu* (corbeau), *tobi* (milan), *aobera*[140] (« langue rouge ») etc. »[141], ce qui valut au site d'être classé « en Shôwa XXXVIII (1963) *Mie-*

---

[136] SUGAWARA (ou SUGAHARA) no Michizane 菅原道真 (845-903) : noble de Cour, savant et poète de l'époque de Heian divinisé après sa mort.

[137] KATÔ Kiyomasa 加藤清正 (1562-1611) : général de l'époque d'Azuchi Momoyama connu notamment pour avoir servi TOYOTOMI Hidéyoshi, avoir combattu à la célèbre bataille de Seki-ga-hara et avoir mené les travaux d'édification du château de Nagoya (dans l'actuel département voisin). Sa mémoire est célébrée régulièrement et il est considéré comme un « être mental » (*shinteki sonzai* 心的存在).

[138] *Columba livia* : sorte de pigeon.

[139] *Zosterops japonicus* : sorte de moineau.

[140] *Aobera* アオベラ : en japonais l'*aobera* est un poisson, mais à Kii Nagashima il désigne aussi un oiseau que nous n'avons pas pu identifier.

[141] *Nagashima jinja yuishogaki* 「長島神社由緒書」, document réalisé par le *jinja*.

Alexandre MANGIN, *Articles sur le Japon*

ken shitei bunka-zai 三重県指定文化材 (Patrimoine départemental classé de Mié) ».

Ceci étant précisé, nous aimerions présenter quelques aspects méthodologiques permettant de mieux cerner la présente étude.

Quelques aspects de méthodologie

Sur suggestion d'un ami chercheur en industrie halieutique[142], nous avons décidé de nous rendre à Kii Nagashima où devait nous accueillir un contact qui se trouvait être un des principaux organisateurs du *matsuri*, un *miya sôdai* 宮総代. M. HAMABATA est un des notables de la ville. Propriétaire d'un gros bateau de pêche motorisé et patron d'une douzaine d'employés, des apprentis venus d'Indonésie et payés moins cher que des Japonais, il habite une assez grande maison, récente et confortable. Son fils, pêcheur également, possède son propre bateau. Le « baptême » de ce dernier donna d'ailleurs lieu à une des dernières (sinon la dernière) cérémonie populaire de ce type, un spectacle nautique avec décoration des bateaux au moyen de grandes pièces de tissu, accompagné de chants et feux d'artifice, presqu'un *matsuri*. Pratiquant la tradition de l'hospitalité avec beaucoup de générosité, il nous hébergea pour la nuit, nous invita à dîner et nous fit connaître bien des gens, souvent très impliqués dans les festivités. Toutefois, sa rencontre ne s'étant faite que le soir, nous avions pu profiter auparavant du *matsuri* sans contrainte.

Cependant, le problème immuable et insoluble de notre présence intruse se posa, et ce d'autant plus que cet événement reste peu médiatisé et s'adresse donc peu aux touristes, notamment étrangers (contrairement à ce qui peut se passer dans les quartiers très fréquentés des grandes villes). Les Blancs assistant à cette fête se comptaient sur les doigts d'une main et il n'y avait pas d'autres Français. Bien qu'essayant de nous tenir en

---

[142] M. TSUKUDA Tomonori.

Alexandre MANGIN, *Articles sur le Japon*

retrait et nous abstenant de prendre des photos, surtout par respect des croyances ainsi que par contrainte technique (une défaillance inopinée de la batterie de notre appareil photo), nous ne pouvions passer inaperçu. Jusqu'à quel point les participants changèrent-ils leur conduite du simple fait de notre présence ? Impossible de le dire. Toutefois,

nous n'avons pas eu l'impression de les déranger et avons été accueilli avec toute l'hospitalité possible. A un moment, lorsque les participants portant le *happi* 法被 (vêtement traditionnel de *matsuri* à veste courte, le plus souvent sans manches) passèrent près de nous en tirant le char (*dashi* 山車) à l'aide de grosses cordes (cf. photo), ils nous invitèrent à venir le tirer avec eux. Que faire ? Participer et renoncer à notre neutralité ? Refuser et risquer de les froisser ? Il nous a semblé plus judicieux d'accepter leur invitation et de tirer sur la corde pendant quelques minutes dans un esprit de convivialité teinté d'intérêt ethnographique, sans toutefois partager leurs croyances que nous respections par ailleurs.

Ceci étant précisé, qu'est-ce concrètement que cette fête de kii Nagashima ? Comment se déroule-t-elle ? Quels en sont les enjeux ? Qu'y a-t-il derrière ? Que révèle-t-elle de la mentalité locale ? Cette fête, enfin, ne présente-t-elle pas des similitude avec ce que Marcel MAUSS appelait un fait social total ? Pour tenter de répondre à ces questions, nous commencerons par une description de la fête (I) avant de détailler ce qui se passe en coulisse (II).

I Le déroulement de la fête

Nous commencerons par décrire le déroulement de la fête (A), avant d'évoquer l'entretien que nous avons pu avoir avec le *kannushi* (B).

A / <u>Description du *matsuri* : ses participants, sa procession</u>

Le *matsuri*, préparé longtemps à l'avance (plusieurs mois) commence très tôt : à partir de 5h ½ pour les organisateurs (nous y reviendrons plus loin) et 8h pour le défilé. La fête commence par la purification rituelle des chars (*dashi*) motorisés par un officiant shintô (*negi* 禰宜) du village voisin. La fête consiste essentiellement en une procession qui va de l'entrée de la vieille ville au *jinja* où l'attend le *kannushi*. Au total, sept chars sont utilisés dans la ville divisée pour l'occasion en deux zones. Certains sont à l'arrêt. Un responsable des dons punaise sur les chars des reçus indiquant les sommes collectées.

Lors de la procession, certaines choses fonctionnent encore par deux : deux chars sont promenés dans la vieille ville, ainsi que des *mi-koshi* 御輿 (autels portatifs), tandis que les autres partent de la vieille ville pour aller vers le nord. Détail à signaler : l'absence de *mi-koshi* 御輿・神輿 (autel portatif) qui est pourtant la marque des *matsuri*.

Des chants répétitifs et rythmés (sortes de *min'yô* 民謡, chants populaires) sont entonnés avec des modulations et des variations improvisées par les organisateurs juchés sur ces chars, le point d'orgue de la partie populaire de la célébration étant la reprise par la foule du chant[143] lors de l'arrivée des chars au *jinja*. Ceux-ci avaient la particularité de posséder une sorte de tête, en cyprès du Japon (*hinoki* 桧),

semblable à un bélier médiéval (cf. photo). Dépourvu de toute fonction pratique, est-ce un simple ornement ? Nous ne le croyons pas. Nous préférons y voir un symbole, qu'il représente un phallus ou une tête de dragon. Toujours est-il qu'il confère au char un côté organique qui pourrait rappeler Yamato no Orochi 八岐大蛇, le dragon du *Kojiki*[144].

Autre élément digne d'intérêt : la présence sur un des chars de personnages déguisés. Deux *negi* en kimono blanc sont en effet grimés en vieillards (*okina* 翁) avec une fausse barbe blanche et des chapeaux pointus[145].

---

[143] Nous avons pu en enregistrer une partie.

[144] *Kojiki* 『古事記』 (Chronique des faits anciens) (publié en 712) : livre d'OO no Yasumaro 太安万侶, commandé par la Cour impériale pour rivaliser avec les chroniques impériales chinoises, et qui relate la fondation du monde et du Japon par les kami, l'histoire des plus célèbres d'entre eux et fournit une généalogie mythologique des premiers empereurs du pays (comptant de nombreux empereurs fictifs).

[145] Chapeaux pointus : *eboshi* 烏帽子 : chapeau de Cour « corbeau » nommé ainsi pour sa couleur noire. En papier ou en gaze, c'est l'attribut de la noblesse et du clergé *shintô*.

Alexandre MANGIN, *Articles sur le Japon*

L'examen des vêtements traditionnels, les *happi* 法被 («vêtement de la Loi» [bouddhique]), sorte de kimono de toile sans manche, est également révélateur. Chaque quartier dispose de son propre *happi* sur lequel un idéogramme ou un mot est inscrit qui détermine précisément l'appartenance géographique et identitaire. Certains *happi* son ornés de motifs, par exemple des poissons formant des croix en diagonale.

Les travailleurs stagiaires indonésiens employés par notre informateur portent un *happi* noir, les autres, un *happi* orange (cf. photo). Est-ce lié à leur condition d'étranger ou simplement au quartier où est sise leur résidence ? Il ne nous a pas été possible de le déterminer.

Pendant le défilé, et lorsque les chars arrivent dans l'enceinte du sanctuaire pour l'apothéose finale, des chants sont entonnés dont les paroles sont en majeure partie déterminée, tout en laissant un place à l'improvisation du chantre du char. Ce genre de mélopée répétitive est très fatigant à soutenir sur une longue durée, aussi les chanteurs se relayent-ils au micro du char. Un papier est distribué au public qui contient une partie des paroles. Les parties chantées par le public sont encadrées en rouge ; nous les rendons ci-dessous par un soulignement. Ce qui n'est pas traduit n'est qu'un ensemble de sons.

Yô oô ê ê
ヨーオォーエーエー

Alexandre MANGIN, *Articles sur le Japon*

Medeto medeto no   *Wakamatsu-sama wa*
目出度目出度の　若松様は
 (Jour faste, heureux événement, le Sire de Wakamatsu)

                      Yôito wo yoi ya sa
                 ヨーイトヲ　ヨイヤサ

Eda mo sakaete   *Ha mo kakaru ê*
枝も栄えて葉も繋るエー
(Les branches sont prospères ; les feuilles aussi sont bien attachées)

             Ei kono ei konokono yoi ya sa
          エイコノエイコノくヨイヤサ

    Tsû nâ nô ô shû
    ツーナーノーオー　シュー

             Êi ya êi ya essa essaa eêiya
          エーイヤくエッサくァエエーイヤ
          (Oh hisse, oh hisse, c'est bon !)

             Hariwa sa no ê
          ハリワサノエー

Mi-ki ni shimenawa   *Torii ni sakaki*
御木にしめなわ　鳥居に榊
(A l'arbre vénérable la corde sacrée ; au portique du sanctuaire, du Cleyera ochnacea)

Iwai no medeto no   *mi-ki wo hiku ê*
祝い目出度の　御木を曳くエー
(Faste de la célébration ; on tire l'arbre vénérable.)

Une fois le dernier chant terminé, les participants sont invités à boire un *jizake* 地酒 (saké local) dans un des bâtiments semi-ouvert dans la cour du sanctuaire, en bas des escaliers qui mènent au temple *stricto sensu*. Le bonze du temple bouddhique local vient en vélo également saluer ses voisins.

Ce *matsuri* fait la joie de tous, et plus particulièrement des plus âgés. Ceux qui sont capables de travailler participent activement à son organisation et s'en trouvent valorisés, et leur autochtonie renforcée. Les autres regardent passer la procession, debout ou assis devant leur maison. Pour les enfants, c'est l'occasion de faire la fête, de danser sans arrière pensée dans un déluge de couleurs, de chants, de danses et de bonnes choses à boire et à manger. C'est aussi l'occasion pour les jeunes gens ayant quitté le village de revenir passer quelques jours dans leur famille. La munificence et l'importance symbolique du *matsuri* sont une occasion de fierté qui stimule leur autochtonie, alors que le reste du temps, leur origine (un village de pêcheur) n'est considérée ni par eux, ni par leur entourage urbain, comme très valorisante. Il n'est donc pas étonnant que les habitants assistent au défilé presque toute la journée, là où l'habitant d'une grande ville se serait contenté d'une heure ou deux, et qu'à la fin de la célébration, la population

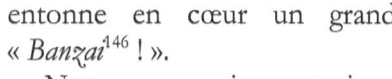

entonne en cœur un grand « *Banzai*[146] ! ».

Nos interrogations culminèrent lors de notre rencontre avec le *kannushi*.

B/Entretien avec le *kannushi*

Présenté par notre informateur en milieu de journée, dans l'enceinte du temple, le *kannushi* (de dos sur la photo) nous a accordé un entretien. Accueillant, il répondit à toutes nos questions, mais non sans hésitations et embarras. Peut-être notre qualité d'étranger influençait-elle ses réactions. Essayait-il de paraître progressiste et rationnel face au monde extérieur qu'il voyait en nous ? Comment aurait-il réagi

---

[146] *Banzai* 万歳 : littéralement « dix mille ans », ce qui à l'origine sous-entend « de règne impérial ». Cette exclamation, contrairement au stéréotype véhiculé au XXème siècle, est très rarement prononcée. On l'entend essentiellement au Nouvel An après les vœux de l'empereur.

Alexandre MANGIN, *Articles sur le Japon*

face à un ethnographe japonais ? Impossible de le savoir. Questionné sur le sens religieux de ce *matsuri*, il répondit que celui-ci venait du shintô ancien (*ko-shintô* 古神道) et que sa religion n'avait pas de dogme, point sur lequel il insista. Et quant à la durée de trente ans entre chaque reconstruction du temple, il répondit qu'elle était justifiée par la faible durée de vie des matériaux (notamment le bois et le bambou) et qu'il n'y avait pas d'autre raison à cela. Pourtant, dans le texte signé par le *kannushi*, qui était disponible au temple, il était bien fait mention des *kami* (cités plus haut) en l'honneur desquels cette célébration avait lieu et dont il s'agissait de s'attirer les bonnes grâces par ces danses visant à la fois à les distraire, à les remercier et à leur soumettre des doléances.

II Dans les coulisses du *matsuri*

L'étude d'un *matsuri* ne saurait se limiter aux célébrations elles-mêmes.

A / L'organisation du *matsuri et la question du coût*

Sur les 10 505 habitants, 1500 ont reçu un *happi* pour participer activement à l'événement et 9 sont les organisateurs principaux (essentiellement des hommes mûrs, voire âgés, entre 50 et 70 ans).

On ne peut pas ne pas se poser la question du coût financier d'un tel événement. Même si nous n'avons, faute de temps, pu accéder aux comptes des organisateurs le l'événement, nous avons tout de même pu nous faire une petite idée de son coût.

Le montant des dons est libre. D'après une vieille dame avec qui nous nous sommes entretenus, certains habitants peuvent donner jusqu'à un tiers d'un mois de revenu pour financer le *matsuri*. Ces propos furent confirmés par les organisateurs. Les noms des donateurs sont ensuite inscrits sur un tableau situé dans l'enceinte du *jinja* comme le veut la tradition. Ce « sponsoring » discret n'est cependant pas propre à Kii Nagashima et se rencontre dans tous les sanctuaires shintô. Dans certains, les donateurs les plus fortunés offrent des tonneaux de saké qui sont empilés à côté des plaquettes indiquant leurs noms[147]. Aucune distinction n'est faite selon le montant du don. Le fait de donner est la marque de la revendication d'appartenance au groupe, mais le temple shintô a la délicatesse de ne pas honorer les riches au détriment des pauvres.

Une partie de cet argent sert à payer les matériaux de construction (bois, tuiles, mortier etc.) et à rémunérer les bâtisseurs, et le reste étant affecté à l'achat des vêtements, à la réparation des chars et à l'achat de boissons et de goûters généreusement distribués toute la journée pendant les festivités, même à ceux qui n'ont pas donné. Il semble que plus la contribution donnée par rapport au revenu est important, plus le donateur se sent valorisé et plus la communauté lui octroie de la reconnaissance. Chacun rivalise donc de don dans une sorte de prestation agonistique, sachant que ce don ne lui rapportera aucun avantage direct. Les boissons et les en-cas achetés avec une partie de cet argent sont très généreusement distribués dans

la ville au passage du cortège à toutes les personnes du public, y compris celles qui n'avaient rien donné et même les visiteurs extérieurs à la communauté, dont des étrangers (cf. photo).

Cet assaut de générosité n'est d'ailleurs pas sans correspondance, en Europe, avec la pratique de l'évergétisme -

---

[147] Un des exemples les plus impressionnants peut être vu au Meiji jingû 明治神宮 de Tôkyô.

Alexandre MANGIN, *Articles sur le Japon*

étudié par Paul Veyne[148] – dans le monde hellénistique et le monde romain qui « consiste, pour les notables, à faire profiter la collectivité de leurs richesses »[149], ainsi que nous le rappelle Alain Caillé. Toutefois, cette dernière pratique devrait être rapprochée du clientélisme, sans rapport nécessairement avec une fête religieuse. Le but étant l'immortalité du mécène dont le nom était gravé dans la pierre.

L'enquête sur les coulisses du *matsuri* nous a conduit a rencontrer le groupe de « marins stagiaires » indonésiens travaillant les uns pour notre contact, les autres pour des entrepreneurs des environs. C'est dans leur résidence – appartenant à ce même informateur – que nous avons logé. Quasiment autogérée, elle était très peu meublée. Certes, on y trouvait tous les ustensiles de cuisine nécessaires et un téléviseur,

---

[148] Dans son ouvrage de référence *Le Pain et le Cirque*, Paris, Seuil, 1976.
[149] Défintion de Wikipédia. Concrètement, cela se traduisait par le financement de jeux du cirque, de banquets publics, spectacles gratuits, ou la construction d'édifices d'utilité publique, thermes romains, de théâtres et d'amphithéâtres.

mais en dehors de cela, l'ameublement des pièces se limitait à un futon déroulé à même le sol sans matelas de mousse et sans draps. Pour résumer, disons que ces conditions d'existences étaient décentes, mais spartiates. Refermons la parenthèse.

Tout comme les jeunes, les étrangers ne sont pas directement engagés dans l'organisation du *matsuri*, mais y participent activement, en tirant la corde du char, en chantant et en dansant, leurs chefs portant comme les autochtones des drapeaux arborant le nom de leur quartier.

B / L'après-matsuri : le repas et les libations

Après la première journée de célébration qui s'acheva à la nuit, notre informateur tenant à honorer la tradition de l'hospitalité, d'autant plus importante en période de fête religieuse, nous invita chez lui. Ce fut l'occasion de découvrir son niveau social. Patron d'une entreprise de pêche, il habitait une maison neuve et de bonne qualité, spacieuse et pourvue du confort moderne (voire même du superflu comme un écran géant assez envahissant d'une soixantaine de pouces). Il nous servit un festin somptueux composé des produits du cru, péchés par lui ou reçus de ses partenaires commerciaux. Il insista sur le fait que malgré des achats nécessaires, une partie de la nourriture était acquise par échange. Au cours du repas, servi par les femmes de la maison (épouse, fille et belle-fille), le *pater familias* proposa même à l'auteur la main de sa fille, une ravissante jeune personne en âge de se marier. Etant déjà marié, il ne pouvait que refuser. Un peu plus tard, rentra le fils, aîné de la famille, et la discussion se poursuivit avec ce dernier et son épouse.

Dans la deuxième partie de soirée, la *niji-kai* 二次会, sorte de *nomikai* 飲み会 (réunion à boire), qui avait lieu de façon apparemment informelle dans une taverne des environs. Là, on nous présenta un groupe d'une dizaine d'amis, tous anciens camarades de classe depuis l'école primaire ou ayant en tout cas fréquenté la même école communale. Sous ses dehors de groupe

- 213 -

Alexandre MANGIN, *Articles sur le Japon*

d'amis, cette réunion détendue possédait des caractéristiques que l'on devrait noter. Tout d'abord, elle était structurée hiérarchiquement, le plus ancien jouant le rôle du père (l'*oyabun* 親分, terme souvent utilisé également dans le monde des *zakuza*), mon hôte, celui du grand frère. L'*oyabun* jouait comme tout PDG japonais de grande entreprise un rôle de modérateur, de conciliateur laconique et débonnaire, étant le garant moral du groupe et de son harmonie (*wa* 和), concept essentiel au Japon qui interdit tout conflit direct, tout antagonisme devant se dissoudre par la macération de groupe et le temps.

Le grand frère, second dans la hiérarchie, était en fait le plus influent des patrons de pêcherie. Il détenait la réalité du pouvoir officieux, à l'origine d'initiatives diverses qui passaient par les négociations préalables informelles (*ne-mawashi* 根回し ou « dépotage »), ce qui fait qu'il se présentait alors à moi comme « l'organisateur » (*ôganaizâ* オーガナイザー). Le fait que son fils ait eu son propre bateau (ce qui donna lieu à une cérémonie traditionnelle de mise à l'eau) est révélateur de son statut, d'autant plus que c'était la dernière cérémonie de ce genre au moment où nous avons réalisé nos entretiens. Notre hôte ajouta même : « et ça m'étonnerait qu'on en refasse une comme ça de sitôt ». Là encore, les frais engagés pour cette cérémonie, entièrement à sa charge, ne représentaient aucun bénéfice immédiat. En revanche, ils ajoutaient grandement au prestige de la famille et de la pêcherie et renforçaient le statut de M. HAMABATA de notable incontournable de la ville. Cette sorte de paternalisme patriarcal (une seule femme participait au *nomikai*) contraste avec les autres types de réunions auxquelles aussi bien les hommes que les femmes participent (conseils municipaux, réunions d'information, ou au contraire aux réunions majoritairement féminines, comme les réunions de parents d'élèves).

Ce type de soirées informelles fut l'occasion de présenter au groupe. Le fait de nous avoir logé gracieusement renforçait le

Alexandre MANGIN, *Articles sur le Japon*

prestige de l'organisateur au sein de cette sorte de chefferie moderne informelle mais ritualisée.

Conclusion : Le *matsuri* de Kii Nagashima : un fait social semi-total

De tous ces faisceaux d'éléments, il ressort pour nous que ce *matsuri*, qui monopolise la quasi-totalité de la population, par l'organisation sur une longue durée et la participation à la fête et qui suppose une rivalité dans le don, peut être qualifié de « fait social semi-total », si l'on nous pardonne cette appellation paradoxale. Moins absolu que la *kula* ou le *potlatch* analysés par Marcel MAUSS, d'où notre ajout du terme « semi- », ce fait social n'en constitue pas moins un reliquat, sous une forme contemporaine, de cérémonie tribale fédératrice et garante du lien social, en même temps que l'expression simple et floue d'une aspiration spirituelle populaire, qui nous semble aller dans le sens d'un cercle vertueux de la vie, de l'action collective solidaire désintéressé.

C'est le moment de réaffirmer ou réévaluer l'implication de chacun dans la vie de la communauté mais aussi de mettre de côté, pour un temps, les problèmes graves auxquels fait face l'archipel et que Kii Nagashima subit particulièrement durement : chômage des jeunes, refus du travail manuel, d'où exode rural, baisse de la natalité et vieillissement. En

On ne peut qu'espérer qu'il perdurera longtemps.

Susanoo no mikoto

Ooyamatsumi no mikoto

Kotoshiro-nushi no kami

Uganomitama no mikoto
(Ukanomitama no kami)

Annexe 2 : Les humains divinisés et fêtés à Kii Nagashima

SUGAWARA no Michizané

KATÔ Kiyomasa

Alexandre MANGIN, *Articles sur le Japon*

Alexandre MANGIN, *Articles sur le Japon*

フランス語圏の生存主義者たちと宮本常一：
比較研究[150]

　「生存主義」または、「生き残り主義」とも訳される、日本ではまだ紹介されていない社会運動とその生き方をご紹介したい。フランス語の専門用語と対比する日本の専門用語が定まっていないため、当方の解釈による翻訳となっていることを、予めご了承を願う。もし、私の日本語が間違っている等で分かりづらい点があったら、お詫びする。

　さて、この小論文では、この社会運動と代表的な人物を取り上げ、民俗学者：宮本常一とを比較してみたいと思う。それは日本人の得とになるであろう。「生存主義」というテーマは、英語圏やフランス語圏の主流のジャーナリズムでは豊富に取り上げられているが、その多くは悪く取り上げられて、酷評されていると同時に、日本では完全に無名に近いものである。好きであるかどうかは別の問題として、とにかく、社会現象としてでもそれについて学ぶことが、これから述べる理由で、必要なものになるだろうと思う。それとは逆に、日本民俗学者兼講演者である宮本常一は、海外では、数人の日本学者以外、全くと言っていいほど認知度がなく、人文科学へ

---

[150] Texte revu et augmenté d'un exposé de recherches à l'occasion du colloque *Dai-15-kai Kokusai Nihon-gaku shimpojiumu « Furansu he no akogare – Seikatsu.geijutsu.shisô no Nichi-Futsu hikaku »* 第 15 回国際日本学シンポジウム「フランスへの憧れ－生活・芸術・思想の日仏比較」, présenté le 7 juillet 2013 à l'Université pour femmes d'Ochanomizu お茶の水女子大学 et publié dans *Hikaku Nihon-gaku kyôiku kenkyû sentâ kenkyû nempô* 『比較日本学教育研究センター研究年報』. Les numéros dans le corps du texte renvoient aux notes situées après le texte.

の彼の素晴らしい貢献にもかかわらず、一冊しか英語に翻訳されておらず、フランス語にまだ翻訳されていない。

　何よりまず、「生存主義（le survivalisme）」という単語を定義することが肝要である。この単語は、どこから来たのであろうか。また、日本語に相当するものがあるであろうか。それでは、この運動の起源を紹介することにしよう。

　フランス語の単語「survivalisme」は、英語の「survivalism」を由来とし、快適さや栄光や科学より遥かに重要な目的である「生存すること―生き残ること」と「生きたい意志」を重視している運動と思想である。カート・サクソン（Kurt Saxon）という、アメリカ人がその単語の提案者であることを主張している。辞書の定義によると、それはアメリカの運動のみだそうであるが、その考え方は最近急速な展開を見せるフランス語圏の生存主義者たちの存在を無視してしまう。様々な典拠を突き合わせた結果、私の提案する定義は次のとおりである。

　地域の災害なり国家的災害なりの原因が、自然であっても人間的であっても「生存主義」というのは、1/「常態の断絶」または「サポートの組織の断絶」、「社会・文明の連続性の一時的か最終的な中止への精神的で認識で物質的な予備と 2/ その上ただ自然の危険の生存」(1) に基づいた倫理と生き方である。

　その倫理は多数の側面（有機農業、地域の自給自足、太陽光発電パネルと風力発電風車による発電、個人の自衛など）を含んでおり、個人の規模・家庭の規模・ミクロ社会（農場・村）の規模だけでなく、地元のネットワークも国内ネットワークでも国際ネットワークでも経験できるものである。とりわけ Facebook 上でヴォル・ウエスト（Vol West）によって創立された「フランス生存主義

ネットワーク」は一番認められて、影響力を持っている
ネットワークである。

　しかし、日本語には「le survivalisme」に対応する単語
がまだない。「サバイバル」という外来語があるが、
「生存の技術」を示し、「ブッシュマン」というような
森林における「生存」のみで、ここでご紹介している運
動も、その元の倫理でもない。だから、私はフランス語
の直訳である新語の「生存主義」をご提案する。それを、
カタカナで表記する外来語（スルヴィヴァリズム）より
漢字で容易に理解できるものである。また、その外来語
を取り入れることにしたら、「サバイバル」と混同する
恐れがあり、西洋人を笑わせるであろう。私が知ってい
る限りでは、「生存主義」は医師奥山孝門 (2) によって作
られた言葉であるが、それ以降再利用されなかったらし
いようである。

　生存主義のを詳細に明確化するのは難しいが、運動は
つい最近（2011 年頃からフランスで構造化したのである。
の多くはエベール式体育法（l' hébertisme）について言及
している。フランスの教育学者ジョルジュ・エベール
（Georges Hébert （1875-1957））が年に火山である一山（la
Montagne Pelée, マルティニーク島）の噴火を目撃したこ
とにより、エベール式体育法をしたエベール式体育法と
いうのは、災害に備えて人の強化を唱えるイデオロギー
である。

　そして、アメリカの建築家ドン・スティーヴンス
（Don Stephens）は 1960 年代には、retreater（撤退主義者)
の概念、シェルターやサバイバルキットを考案した人で
ある。さらに、アメリカの自由意志論者（libertarians）は、
簡略化した国家組織を唱え、国民は自ら地域規模の組織
を持たなければならないと言って、生存主義者たちに影

響を与えている。自衛民兵を成すために、アメリカ合衆国の憲法によって保護されている武器を持つ権利はアメリカ人の大部分が武器に対する抵抗感を緩和し、自由意志論者の興味を引いてきた。最後に、ソ連と核兵器による戦争が恐れられていた冷戦中に発生した「preppers（準備主義者たち）は大災害を予想し、核シェルターで武器や食べ物を貯蔵していた。彼らがアメリカの生存主義の発端である。

1973 年に、ハワード・ラッフ（Howard Ruff (3)）は、経済崩壊を予想して、通貨に比べて金の価値を再評価し、金の貯蔵を提唱している。その時から、段々本格的な生存主義の本は多く出版されはじめる。例えば、先ほど言った「survivalist」の単語の考案者であるカート・サクソンは、19 世紀の先駆者たちの生き方に関する本を出版している。

もう一つの例：メル・タッパン（Mel Tappan）は、1970 年後半よりニュースレター：「個人の生存の手紙（« personal survival letter »）」を著し、ジョン・パグズレー（John Pugsley）は、ベストセラーとなる「アルファ戦略（The Alpha Strategy）」を出版する。そのエッセーは、いまだにアメリカ人の生存主義者たちの間では、リファレンスとして見なされている。ブルース・クレイトン（Bruce Clayton）の著作「最後の裁判日後の生活（Life After Doomsday）」は、軍備拡張競争の時代である 1980 年に出版された。1990 年代の「2000 年問題」は、生存主義の思潮に新たな活力を与えてくれた。2001 年 9 月 11 日のアメリカ同時多発テロ事件とこれを引き金とした「対テロ戦争」は、1960・70 年代の冷戦時代に遡るほどの強さで、差し迫る大災害に対する恐怖を掻き立てた。2004

年のスマトラ島沖地震及び 2007・2009 年におけるアメリカ合衆国の財政の危機はその現象を増大した(4)と言える。

　しかし私は、生存主義者たちは先駆者を見つめるために、より過去に遡る必要があると考えている。今日まで存続している社会（伝統的な社会のアマゾンの先住民、アフリカのある部族、現代社会の中国、イラン、スコットランド、アイスランド等）は、「生存主義の社会、生存主義の国」(5)と言っても良いが、その傾向の別の起源を、フランスワ・ケネー（François Quesnay（1694-1774)）の業績でも見つけることができる。ケネーが提唱した「重農主義（physiocratie）」という経済学の学派によると、富はすべて自然（したがって農業）によって創造されたものであるから、サービス（第二・第三）作業部門と投機は本質的に不毛のものなので、制限すべきものとしている。有機物をリサイクルすることで、無限に富を再創造するのは自然のみの営みである。それは、自給主義的で農業を優先する生存主義の基盤であり、パーマカルチャーを強く勧めるものである。パーマカルチャーとは「エコロジカルデザインや環境デザイン分野の用語であり、自然のエコシステムを参考にして、持続可能なアーキテクチャや自己維持型の園芸システムを取り入れようとする概念」である。後に、クロード・ドゥ・サン＝スィモン（Claude de Saint-Simon （1760-1825)）やシャルル・フーリエ（Charles Fourier（1772-1837)）のような空想的社会主義者たち（socialistes utopiques）は、誕生地の偶然ではなく、共同の価値観を持ち、とりわけ自給・自足を目指して生活を共にする決意に基づいたコミュニティーを考えた。

　今日、生存主義の著者たちは、英語圏の人もフランス語圏の人もすでに多くいて、生存主義を主張する人はフ

- 223 -

ランスをはじめとするヨーロッパ諸国のほか、世界中で次第に多くなりつつある。生存主義の復活の起点（新生存主義といえるであろう）は、ピエロ・サン＝ジオールジオ（Piero San Giorgio）の著書「経済崩壊に生存する（Survivre à l'effondrement économique (6)）」が出版された2011年に位置づけることができる。その本は田舎における生存について論じるエッセーである。その本と運動を紹介するために、サン＝ジオールジオは講演会(7)を重ね、名声を得はじめた。同時に、フランス人の生存主義者で有名なブロガーであるヴォル・ウエスト（Vol West）は、この生き方について理論づけ、You Tube に掲載するビデオにより、関心も嫉妬も爆発させている。その後、ピエロ・サン＝ジオールジオとの出会いもあり、結果として共著で、都市における生存に関する教科書「野蛮な通り：都市で生存すること（Rues barbares – Survivre en ville (8)）」を出版するに至った。

　この小論文は 2 つの部分で構成されている。まず、代表的な人物とその思想（I）、そして宮本常一のアプローチとの比較（II）を紹介させていただく。

I 代表的な人物の紹介

　最初に日本人の民俗学者を年代順にご紹介する。
　A/ 宮本常一
　教養ある百姓一族出身の宮本常一は、1907 年に山口県周防大島で生まれた。宮本家は、伝統的な生活（衣食住）を送り、「善根宿」として旅人をもてなしていた(9)。宮本は、将来の研究範囲のただ中に育ったと言える。後年、宮本は伝統的な村、その習慣（例えばその会議、寄

- 224 -

り合い(10)、助け合い、相互贈与、一般的に自給自足に近い小規模共同体での相互扶助など）について書いた。

　大阪逓信学校に進んだのち、教育学校を卒業する。その後、小学校の教師として勤務した。生徒たちを連れ、隣の田舎にフィールドワークをさせ、今日考えられないほどレベルの高い民俗雑誌を書かせた。その頃に、二人の師匠に出会い知り合う。日本民俗学の先駆者の柳田國男（1875-1962）と日本銀行総裁であり漁村に興味を持つ自立した民俗学者である澁澤敬三（1896-1963）である。柳田からは、学識豊かな教育を、澁澤からは実用的な教えと、澁澤が創立したアチック・ミューゼアム（屋根裏博物館）での研究者のポストを与えられた。

　澁澤は、宮本をフィールド調査に派遣した。宮本は調査旅行の移動は、一部で電車を用いたが、大部分は徒歩で行っており、日本全国を歩き回った。家に帰ると、本や小論文を著した。その内容はとても描写的であり、多くはあまり理論的ではないもので、著書は二百冊を超えている。『宮本常一著作集』は 1960 年代後半より刊行され現在も続行中で、その半分しか出ていないようである。その他、（山口県民のために大学教員や農業経営者の講演会を組織する郷土大学を含めて）多くの研究会の創立に貢献し、全国で講演を重ねた。その講演会は主に二種類ある：その一つは田舎の民俗（伝統・習慣）の紹介で、もう一つは地元の中小企業への企画提案であった。晩年に、海外を旅する。済州島（제주도 [チェジュド]）、台湾、中国、ケニア、タンザニアへ行った。これにより、宮本の講演会の内容はより人類学的色彩を帯び、考古学者や考古人類学者の業績を紹介し、それに基づいて「日

本文化の形成」に関する人類学的な仮説を述べるように
なる。51 歳で博士号を取得し、武蔵野美術大学での助教
授として、そして早稲田大学で教授として教鞭をとり彼
の様々な研究テーマの中連綿としてつながる全体的な理
論（théorie générale）を本に著す途上に亡くなった。存命
中は、中世からあまり変わっていなかった百姓の生き方
から、飛行機・映画・テレビ・最初のコンピューターま
で、技術の加速度的な進展の時代（昭和時代）を経験し
た。

   B/ <u>フランス語圏の生存主義者たち</u>
    1)ピエロ・サンジオールジオ
   1971 年生まれのピエロ・サン＝ジオールジオ（Piero
San Giorgio）は、ジュネーヴのＥＳＭ（Ecole de
Management et de Communication）でマーケティングを学
び、発展途上国の市場（marchés émergeants）を専門とす
る情報科学会社のマーケティングマネージャーとして働
き、（Andiamo そして Salesforce という会社の）社長と
して活躍した。その経験により、とりわけ極貧の国民（特
にジンバブエで）生活状況の詳細な知識を得、その生存
の仕方を観察する。経済・天然資源、地政学を独学する
ことで、意識化をするようになり、自ら創立した会社を
辞め、従来の生活の仕方を捨て、生存主義のつましい暮
らし方を選び、田舎に引っ越しする。そこで、Survivre à
l'effondrement économique（「経済崩壊に生存する」）を
書きあげる。この本は、マスコミに無視されたにも関わ
らず、ベストセラーになる。本の紹介のため、サン＝ジ
オールジオは講演会を精力的に行う。自己マーケティン
グが上手なので、サン＝ジオールジオは生存主義に陽気

な表情を与え、マスコミが伝えるステレオタイプ的なイメージよりニュアンス豊かなイメージを見せる。

　ピエロ・サン＝ジオールジオの本は、おそらく 21 世紀始めの最も重要な著作だと思う。英語・ロシア語・イタリア語・スペイン語に翻訳され、もうすぐギリシャ語とロシア語に翻訳されるとのことであるが、日本語には、まだ翻訳されていない。その表紙には、「実用的なハンドブック（Manuel pratique）」と書いてある。この本は、あるパートでは、本当にその言葉のとおりである。経済崩壊が引き起こす問題の確認・分析・解決の提案をもたらすエッセーであり、自分の頭で考えるように強く勧めるものである。

　常態の断絶（本では経済崩壊）の場合、サン＝ジオールジオは身体そして社会の生存を保証するポイントを紹介している。それは、水、食物、衛生と健康、エネルギー、知識、個人自衛、社会の絆の７つである。まずは、生理的に必要な最初の２つのポイントである。これなしでは、命を保存できない。衛生と健康は次に来る。食べ物を生産する技術、治療する技術、読み書きの技術、文明を伝承する技術などは、知識がないと伝えられない。また、エネルギーがないと、快適さと機械化はとても限られていく。快適さの必要性と言える。そして、公権力が無くなる、または、少なくともすぐに介入できなくなる恐れがある世界ではおろそかにしてはいけないことは、自衛である。略奪者や野獣などの攻撃があった場合、自衛により（命を含めて）全部は失わないようにさせるのである。最後に、社会的な絆により、能力・技術の補完性ができる：例えば、農業者や医師、教師、職人・技術者たちなどで構成できると最高である。バランスが本当

Alexandre MANGIN, *Articles sur le Japon*

に取れていて、郷土に深く根を下ろし、相互に扶助・依存している人々で形成された社会を求めている。

その 7 つのポイントは、Bases Autonomes Durables (BAD) （持続可能な自給自足基地）(11)内に存在しなければいけない。

しかし、威信がかなりある生存主義の思想家はピエロ・サン＝ジオールジオ一人だけではない。

2) ヴォル・ウエスト

モンタナ州に住んでいるフランス人のヴォル・ウエスト（Vol West）は、「la résilience」（日本語にない概念である：衝撃強さ、弾性エネルギーと翻訳されているが、「外傷性ショック、逆境に耐えることによって生きて発達する能力」といえる）、家族、自給自足、自衛（武器を持ったな防衛と建築や茨の茂みなどに身を隠すな防衛）を強調している。

ウエストは、「常態の断絶」を体系化し、地理学的な範中によりその確立を考えた。それは個人レベルのできごと（例えば交通事故、強盗など）、地域レベル（洪水・都会の暴動など）、全国レベルのできごと（食物不足、通商禁止、津波など）、国際的レベルでのできごと（戦争、石油の枯渇など）である。

ウエストにとっては、生存主義的といえるのは、あらゆる手段を使うことによって生存しようとする各 résiliente な（問題を超えられる）社会なのである。

3) その他人物他
- a. 他の生存主義者たち

« bushman »という派閥の代表的な人物である在仏カナダ人、ダヴィド・マニズ（David Manise）は、CEETS

（Centre d'Etude et d'Enseignement des Techniques de Survie：サバイバル技術の研究教育センター）の創立者として、自然（主に森）の中でサバイバルの研修を行っている。一種の極端なボーイスカウト運動ともいえるその生存主義活動は、たとえメディアによってゆがめられていても、比較的にメディアの露出も多く、認知度があると言える。このような研修を組織する唯一の人間ではないが、マニズは最も有名であり、「フランス語圏の生存主義」の代表者でもある。Facebook 上で展開している、ヴォル・ウエストの提案で創立された「国際生存主義ネットワーク（le Réseau Survivaliste Francophone mère：フランス語圏生存主義ネットワーク本部、略 RSF-mère を含めて）」は、案外に人気を得て、県ごとのネットワークも自発的に構成されるようになった。現在では、各県・海外県・スイスの州・国外移住者たちの様々なコミュニティー（例えば私が創立した「日仏生存主義ネットワーク（Réseau survivaliste franco-japonais）」・各フランス語圏の小さい領土さえも各自の生存主義ネットワークがあり、緊急の場合（例えば大地震など）、メッシュトポロジーと効率的な相互扶助を可能にする。そこでの交流は暖かく、アドバイスは豊富に共有されている。

- b. 生存主義に近いが生存主義者ではない人物：
　様々なエコロジスト運動があるが、大抵の場合、生存主義のすべての側面（つまりサン＝ジオールジオの７つのポイント）は取り扱われていない。例えば、ピエル・ラビ（Pierre Rabhi）と le Mouvement Colibris（運動コリブリ（ハチドリ））という団体は、現在、おそらく宮本のビジョンに一番近い人物であろう。ココペリ協会（L'association Kokopelli）という団体は、積極的に「種子と腐

- 229 -

植の解放」のために、圧力団体ともなる農業化学・農工業の大企業であるモンサント（Monsanto）社に操られている欧州連合の法律と戦っている。欧州連合が農業経営者たちに自家採種や自家採種した種子を使用することを禁止したばかりでなく、モンサント社から種を取ることができない一代雑種（ハイブリッド種：Ｆ１種）の種子の買入を強いており、モンサント社もまたすべての穀物の種の特許を取ろうとしているのは知るべきポイントである。

II その二つのアプローチの比較

　時間と空間との隔たりがあるにもかかわらず、生存主義者のアプローチと宮本常一のアプローチに類似点があることを表すこの発表の正当性を以下に述べたいと思う。
　A/ 類似点
　たとえそのフランス語の単語を知らなくとも、「la résilience（問題を超えられる能力）」という言葉は、宮本常一が取り扱ったテーマである。例えば、建築（荒れ狂う暴風雨に耐えうる建物、建て方と再建）、経済（頼母子（たのもし）講）、社会（相互の手助け、相互贈与、危機の緊急寄り合い）などにおいて。
　さらに、講演者として、宮本は郷土大学などで、農業経営者たちの教育に腐心し、変化への適応術を教えた。
　ピエロ・サン＝ジオールジオの７つのポイントのリストを再見すると、宮本は以下のポイントを取り扱ったと言えるであろう。
　1. 水については、建築研究（例えば井戸や灌漑に関する研究）で取り組んでいる；

2. 食物については、上代の技術から現代の技術まで、農業のすべての技術を詳細に紹介している；

3. 衛生と健康については、日本のお風呂や日本の病を研究している；

4. エネルギーについては、車を引っ張る動物や電気やガソリン、つまり資源の不足の問題は当時に生じていなかった；

5. 知識については、「家郷の訓え」、寺子屋や仕事の知識・技術だけでなく昔話の筆記伝承及び口頭伝承について述べる；

6. しかし、 自衛については、ほんの少ししか述べていないが、団体の決意を取る組織・仕組み（例えば村の寄り合い）や若者組みを研究している；

7. 最後に、 社会の絆については、最も宮本が注目したテーマである。宮本は、旅する孤立不羈の作家や僧侶たち（一遍上人、菅江真澄、古川古松軒、イギリス人イザベラ・バード（Isabella Bird）ら）に常に関心を持っただけでなく、規模を増加でしていく社会のメッシュ型トポロジーも研究した。例えば、家族、村、地域・（封建制度の「国)の新型となる」地方、農作業、家屋の修復（萱葺きの修復など）、若者組みと老人組み、祭りなどの役割は、社会の絆を固めるためと、社会の絆に必要なオトクトニ（autochtonie :直訳すると「原地性」：依属関係と深い定着（enracinement）の意識と誇り）の気持ちを発達させるための決定的なものである。

宮本常一が描写した田舎の伝統的な村は、自衛を除いて、BAD（持続可能な自給自足基地）の村に非常に近いものである。コミュニティーを防衛する役割は昔、自分の軍隊を持っている大名の役割であった。藩内では、村の組織はかなり余裕があったのである。

ピエロ・サン＝ジオールジオとのもう一つの共通点は、アフリカ（ケニアとタンザニア）への旅の際に起こった意識の変化である。かの地で、宮本は伝統的な生き方を観察した。戦争はないけれど貧しく素朴な生活は、その地での生存を可能にする。その２カ国は正にそういう理由で宮本に選ばれたのである。その当時から、彼は、歴史の流れに従うと思っていた農業の近代化が必ずしも当たり前のことではなく、嘆いていた伝統的農業の衰退が抗し得ないものではないことを多少とも暗黙のうちに理解する。

　B/ 差異
　若い頃の田舎暮らしと自分の研究テーマへの憧れにもかかわらず、宮本常一は研究で忙しすぎたため、生存主義者として生きなかったと言える。生存主義者の過去や知識があり、戦争の間にその経験さえしたが、然るべき地位の先生として亡くなったとは運がよかったと思う。
　「個人の自衛」の問題は、宮本の関心をあまり引きなかった。それは、きっと存命中に唯一経験した攻撃が、第二次世界大戦の際のアメリカ合衆国からのものだけだったからであろう。また、職業軍人制軍隊と徴兵が存在したため当時は、「個人の自衛」という問題意識を持ちなかった。後に、日本は復興期や平和の時代を経験し、より良い将来を信じるようになった。
　宮本が生きていた頃の日本を考察し比較すると、現在における問題の提起はもちろん違う。しかし、生存主義は、とにかくご紹介した人物たちの生存主義は、あらゆる不測の事態に根本的に備える考え方である。ただし有事が起こらない場合は、ピエロ・サン＝ジオールジオが

Alexandre MANGIN, *Articles sur le Japon*

言うように、自給自足に近づくことでシンプルなものを味わわせてくれる、ありがたい生き方である。

結論

　生存主義者たちの場合であっても、宮本常一が描写した伝統的な社会であっても、社会的な絆がないと永続性がないことは、ご理解いただけたのではないかと思う。
　多くの災害を頻繁に受ける国は、復元力（résilience）と社会的な絆をその度ごとに経験する。福島の電子力発電所の大災害は、なくなるどころか、日本史上で一番大きな挑戦となるであろう。ピエロ・サン＝ジオールジオは、日本には、中国や他の国々より強い社会的な絆があるので、場合によっては、アイスランドやキューバ、現在部分的にそうなっているスイスのような「持続可能な自給自足国（pays-BAD）」になることができるのではという仮説を立てている。ガーデニングや日曜大工、自給自足、「持続性のある発展つまり省エネの生き方」（le développement durable）に関する実用的な本の増加に伴い、いたるところで個人的な意識の変化は起こっているが、個人の自衛や共同体の自衛といったものを結びつけるものがない。
　失われた地元のノーハウと組織を再発見するために、日本国民が宮本常一の作品を再発見し、勉強する必要性がかつてないほど高まっているが、現代のまなざしをもたらしてくれるのは、（今日ご紹介した人々を始め）西洋の生存主義者たちの著書かと思う。この翻訳・出版は死活問題となり、その無知を正当化でこない。その著書のみがはっきりと総合的に原因、効果、解決の提案を紹

Alexandre MANGIN, *Articles sur le Japon*

介するものなのである。だから、今は行動を始めるには
遅すぎない。

参考文献

フランス語で：

BAUDELET Laurence, BASSET Frédérique & LE ROY Alice :
  Jardins partagés : Utopie, écologie, conseils pratiques, Mens, Terre
  vivante éditions, mai 2008, 157 p. ;
DiD ArT : *Survivalisme : Réflexions personnelles*, format Kindle, mai
  2012, 178 p. ;
SAN GIORGIO Piero : *Survivre à l'effondrement économique*, La
  Fenderie, éd. Le retour aux sources, octobre 2011, 422 p. ;
SAN GIORGIO Piero & WEST Vol : *Rues barbares : Survivre en
  ville*, La Fenderie, éd. Le retour aux sources, décembre 2012,
  416 p..
SEGUIN Bernard, *Coup de chaud sur l'agriculture*, collection
  Changer d'ère, Paris, Delachaux et Niestlé, janvier 2010 ;
STRAWBRIDGE, Dick & James : *Vivre (comme) à la campagne*,
  Paris, Larousse, mars 2011 ;
Manuel pour tout faire soi-même, collection La Maison rustique, Paris,
  Flammarion, avril 2010.
Et l'on se reportera avec profit à la bibliographie établie par Piero
  San Giorgio accessible sur son site :
http://www.piero.com/piero.www/documents/9cbc0b75b46119
  2158d3099d5e92844a.pdf

日本語で：
奥山孝門・佐藤慶二『生存主義宣言』、1975、国立国会
  図書館で閲覧できる。
「 実 在 主 義 」 「 China Wikipedia 」 ，
  http://jp.wiki86.com/view/910.htm

『ソトコト』n° 2,「手作り特集　あたらしい自給自足」、février 2012, Kirakusha 木楽社.

バレット, ブレンダン (BARRET Brendan)（著）、石原明子（翻訳）:「生存主義の復興」、http://ourworld.unu.edu/jp/survivalism-back-in-vogue/

サイト

フランス語で:

http://www.davidmanise.com/ : le blog de l'instructeur canadien David Manise ;

http://lesurvivaliste.blogspot.jp/ : le blog de Vol West. Malgré les fautes de français, c'est la meilleure référence francophone dans le fond ;

http://piero.com/ : le site officiel de Piero San Giorgio ;

英語で:

http://www.survivalblog.com/ : la référence anglophone du survivalisme

脚注

1. ウイキペディアのフランス語版の「Survivalisme」項目の定義より。
2. おくやまたかと:「現代社会と＜生存主義＞哲学」、早稲田大学の名誉教授・哲学者佐藤慶二との対談、『生存主義宣言』、1975年、p. 284-300。
3. Howard Ruff, *Famine et survie en Amérique.*
4. ウイキペディアのフランス語版の「Survivalisme」項目。
5. ヴォル・ウエストの説。
6. *Survivre à l'effondrement économique*、La Fenderie、éd. Le retour aux sources、2011年10月、444 p.。
7. その連続講演は、~~一般向けの講演会でより~~生存主義者以外~~一般の人々にも的に、大人気にな講演会の向け民衆っているりその回数の増加増加のが相次いぎでいる~~社会運動の一環をなしている。その講演者たちは、メディアが無視する~~作家やライターかメディアにほとんど配信されていないもので、~~著者、~~政治に対する反対派や反政治派や~~

Alexandre MANGIN, *Articles sur le Japon*

国家主義者、~~や~~エコロジスト、~~や~~革命派社会学者などである。その運動の象徴は、~~ラ~~ジオ「Ici et maintenant~~←~~（ここと今）」である。メディアに~~故意にわざと~~無視されているのに~~もかかわらず~~、その講演者~~のうちは~~数人は、人気の~~あるがある~~有名人さえなった。例えば、エティエヌ・シュアール（Etienne Chouard ~~:~~）~~（共和制の歴史、憲法~~学、通貨論）、ベルナル・リュガン（Bernard Lugan ~~:~~）~~（アフリカ研究）、マリオ~~ン・スィゴ（Marion Sigaux ~~:~~）~~（17・18 世紀の歴史）、ジャン＝クロード・ミシェア~~（Jean-Claude Michéa ~~:~~）~~（アナーキズムの哲学者）、ピエル・イラール（Pierre~~Hillard ~~:~~）~~（政治学）、またはエムリク・ショプラド（Aymeric Chauprade ~~:~~）~~（地政~~学）等。オピニオン・リーダー~~である~~—アラン・ソラル（Alain Soral ~~:~~）~~（ネットワー~~クの社会学・フランス愛国主義の宣揚・様々なコミュニティー主義の批判など）は言うまでもない。

8. *Rues barbares – Survivre en ville*、La Fenderie、éd. Le retour aux sources、 2012 年 12 月, 416 p.。
9. 善根宿という制度は渡り者のための一種の無料の宿泊制度である。泊めてくれる家族は旅行をする場合、同じように泊めてもらいたい。
10. それを『忘れられた日本人』で描写する。
11. Michel Drac & 他の概念、『*G5G : Déclaration de guerre*』, éd. Le Retour aux Sources, octobre 2010 年 10 月。

Alexandre MANGIN, *Articles sur le Japon*

Les survivalistes francophones
et MIYAMOTO Tsunéichi,
étude comparée[151]

Le présent article s'adresse aussi bien aux francophones connaissant plus ou moins le survivalisme qu'aux Japonais ayant entendu parlé de ou ayant lu Miyamoto Tsunéichi 宮本常一 (1909-1981) et prétend à la fois clarifier des malentendus, présenter des parcours individuels et établir des perspectives de comparaison qui pourraient être profitables à la fois aux francophones et aux Japonais. En effet, le thème du survivalisme, abondamment traité, plutôt mal que bien et le plus souvent maltraité dans le journalisme dans les mondes anglophones et francophones, est absolument inconnu au Japon. Qu'on l'apprécie ou pas, il nous semble que son étude au Japon, ne serait-ce à titre de phénomène de société, est une nécessité impérieuse pour les raisons que nous évoquerons au cours de cette étude. A l'inverse, l'œuvre de l'ethnographe folkloriste et conférencier Miyamoto Tsunéichi est à peine connue d'une poignée de japonologues et n'a fait l'objet que d'une traduction en langue anglaise et encore aucune en langue française, malgré son apport fondamental aux sciences humaines.

Avant toute chose, il importe de définir le terme de survivalisme. D'où vient-il ? A-t-il un équivalent en japonais ? Ensuite, on pourra rappeler les origines de cette tendance.

Le mot français « survivalisme » vient de l'anglais *survivalism* (terme revendiqué par Kurt Saxon) qui place la survie, le vouloir vivre, comme fin première, loin devant le confort, la gloire ou encore la science. La définition des dictionnaires, qui en fait un

---

[151] Version française originale du texte précédent. Le texte japonais a été remanié en raison des limites de la langue japonaise à traduire les tournures françaises.

mouvement strictement américain, masque les survivalismes francophones, qui se développent extrêmement vite depuis quelques années. Par recoupement entre plusieurs sources, voici la définition que nous proposons : le survivalisme est une éthique et une façon de vivre axées sur 1/ la préparation psychologique, cognitive et matérielle, à une éventuelle « rupture de la normalité », que ce soit une catastrophe locale ou nationale, naturelle ou d'origine humaine, « une interruption temporaire ou une rupture définitive « de la continuité sociétale ou civilisationnelle (…) voire plus simplement » 2/ la survie « aux dangers de la nature »[152]. Cette éthique, comprenant des volets multiples (agriculture biologique, autonomie locale, production d'électricité par panneaux solaire ou éoliennes, défense personnelles etc.) peut se vivre à l'échelle individuelle, familiale ou de micro-société (ferme, village), de réseau local, national voire international, comme le Réseau survivaliste français (RSF) fondé sur Facebook à l'initiative de Vol West, un des survivalistes les plus reconnus et influents.

En japonais, en revanche, il n'existe pas de mot pour traduire « survivalisme ». Il existe bien le terme *sabaibaru* サバイバル, mais il désigne des « techniques de survie », la « survie » de type « *bushman* », en forêt, pas le mouvement que nous évoquons ici, ni l'éthique dont il est issu. Nous proposons donc le néologisme *seizon-shugi* 生存主義 qui en est la traduction littérale, aisément compréhensible grâce aux idéogrammes chinois, ce qui ne serait pas le cas d'une transcription phonétique comme « *suruvivarizumu* スルヴィヴァリズム » qui ne susciterait que l'incompréhension, voire le malentendu des Japonais qui le confondraient avec *sabaibaru* et l'hilarité des Occidentaux, comme bon nombre de termes d'origine anglaise ou française. Le terme *seizon shugi* a été

---

[152] Mots extraits de la définition de Wikipédia, « Survivalisme ».

Alexandre MANGIN, *Articles sur le Japon*

inventé, à notre connaissance, par le médecin Okuyama Takato 奥山孝門[153], mais n'a pas été utilisé depuis.

Difficile d'établir avec précision les origines du survivalisme, mouvement qui ne s'est que très récemment structuré en France (deux ans tout au plus). La plupart des articles font référence à l'hébertisme, d'après l'éducateur français Georges Hébert (1875-1957) connu pour avoir coordonné le sauvetage de civils après une éruption volcanique en 1970. Il s'agit d'une idéologie prônant l'endurcissement de l'individu en prévision de catastrophes naturelles. On parle ensuite de l'architecte américain Don Stephens qui dans les années 1960 créa le concept de *retreater* (retiré) et inventa des abris et des kits de survie. L'influence idéologique des libertariens américains, promoteurs d'un Etat réduit à sa plus simple expression, laissant les citoyens s'organiser seuls à l'échelle locale, est également prépondérante. Le droit constitutionnel de porter une arme afin de permettre la constitution de milices d'auto-défense a rendu une grande partie des Américains décomplexés vis à vis de l'usage des armes et les libertariens de ce pays s'y sont intéressés. Enfin, apparus pendant la guerre froide, à l'époque où le peuple états-unien redoutait le plus une guerre atomique avec l'Union soviétique, les *preppers*, ceux qui se préparent à une catastrophe en faisant des stocks d'armes et de nourriture dans leurs abris, sont à la base du mouvement survivaliste américain. En 1973, Howard Ruff[154] réaffirmait la valeur de l'or face aux monnaies, ce métal devant donc être thésaurisé dans la perspective d'un effondrement économique. Ce fut le début d'une abondante production de livres de plus en plus authentiquement survivalistes, notamment ceux d'un auteur nommé Kurt Saxon sur le mode de vie des pionniers du XIXème siècle. C'est lui qui revendique la paternité du

---

[153] Dans « *Gendai shakai to « seizon shugi » tetsugaku* » 「現代社会と＜生存主義＞哲学」, entretien avec le philosophe et professeur honoraire à l'Université de Waseda Satô Keiji 佐藤慶二, dans *Seizon shugi sengen* 『生存主義宣言』, 1975, p. 284-300.
[154] Howard Ruff, *Famine et survie en Amérique*.

Alexandre MANGIN, *Articles sur le Japon*

terme « *survivalist* ». Autre exemple, Mel Tappan (« personal survival letter »), puis John Pugsley qui publia *La Stratégie Alpha*, grand succès de librairie, encore considéré comme une référence « parmi les survivalistes américains. Le livre *Life After Doomsday* de Bruce Clayton apparaît à cette période de course à l'armement nucléaire. Dans les années 1990, le bogue de l'an 2000 a redonné une seconde vie au courant survivaliste. Les événements du 11 septembre 2001 et la guerre contre le terrorisme ont ravivé la crainte d'un désastre imminent avec autant de force qu'à son origine dans les années 1960 et 1970. Le séisme du 26 décembre 2004 dans l'océan Indien a accentué le phénomène ainsi que la crise financière de 2007-2009 »[155].

Mais selon nous, il faut remonter plus haut pour trouver les précurseurs des survivalistes. Si la plupart des sociétés plus ou moins traditionnelles qui durent (indigènes d'Amazonie, certaines tribus africaines, mais aussi des pays entiers comme la Chine, l'Iran, l'Ecosse, l'Islande) peuvent être qualifiées de « survivalistes »[156], on peut trouver l'origine de cette tendance chez François Quesnay (1694-1774), économiste auteur de la doctrine physiocrate selon laquelle toute richesse est créée par la Nature, donc l'agriculture, les services et la spéculation étant par essence stériles et devant à ce titre être drastiquement limités. Seule la Nature recrée à l'infini de la richesse en recyclant les matières organiques. C'est là la base de l'aspect autonomiste et agrarien du survivalisme qui prône la permaculture (la culture biologique sans engrais et avec roulement pour obtenir des récoltes de végétaux variés presque toute l'année). Par la suite, l'apport des socialistes utopiques comme Claude de Saint-Simon (1760-1825) et Charles Fourier (1772-1837) a permis l'idée de communautés fondées non pas sur le hasard géographique de la naissance, mais sur la résolution de vivre ensemble selon des valeurs communes, notamment l'autosuffisance, voire l'autarcie.

---

[155] Article "Survivalisme" de Wikipédia.
[156] Théorie de Vol West.

Alexandre MANGIN, *Articles sur le Japon*

Aujourd'hui, les auteurs survivalistes sont nombreux, en langue anglaise et en langue française et les personnes qui se revendiquent du survivalisme sont extrêmement nombreuses et leur nombre est en augmentation constante en France, en Europe et dans le reste du monde. On peut situer le sursaut de renouveau du survivalisme (au point qu'on a pu parler de « néo-survivalisme ») à 2011 avec la publication du livre de Piero San Giogio, *Survivre à l'effondrement économique*[157] qui concerne la survie en milieu rural et la série de conférences fréquentes [158] qu'il commença d'organiser afin de faire connaître le mouvement et son livre. Au même moment Vol West, survivaliste français et blogueur renommé, théorise cet art de vivre et se médiatise en diffusant des vidéos sur You Tube qui déchaînent l'admiration autant que la jalousie, malgré leur côté artisanal. La rencontre avec Piero San Giorgio se fera d'ailleurs, et elle aboutira à la rédaction conjointe d'un ouvrage de survivalisme urbain : *Rues barbares – Survivre en ville*[159].

Notre présentation s'organisera en deux temps : d'abord une présentation des acteurs et de leur pensée (I), puis une comparaison entre les deux approches (II).

I Présentation des acteurs

---

[157] *Survivre à l'effondrement économique*, La Fenderie, éd. Le retour aux sources, octobre 2011, 444 p..

[158] Cette série de conférences s'inscrit plus généralement dans un mouvement de société qui voit une multiplication de conférences populaires rencontrant un grand succès, par des auteurs/chercheurs peu ou pas médiatisés issus de la dissidence politique, aussi bien a-politiques que nationalistes, écologistes ou socialistes révolutionnaires et dont la radio « Ici et maintenant » est le symbole. Certains de ces conférenciers sont même devenus des vedettes, bien que privés de toute exposition médiatique : Etienne Chouard (Histoire de la république, constitutionnalisme et théorie de la monnaie), Bernard Lugan (étude de l'Afrique), Marion Sigaux (Histoire des XVIIe et XVIIIe siècles), Jean-Claude Michéa (philosophe anarchiste), Pierre Hillard (science politique) ou encore Aymeric Chauprade (géopolitique)… Sans parler d'un leader d'opinion comme Alain Soral (sociologie des réseaux, patriotisme français et critiques des communautarismes).

[159] *Rues barbares – Survivre en ville*, La Fenderie, éd. Le retour aux sources, décembre 2012, 416 p..

Alexandre MANGIN, *Articles sur le Japon*

Dans une logique chronologique, nos présenterons d'abord l'ethnographe japonais.

A/ Miyamoto Tsunéichi

Miyamoto Tsunéichi naît sur l'île de Suô Ooshima 周防大島 (département de Yamaguchi 山口県) dans une famille d'agriculteurs lettrés vivant à l'ancienne (logement, habillement) et pratiquement l'hospitalité auprès des voyageurs de passage[160]. Il est donc au cœur de son futur objet de recherche, le village traditionnel, et ses coutumes faites de réunions, de services rendus et reçus, de dons et de contre dons, de réunions délibératives (*yoriai* 寄り合い)[161] et plus généralement d'entraide à petite échelle dans des communautés autonomes autosuffisantes.

Après des études à l'Ecole des Postes puis à l'Ecole normale et un premier poste de professeur des écoles au cours duquel il emmène ses élèves faire des études de terrain et leur fait rédiger une revue d'ethnographie rurale d'un bon niveau, impensable aujourd'hui, il fait la connaissance de deux maîtres : Yanagita Kunio, fondateur des études ethnologiques rurales et Shibusawa Keizô, un homme d'affaire et chercheur amateur s'intéressant au monde des pêcheurs. Du premier il reçoit un enseignement érudit et du second des directives pratiques et un poste de chercheur dans le Musée des greniers (*Achikku myûzeamu* アチック・ミューゼアム) qu'il avait fondé. Il l'envoie sur le terrain réaliser des enquêtes. Miyamoto fait une partie du trajet en train, mais l'essentiel à pied et sillonne ainsi le Japon. Lorsqu'il rentre, il écrit. Sa production, très descriptive et peu théorique, couvre l'équivalent plus de deux-cents volumes. Sa publication est toujours en cours. Miyamoto contribue à la création de multiples groupes de recherches (dont l'Université du terroir 郷土大学 qui

---

[160] C'est le système des *zenkon yado* 善根宿 (littéralement « auberges du bon vouloir »), un système d'hébergement gratuit pour les voyageurs de passage, les hébergeants comptant sur la réciproque dans le cas où ils seraient à leur tour les voyageurs.

[161] Qu'il décrira dans *Wasurerareta Nihonjin* 『忘れられた日本人』 (Les Japonais oubliés).

Alexandre MANGIN, *Articles sur le Japon*

organise des conférence données par de grands professeurs à la population du Yamaguchi) et fait des conférences dans tout le pays. Celles-ci sont essentiellement de deux types : la présentation ethnographique des us et coutume de la campagne ; et l'aide à des projets entreprenariaux d'agriculture dans les campagnes à destination des autochtones. Sur la fin de sa vie, il effectue quelques voyages à l'étranger : à Cheju-do 제주도 (Saishû-tô 済州島 en japonais), à Taiwan, en Chine, au Kenya et en Tanzanie. A cette époque, ses conférences prennent un tour plus anthropologique et il s'intéresse aux travaux des archéologues et des paléo-anthropologues. Il obtient sur le tard son doctorat et trouve une place de professeur d'ethnographie rurale à Musashino bijutsu daigaku 武蔵野美術大学 (Université des Beaux-Arts de Musashino), puis à l'Université de Waseda 早稲田大学. Il décède avant d'avoir pu mettre sur le papier la théorie générale qui aurait fait le lien entre tous ses thèmes de recherches. De son vivant, il aura connu le mode de vie quasiment inchangé des paysans du Moyen-Age, les avions, le cinéma, la télévision et les premiers ordinateurs, vivant une période d'intense accélération technologique.

B/ <u>Les survivalistes francophones</u>
1) Piero San Giorgio

Né en 1971, Piero San Giorgio fait des études de marketing à l'ESM de Genève, puis travaille comme manager marketing spécialiste des marchés émergeants dans le domaine de l'informatique, puis comme chef d'entreprise (Andiamo, puis Salesforce). Il acquiert ainsi notamment une connaissance aiguë des conditions de vie de populations en grande précarité, notamment au Zimbabwe, et observe leur façon de survivre. Son étude autodidacte de l'économie, des ressources naturelles et de la géo-politique l'amène à une prise de conscience qui lui fait quitter l'entreprise qu'il avait fondée ainsi que son mode de vie pour adopter celui, beaucoup plus spartiate et austère, du survivalisme, en partant vivre à la campagne. Il écrit son livre *Survivre à l'effondrement économique*, succès de librairie et se lance dans une série de conférences pour le faire connaître. En sachant « se vendre », il présente ainsi le mouvement sous un jour plus jovial et subtil que l'image caricaturale véhiculée par les media dominants.

Le livre de Piero San Giorgio est peut-être l'ouvrage le plus important de ce début de XXIème siècle et il n'est pas traduit en japonais, alors qu'il vient de l'être en anglais, italien, espagnol et qu'il le sera en grec et en russe. Sa couverture indique « Manuel pratique ». Et c'est en partie ce qu'il est : il fournit le constat, l'analyse et des solutions au problème, tout en recommandant de toujours se faire son opinion par soi-même.

En cas de rupture de la normalité (un effondrement économique dans le cas de son livre), San Giorgio distingue sept points assurant la survie du corps, puis celle de la civilisation : l'eau ; la nourriture ; l'hygiène et la santé ; l'énergie ; la connaissance ; la défense ; le lien social. Sans les trois premiers, on ne peut conserver la vie, nécessité physiologique immédiate. L'hygiène et la santé suivent, car un accident ou un coup de froid sont vite arrivés. C'est une nécessité physiologique secondaire. Sans la connaissance, on ne peut transmettre des techniques permettant de produire de la nourriture, de soigner ou de lire et écrire, de transmettre la civilisation. C'est une nécessité intellectuelle et civilisationnelle. Sans énergie, le confort et la mécanisation sont très limités. C'est une nécessité de confort. La défense permet de ne pas tout perdre (dont la vie) en cas d'attaque de pillards ou de prédateurs. Elle n'est donc pas à négliger dans un monde où la puissance publique peut être amenée à disparaître ou du moins à ne pas intervenir immédiatement. Enfin, le lien social permet la complémentarité des compétences : des agriculteurs, un médecin, un instituteur, des artisans etc. En somme, une vraie société équilibrée, enracinée et solidaire car constituée d'individus interdépendants.

Alexandre MANGIN, *Articles sur le Japon*

Ces sept points devront être présents dans les Bases Autonomes Durables (BAD)[162] qu'il s'agit de constituer.

Toutefois, Piero San Giorgio n'est pas le seul penseur survivaliste à bénéficier d'un prestige certain.

2) Vol West

- Ce Français vivant dans le Montana et auteur d'un blog de référence insiste sur la résilience, la famille, l'autosuffisance et la défense personnelle (active par les armes et passive par l'architecture et l'usage de buissons).

- Vol West a systématisé les cas de rupture de la normalité par probabilité proportionnelle à l'ampleur géographique : l'événement personnel (accident de voiture, braquage, cambriolage), l'événement local (inondation, émeute urbaine), national (pénurie de nourriture, embargo), l'événement international (guerre, fin du pétrole).

- Pour lui, est survivaliste toute société résiliente qui cherche à survivre et emploie tous les moyens à sa disposition pour ce faire.

3) autres acteurs

a. Les survivalistes :

- Représentant du courant « bushman », le Canadien vivant en France David Manise, fondateur du Centre d'Etude et d'Enseignement des Techniques de Survie (CEETS), organise des stages de niveau progressif de survie dans la nature, en forêt le plus souvent. Sorte de scoutisme « extrême », ce survivalisme est relativement médiatisé et connu, même s'il n'échappe pas aux réductions caricaturales véhiculées une fois de plus par la presse. Sans être le seul à proposer ce type de stage, il est le plus connu et représente bien l'aspect « francophonie » du survivalisme.

---

[162] Concept de Michel Drac & al. dans *G5G : Déclaration de guerre*, éd. Le Retour aux Sources, octobre 2010.

Alexandre MANGIN, *Articles sur le Japon*

- Lancée par Vol West sur Facebook, l'idée d'un réseau international survivaliste (le Réseau Survivaliste Francophone mère, RSF-mère) a pris au delà de ses espérances avec la constitution spontanée de réseaux départementaux : aujourd'hui, chaque département français, y compris les DOM-TOM, chaque canton suisse et des communautés d'expatriées comme le Réseau survivaliste franco-japonais que nous avons créé, chaque enclave francophone a son réseau, ce qui permet un maillage et une entraide efficaces en cas d'urgence (comme un tremblement de terre, par exemple). Les contacts y sont cordiaux et les conseils s'y diffusent déjà généreusement, non sans faire de jaloux.

b. Les acteurs non survivalistes mais proches des survivalistes :
Ce sont des mouvements écologistes le plus souvent autonomistes, mais qui ne traitent pas de tous les aspects du survivalisme (les 7 points de San Giorgio).
- Pierre Rabhi et le Mouvement Colibris. Pierre Rabhi est peut-être celui dont la vision se rapprocherait le plus de celle de Miyamoto.
- L'association Kokopelli : lutte activement contre les lois européennes dictées par le lobby agro-chimico-industriel Monsanto « pour la libération de la semence et de l'humus » car il faut savoir que l'Union européenne vient d'interdire aux agriculteurs de produire et d'utiliser leurs propres semences, les obligeant à acheter des semences de plantes non reproductibles auprès de Monsanto, laquelle entreprise brevette toutes les espèces pour se faire verser une redevance.

II Comparaison des deux approches

Bien qu'éloignées à la fois dans l'espace et dans le temps, les deux approches ne sont pas sans présenter des similitudes qui nous ont semblé justifier la présente étude.

- 246 -

A/ Similitudes

Même s'il ne l'a pas, à notre connaissance, nommée ainsi, le concept de *résilience* (traduit faute de mieux par *shôgekidzuyosa* 衝撃強さ) est cependant un thème que Miyamoto s'est efforcé de traiter, que ce soit au niveau architectural (protection contre les éléments, construction et reconstruction), au niveau économique (systèmes de mutuelles villageoises : *tanomoshi-kô* 頼母子講) ou bien sûr au niveau social (services, contre-services, dons et contre-dons, réunions de gestion de crise).

Par ailleurs, à titre de conférencier, que ce soit à l'Université du terroir ou ailleurs, Miyamoto s'est pleinement impliqué dans la formation des agriculteurs pour les préparer aux changements économiques, technologiques ou autres.

Si l'on reprend la liste des sept points de la survie de Piero San Giorgio, Miyamoto a donc traité les points suivants.

1/ de l'eau, dans ses études architecturales, en traitant des puits et de l'irrigation ;

2/ de la nourriture, en présentant dans les plus précis détails toutes les techniques d'agriculture, des plus préhistoriques au plus contemporaines ;

3/ de l'hygiène et de la santé, en étudiant notamment les bains japonais mais aussi les maladies ;

4/ de l'énergie avec la question des bêtes de trait, mais pour l'électricité et l'essence, la question du manque des ressources ne se posait pas à l'époque ;

5/ de la connaissance : avec l'étude des écoles traditionnelles, des savoirs professionnels et des transmissions orales comme écrites, techniques aussi bien que contes et légendes ;

6/ de la défense, très peu, avec la présentation des mécanismes collectifs de prises de décision et les groupes institutionnalisés de jeunes au sein des villages (les *wakamonogumi* 若者組み).

et 7 / du lien social. C'est ce qui a le plus monopolisé l'attention de Miyamoto Tsuneichi. Bien que s'étant intéressé à la figure d'écrivains et de moines voyageurs solitaires et autonomes

Alexandre MANGIN, *Articles sur le Japon*

(Ippen shônin 一遍上人, Sugae Masumi 菅江真澄, Furukawa Koshôken 古川古松軒 ou l'Anglaise Isabelle Bird), Miyamoto s'est toujours intéressé aux maillages sociaux sur des échelles croissantes : la famille, le village, la zone géographique, la région (héritière de la province féodale (*koku*/*kuni* 国). Le rôle des travaux agricoles, des rénovations de maisons, des groupes d'âges institués en associations et des *matsuri* (fêtes religieuses) est déterminant pour resserrer le lien social et développer un sentiment d'autochtonie (conscience et fierté d'appartenance et d'enracinement) nécessaire au lien social.

Le village rural traditionnel présenté par Miyamoto a tout du village de BAD, défense mise à part, sachant que ce rôle était autrefois dévolu au seigneur, *daimyô* ou *bushi*[163] de rang directement inférieur, qui possédait sa propre armée[164]. Malgré des différences régionales très marquées en termes d'autorité imposée, l'organisation des villages disposait en effet d'une assez grande marge de manœuvre au sein des fiefs (*han* 藩).

Un autre de ses points communs avec Piero San Giorgio est la prise de conscience lors d'un voyage en Afrique, au Kenya et en Tanzanie. Là, Miyamoto put observer des modes de vie traditionnels permettant la survie dans des conditions précaires en dehors de toute situation de guerre. Ces deux pays avaient justement été choisis par Miyamoto pour cette raison. A partir de ce moment, il comprend plus ou moins implicitement que la modernisation de l'agriculture, qui lui semblait aller dans le sens de l'Histoire, ne va pas nécessairement de soi et que le déclin des traditions qu'il déplorait n'était pas quelque chose inéluctable.

B/ Différences

---

[163] Les *bushi* 武士 (guerriers) représentaient la noblesse d'épée, classe dominante du Japon jusqu'à Meiji.
[164] Dont il usait en toute indépendance sans rendre de compte au shôgun autre que le système du *sankin kôtai* 参勤交代 (résidence alternée entre Edo et sa province d'origine avec une partie de sa famille en résidence surveillée à Edo).

Alexandre MANGIN, *Articles sur le Japon*

Malgré sa jeunesse rurale et son goût pour son sujet d'étude, Miyamoto, trop occupé par ses recherches, ne vécut pas vraiment en survivaliste. Il en avait le passé et les connaissances, l'expérience à cause de la guerre, mais il eut la chance de mourir en professeur dans des circonstances décentes.

La question de la défense personnelle a peu intéressé Miyamoto. Sans doute parce que la seule agression de son vivant fut celle des Etats-Unis pendant la guerre. L'armée professionnelle et la conscription réglaient la question. Par la suite, le Japon connut une période de reconstruction et de paix qui laissaient croire à un avenir meilleur.

La problématique est bien sûre différente, compte tenu de la situation du Japon du vivant de Miyamoto. Mais le survivalisme, en tout cas celui des auteurs que nous avons cité, se prépare par principe à toute éventualité, ainsi qu'à l'absence d'éventualité. Dans ce dernier cas, il aura fait gagner de l'autonomie et aura redonné le goût des choses simples, comme le rappelle Piero San Giorgio.

Conclusion

On l'aura compris, que ce soient chez les survivalistes ou dans les sociétés traditionnelles rurales japonaises décrites par Miyamoto, ce sans quoi il n'est pas de pérennité, c'est le lien social.

Avec les nombreuses catastrophes naturelles qui frappent régulièrement le pays, sa résilience et son lien social sont à chaque fois mis à l'épreuve. La catastrophe nucléaire de Fukushima, dont les effets mortels ne sont pas prêts de disparaître, fournit le plus gros défi de toute l'Histoire de ce pays. Piero San Giorgio émet toutefois l'hypothèse que ce pays connaîtrait un lien social plus fort que la Chine ou les autres pays du monde et qu'il pourrait éventuellement devenir un « pays-BAD », à l'image de l'Islande, de Cuba ou de ce qu'est en train de devenir partiellement la Suisse. Des débuts de prise de conscience individuelle se dessinent ici et là, avec la multiplication d'ouvrages pratiques sur le jardinage, le bricolage, voire l'autonomie alimentaire et le développement durable, mais rien qui les associent avec la défense personnelle ou communautaire.

Il est plus que jamais urgent que le peuple japonais redécouvre et étudie les travaux de Miyamoto Tsuneichi pour retrouver des savoir-faire et des organisations locales perdus, mais pour une vision d'actualité, la traduction des ouvrages survivalistes occidentaux (à commencer par ceux des auteurs que nous avons cité dans la présente étude) apparaît comme une nécessité vitale dont la méconnaissance ne saurait se justifier. Ces ouvrages sont en effet les seuls à présenter clairement et synthétiquement les causes, les effets et des pistes de solutions. Il n'est donc pas trop tard.

Eléments bibliographiques

En français :
BAUDELET Laurence, BASSET Frédérique & LE ROY Alice : *Jardins partagés : Utopie, écologie, conseils pratiques*, Mens, Terre vivante éditions, mai 2008, 157 p. ;
DiD ArT : *Survivalisme : Réflexions personnelles*, format Kindle, mai 2012, 178 p. ;
SAN GIORGIO Piero : *Survivre à l'effondrement économique*, La Fenderie, éd. Le retour aux sources, octobre 2011, 422 p. ;
SAN GIORGIO Piero & WEST Vol : *Rues barbares : Survivre en ville*, La Fenderie, éd. Le retour aux sources, décembre 2012, 416 p..
SEGUIN Bernard, *Coup de chaud sur l'agriculture*, collection Changer d'ère, Paris, Delachaux et Niestlé, janvier 2010 ;

STRAWBRIDGE, Dick & James : *Vivre (comme) à la campagne*, Paris, Larousse, mars 2011 ;

Manuel pour tout faire soi-même, collection La Maison rustique, Paris, Flammarion, avril 2010.

Et l'on se reportera avec profit à la bibliographie établie par Piero San Giorgio accessible sur son site :

http://www.piero.com/piero.www/documents/9cbc0b75b46119 2158d3099d5e92844a.pdf

En japonais :

奥山孝門・佐藤慶二『生存主義宣言』, 1975 : consultable à la Bibliothèque nationale de la Diète 国立国会図書館。

「 実 在 主 義 」「 China Wikipedia 」 , http://jp.wiki86.com/view/910.htm

『ソトコト』n°2,「手作り特集 あたらしい自給自足」、février 2012, Kirakusha 木楽社.

バレット，ブレンダン (BARRET Brendan)（著）、石原明子（翻訳）:「生存主義の復興」、http://ourworld.unu.edu/jp/survivalism-back-in-vogue/

Sites Internet

En français :

http://www.davidmanise.com/ : le blog de l'instructeur canadien David Manise ;

http://lesurvivaliste.blogspot.jp/ : le blog de Vol West. Malgré les fautes de français, c'est la meilleure référence francophone dans le fond ;

http://piero.com/ : le site officiel de Piero San Giorgio ;

En anglais :

http://www.survivalblog.com/ : la référence anglophone du survivalisme

Alexandre MANGIN, *Articles sur le Japon*

宮本常一の教養天王子師範学校と
小学校教師時代
「旅する巨人宮本常一展　天王寺師範から
ひとびとと共に」に際して[165]

　「旅する巨人宮本常一展　天王寺師範からひとびとと共に」
の開催に際し、「宮本常一の教養（天王子師範学校）と現在の
宮本学の事情」をテーマに述べたいと思う。
　近年活発な宮本研究においても、大阪教育大学の前身で
ある天王寺師範学校時代の活動等については、入手できる関
係資料は少なく、あまり研究が進んでいない。
　さて、まず、若い宮本常一（1907-1981）に関する情報をいく
つか挙げたいと思う。宮本常一の修養の時代は、主に大正 15
（1926）年から昭和 10（1935）年にかけてだと言える。
　大正 13（1924）年に大阪通信講習所を卒業した宮本常一
は、大正 15（1926）年から昭和 2（1927）年にかけての、18 歳か
ら 20 歳までの期間を天王寺師範学校で学び、1927 年に大阪
府泉南郡有真香村修斉尋常小学校で教鞭を執り、そして兵
役ののち、天王寺に復学し、昭和 4（1929）年（22 歳）に卒業す
る。卒業後、泉南郡田尻尋常小学校で専任師範のポストを得
るが、翌年病気（肺結核）になり、その療養中「病間録」という
文章を記している。これは、現時点では未刊行の資料である。
復職した3年後の昭和 10（1935）年（27 歳）に、泉北郡取石小
学校に赴任した際に、生徒たちと共に「とろし」という郷土誌を

---

[165] Texte de la conférence donnée à l'Université d'éducation d'Osaka (大阪教育大学) le 14 novembre 2013.

発行。これをきっかけに将来の師である澁澤敬三に出会うので、これが民俗学者の宮本の原点と言えるのではなかろうか。

　宮本常一の重要性を把握するために、まずその教養について述べ、そして今日の宮本の遺産について若干触れることとする。

I　宮本常一の教養

　宮本常一の教養は特定の型に収まらない。彼は、故郷である周防大島を出たのちは、大阪の逓信学校に次いで天王寺師範学校で学び、教員生活を送りながら柳田國男や渋沢敬三といった先人から民俗学の教えを受けた。

　彼は逓信学校で、そして天王寺師範学校で、最後に柳田國男をはじめ、昔風の師匠から学んだ。

A/ 宮本常一の知的な教養

　まず、宮本の教養に関しては、長岡秀世氏の見事なエッセー『知行合一の旅人—宮本常一　その済民思想の伏流水[166]』を参照されたい。

　宮本は、本は好きなだけ与えられるという家庭環境で成長する。当時、そのような家庭は周防大島ではかなり珍しかったと言える[167]。

---

[166]長岡秀世、「知行合一の旅人—宮本常一　その済民思想の伏流水」,梓書院,2011
[167] 米安晟,「宮本先生と農業」,『宮本常一　同時代の証言』, 日本観光文化研究所, 東京, 1981, 増補新版、平成 16 年 (2004)。

Alexandre MANGIN, *Articles sur le Japon*

長じて小学校の教師時代にも、宮本は本を数多く買いつづけた。それについて、訪ねた師の一人である森信三は次のような驚きの言葉を残している：

　　「それはたぶん氏の書斎兼客間だったかと思うが、一室に通されてわたくしは驚いたのである。というのも、当時小学校の一教師をしながら、氏の所蔵していた蔵書と研究資料は、実に鬱然たる一大ライブラリーともいうべきものだったからである」[168]

　当時、小学校の教師の月給は低く、宮本自身思う存分食べることができなかったことを考えれば、それは実に感嘆すべきことである。精神的な糧は宮本にとって、体の飢えを満たす食べ物と同じぐらい必要なものであった。
　不幸にも、戦時中の空襲により、その蔵書は家屋とともに焼失したため、今日遺された宮本の蔵書の多くは、戦後再び手に入れたものである。蔵書には、数冊の英語で書かれた本[169]もあった。宮本は、アフリカの紀行等、様々なテキストにおいて

---

[168] 森信三、「教えた人ふたり――民俗学者宮本常一氏」，『全集』，第 23 巻, さなだゆきたか，『宮本常一の伝説』，第 5 章, p. 110。
[169] 例えば、スタインベック（STEINBECK）の本。宮本が以下に触れる森先生より英語で書かれた評論書（モートン（MORTON）の『文学の近代的研究』の翻訳を手伝ったことも知られている。
　さなだゆきたか、『宮本常一の伝説』，第 3 章, p. 49。

Alexandre MANGIN, *Articles sur le Japon*

「英語が話せない」と述べている[170]が、天王寺師範学校で英語の基礎を身につけ、英文を読めるようになっていた。

　宮本の死後、遺された個人蔵書[171]のリストが作成された時、驚いたことに、海外の図書のうちに、私の母国フランスよりも日本で有名なファーブル（Jean- Henry Casimir FABRE[172]（1823-1915））、小泉八雲として日本に帰化したハーン（Patric Lafcadio HEARN（1850-1904））、日本学者であるチェンバレン（Basil Hall CHAMBERLAIN（1850-1935））、アメリカの動物学者であり進化論者モース（Edward Sylvester MORSE（1838-1925））のほか、イギリスの外交官サトウ（Sir Ernest Mason SATOW（1843-1929）―「一外交官の見た明治維新」）の本があるのみならず、クロポトキン（Pyotr Aljeksjejevich KROPOTKINE（1842-1921））、シュティルナー（Max STIRNER（1806-1856））、ベーベル（August BEBEL（1840-1913））という極左翼系の人物の著書すらあった。実際、そういった本は1970年代始めごろまで盛んに翻訳されており、20世紀始め～半ばの日本の若い知識人たちの間では、その影響を受けていることが一種流行のようであった。階級闘争という

---

[170] 『宮本常一：アフリカとアジアを歩く』，東京, 岩波現代文庫、 p. 3：「外国語が十分話せない」。
[171] 著作の大半は、周防大島文化交流センターの研究者用の倉蔵の中に保存されている。その他については、次男である光氏に所有されている。
[172] 『民俗学の旅』，第6章, 講談社学術文庫, p. 65など。

概念は、おそらく、当時の日本の知識人の想像力に大きな刺激を与えていたようである[173]。

　第二次世界大戦のフランス敗戦に関するアンドレ・モロワ（André Maurois（1885-1967））のエッセーの和訳も宮本蔵書にある。

　思想家・社会運動家であり天才翻訳者でもある大杉栄(1885-1923)の訳により、間接的にクロポトキンを知り、その著者に関して、感服の念を抱きつつこう述べている:

　「初めて読んだときのことは何も彼も忘れ去っていたように思ったが、生物のあらゆるものが生きていくためには群をなし、その群の中において個々が連携し助けあうことによって共同体（原文では「共産」という言葉をつかっている）を形成して来たことについての示唆は私の頭の中からは少しも消えていないことを発見したのである。私がこの書物を読んで以来今日までの四十年近い年月も実はひたすらにこの著者のような態度で物を見、事の真実を追究して来たともいえる」[174]

　しかし、昭和 39（1964）年に 57 歳の宮本は次のように書いている:

---

[173] 当時、ヨーロッパの極左翼系の著作物は、共産主義者だけでなく、アナキストや中国人に非常に大きな影響を与えていた。(G. B. LEE 教授の注)。
[174] さなだゆきたか, 『宮本常一の伝説』, 第 9 章, p. 195。

「相互扶助論をはじめて読んだのはまだ二十才になって
いなかった。……深い感銘をおぼえ、壮大な叙事詩をよん
だようで……脳裏にきざみつけられたのであった。そしてこ
の書物の著者はクロポトキンであるはずなのに、私には大
杉栄のような気がして頭の中では区別がつかなくなってしま
った。それから私は何冊か大杉のものを読み、大杉栄を通
じてクロポトキンを知ったのであるが、その後間もなく私はそ
うした書物から遠ざかってしまった」[175]
　しかしながら宮本は、極左翼的な著作物からかなり早く
に距離を置いた。

宮本は、友人の桧垣月見を介し、『相互扶助』だけでなく、
プーシキン（Alexandre POUCHKINE（1799-1837））やエセーニ
ン（Sergeï ESENINE（1895-1925））[176]も知った。桧垣の革命的
な社会主義はロマンチックで観念論的なものであり、時には非
妥協的ですらあった。とりわけ島崎藤村 (1872-1943) や宮本が
好んでいた[177]厨川白村 (1880-1923)に対して。

---

[175] 「大杉栄訳『相互扶助論』を読んで」，『図書新聞』，昭和 39 (1964)年 9 月 1 日,さな
だゆきたか，『宮本常一の伝説』，第 3 章, p. 57。
[176] さなだゆきたか，『宮本常一の伝説』，第 3 章, p. 56。
[177] そうして、桧垣は島崎の「韜晦」と「ごまかし」を、そして厨
川の「甘ったるい」感情過多を糾弾する一方、有島武郎 (1878-1923)の心中を弁護
していた。 彼にとっては、そのような心中は究極の愛のかたちであった。音字地方出
身の二人の友人の討論はよく白熱していた。
　さなだゆきたか，『宮本常一の伝説』，第 3 章, p. 58。

Alexandre MANGIN, *Articles sur le Japon*

実業家：澁澤栄一（1840-1931）の孫でありビジネスマン、また日本銀行総裁でもあった澁澤敬三（1896-1963）への宮本の無条件の忠義は、前述した書物[178]と相反しているので驚きである。これについては少々補足を加えなければならない：澁澤家は明治時代からの貴族（子爵）だったが、元々は豪農――つまり、宮本家のような百姓の家系であった。豪農は、当時原則的に金持ちの商人よりかなり高く尊敬されていた（ちなみに、柳田國男は貴族出身）。

　そうして、澁澤は宮本を雇い、彼の巡検使として地方に民具収集に派遣した。いささか批判的な見解をもつさなだゆきたか氏は[179]、宮本は戦前に非常に発展していた極右勢力のネットワークを通じて、極右的思想に豹変をしたという極端な仮説を立てている。若き宮本に影響を与えた教師らを紹介する際に、それについて触れたいと思う。

　ヨーロッパの左翼系の著作物が宮本に多少の理論上の影響を与えたのは否定できないものであるが、その背景として当時の知識人階級の間にトレンドとして存在していた思想だったということよりも、若き宮本自身が、それにもまして理想主義者

---

[178]　　　うすい　たくみ
　　　　碓井　巧(広島文教女子大学教授)：「宮本さんは左の人から見ると右に見え、右の人から見るとアナキストのような左に見える、って作家の佐野眞一さんが書いていますよね　」「しかし、「生きる」ということは右だ左だと仕分けできない領域なのです。」
　佐田尾信作、『宮本常一という世界』、第5インタビュー, p. 100。
[179] さなだゆきたか、『宮本常一の伝説』、第4章, p. 64-88。

Alexandre MANGIN, *Articles sur le Japon*

であったからなのではないだろうか。宮本は「知行合一」という自らのルールに従ったまでであり、昔の物や消えゆくノーハウ（例えば：猿回し・太鼓など）救済するまたは再生させるための努力を惜しまなかった。宮本の思い出を持つ教え子や彼の影響を受けた人々は、みな愛着を込めて宮本の人生と研究における「心」について言及している。

　もう一つ、若き宮本に影響を与えた要因は、日本古典文学である。円本のあった時代には、安価で古典のコレクションを手に入れることができた。このような時代背景もあり、日本文学全集、明治大正文学全集、世界文学全集、世界戯曲全集、近代劇全集、世界思想全集など[180]を手に入れ、その全巻を読破したと言われている。

　宮本は、多くの日本人と同様に学校や独学で、古典文学（平安時代の朝廷文学など）を学んだ。例えば、『源氏物語』や『枕草子』、様々な軍記：『平家物語』や『大鏡』、風土記…「『万葉集』については、ほぼ全歌を諳んじておられたのはなかろうか」[181]という証言がある。それができる文学の専門家は多くはないだろう。

　宮本自身は、民俗学や歴史関連ではない読み物について多くを語っていないが、古典文学あるいは（文学ではない）古語で書かれたテキストは、彼のこころの中において絶好の位置

---

[180]このリストは『日本文化の形成』の付録「宮本常一年譜」（短いバージョン）に確認されている, 講談社, 2005, 2007, p. 196。
[181] 渡部武（東海大学教授）の『日本文化の形成』のコメント, 講談社, p. 245。

Alexandre MANGIN, *Articles sur le Japon*

にあり、大切にしていたことではないかと思う。とりわけ『絵巻物に見る日本庶民生活誌』で興味を抱いていたことは、文学の研究を書くということではなく、たとえマイナーでも、過去のテキストの中において人々の具体的な生き方に関する情報を与える手がかりを探すことだと述べている。宮本は過去の傑作の価値を否定せず、絵巻物は古語のテキストと比較するとその価値は瑣末なものかもしれないが、その中に描かれた庶民の生活についての情報は、テキストと同等またはより容易に読みとれるものとして関心を寄せていた。さらに、宮本の著書では、歴史的な場面は深く掘り下げており、しばしば古語や漢文で書かれた古文書・碑・木管等を利用していた。

　また、宮本が博士後期課程に入った際、大学には民俗学の課程がなかったため、博士論文の内容[182]（表や地図が数多く載っているまじめなフィールド調査と歴史研究）が文学的ではなかったにも関わらず、文学博士課程に入ることを選択した。

　一方、近代・現代日本文学は、宮本常一の民俗学の著作ではあまり触れられていないが、自伝のテキストにおいて、彼に重要な影響を及ぼすものであったと部分的[183]もしくは完全に[184]認めている。天王寺師範学校に入学し、そこで、カリスマ的

---

[182] 『瀬戸内海の研究一』。シリーズの続刊が出版されなかったため、再版では、号数表記が無くなった。

[183] 特に『民俗学への道』、『宮本常一著作集』第1巻。

[184] オモニ『民俗学の旅』、文藝春秋社、昭和53 (1978)、（再版）講談社学術文庫 n°1104 (注釈あり、イラストなし)、東京、初版1993、重版2004、（再版）日本図書センター (注釈なし、イラストあり)、東京、初版2000。

Alexandre MANGIN, *Articles sur le Japon*

な教師たちに出会い、民俗学の基礎に近い科目の初歩を教えられた、19歳という年は、彼にとって貴重な時期であった。

　入学した大正 15（1926）年よりの3年間は、みっちりと読書を行っていた期間で、月に一万ページを読むことを自らに課しており、その時間を捻出するために睡眠時間を最低限に減らしていた。特に好きな作家として、有島武郎[185]、石川啄木[186]、国木田独歩[187]、島崎藤村[188]が挙げられている。また、読書と同じぐらい映画鑑賞（とりわけアメリカ映画）を渇望しており、映画館やシネマテークに足しげく通っていた時期でもあった。しかし、過剰ともいえる知的な活動や睡眠不足のため、高校教諭の試験に失敗してしまった。

　私が触れた作品のうちから、いくつかの例を展開してみたい。

---

[185] 有島武郎 (1878-1923)：東京生まれの小説家。弟：生馬 (1882-1974) は画家であり小説家。武郎は生馬、武者小路実篤 (1885-1976)、志賀直哉 (1883-1971)、弟：里見弴 (1888-1983)、長与善郎 (1888-1961) とともに文学雑誌『白樺』(1910-1923) の創刊に貢献したことでも知られている。そこに掲載された作品は、個性の強い人物の争議を描写していた。有島の作品のうち、心中の前に書かれた「宣言一つ」,小説『或る女』,『生れ出づる悩み』,『カインの末裔』,『惜みなく愛は奪う』など。

[186] 石川啄木 (1886-1912)：夭折した作家・詩人。有名な詩人与謝野鉄幹 (1873-1935) の弟子でもある。（*kunrei-siki romazi* / 訓令式）ローマ字で書かれた日本人の最初の作品である『*Romazi nikki*』がある。詩集『一握の砂』,エッセー『時代閉塞の現状』,小説『雲は天才である』など。

[187] 國木田独歩 (1871-1908)：千葉生まれの詩人・小説家。新型詩歌を唱えて、日本における自然主義の先駆者だった。『武蔵野』,『源叔父』,『牛肉と馬鈴薯』,『運命論者』など。

[188] 島崎藤村 (1872-1943)：長野出身の詩人・小説家。詩人として、評論家北村透谷(1868-1894)の雑誌『文学界』の創刊に参加。彼は浪漫主義詩人としてデビューし、小説『破戒』で認められ、自然主義に向かった。詩集『落梅集』,小説『春』,『家』,『新生』、『夜明け前』など。

昭和5（1930）年にかかった病気の療養期間に、次の3つの作品は心と精神支柱となった。それは『万葉集』、ファーブルの『昆虫記』、松尾芭蕉（1644-1694）の紀行—特に『奥の細道』（1694）である。後者については短いエッセー「芭蕉覚え書」さえ残し、その後自分の詩集（俳諧と現代風の散文詩）においても採り上げている[189]。

　はじめに挙げた『万葉集』については次のように書いている：

　　「万葉集を読んで感激したのも、万葉の歌よりも、むしろ古代人の真面目な姿に対してであった」[190]

ファーブルについては、次のように触れている：

　　「昆虫記百頁ずつを、私は一日かけて、ボツボツ読んだものであった。そうして心をうたれたのであった。しかし、心をうたれたのは、あの驚異に値する昆虫の生活ではなかった。その昆虫を見つめたファーブルの姿であった」[191]

　この言葉のなかには、宮本が心に留めていたもう一つの原理が示されている。それは、本物の人をいずこにおいても見出すことである。ファーブルは、まさに宮本がなろうとしていたフィールド研究者の最初の手本となった。

---

[189] 「丹壺」，青春時代の詩集『生命のゆらめき』(1981)。
[190] 『生命のゆらめき』, p. 99。
[191] 『生命のゆらめき』, p. 99。

Alexandre MANGIN, *Articles sur le Japon*

他方、松尾芭蕉は実際的なことではない部分においての模範（モデル）となった。それと同時に、芭蕉は詩人としてはもちろんのこと、旅人の典型として、観察者として理想化された自信の分身でもあった。その過去のドッペルゲンガーは病気で弱くなり悩める若き宮本のこころの裡を理解できたことであろう：

　　「病弱でありつつ、その身を虐使して、なお旅行を続けた彼の態度と意気に、頭がさがったのである。そうして芭蕉に対する、強い憧れの心が起ったのである。

　　そして同病相あわれむとでもいおうか、友を求むる心とでもいおうか、病める私は、病める芭蕉を慕うようになったのである。それは一つには、芭蕉が病める者の歩むべき道を、私に指示してくれるだろうと、予想したためでもあった。従って私は芭蕉の文の中から、詩の中から、或はその足跡から、私に近いものを、見つけようとしたのであった。

　　病者にはこうした心がある。或は私だけが特に強いかも知れない。（中略）それらの人々の中に自分の姿を見出したくなるのであった。芭蕉も実にこの一人だったのである。そして、しかも芭蕉は一番私の心をうったのであった。

　　だから、私は私の心をうちあけるのに、芭蕉をつれて来ることが度々だったし、また芭蕉を論じている中に、何時かそれが自分自身のことであったりしたことも、多々あった。こ

の一文も結局は芭蕉を語ろうとしつつ、自分の本心を打ち
あけるに、終るかも知れないと思っている」

これにより、エッセーの冒頭をより深く理解できるようになっ
ていく：
「今、ここに論じようとする芭蕉は、私の為の芭蕉である。
されば私のいう芭蕉は、私の為の芭蕉である。されば、私の
いう芭蕉は、私の姿をした芭蕉かも知れない。
私は芭蕉を研究しようとするものではない」[192]

民族学・人類学関連の本については、師である柳田國男よ
り、彼の好んだ学者たちの著書を紹介されたと思われる。柳田
のスイス滞在[193]中に見出した次の民族学者などのものである：
タイラー（Edward Burnett TYLOR（1832-1917））やフレイザー
（James George FRAZER[194]（1854-1941））といったイギリスの人
類学者たち、それに続くクローン（Kaarle KROHN（1863-
1933））、ゴム（George Laurence GOMME（1853-1916））、バー
ン（Charlotte Sophia BURNE（1850-1923））等のヨーロッパの民

---

[192] 『生命のゆらめき』, p. 97。
[193] 川田稔, 『柳田国男の思想史的研究』, 1992, 英語訳：Toshiko KISHIDA-ELLIS（*The Origin of Ethnography in Japan : Yanagita Kunio and his Times*）, Kegan Paul International, 1993, 185 p. この場合、第5章, p. 109参照。
[194] この2人の「書斎の知識人」については、生前大変評価されており、違う時代の異質な原資料を利用していた。しかしながら、彼ら自身はその中で描写していた国々には一度も行ったことがなかった。柳田は後に、その著者たちに距離を置き、同じ方法に従って書かれた自分の若い頃の作品の自己批判さえするようになった。
　　川田稔, 『柳田国男の思想史的研究』, 第5章, p. 114-115。

Alexandre MANGIN, *Articles sur le Japon*

俗学者、伝播主義者の民族学者たちシュミット（Wilhelm SCHIMDT（1868-1954））、リバーズ（William Halse RIVERS（1864-1922））、イギリスの機能主義人類学者であるマリノフスキ（Bronislaw Kasper MALINOWSKI（1884-1942））、ラドクリフ＝ブラウン（Alfred Reginald RADCLIFFE-BROWN [195]（1881-1955））、フランスの社会学者や人類学者デュルケーム（Emile DURKHEIM（1858-1917））、モース（Marcel MAUSS（1872-1950））、最後にドイツ人の人類学ボアズ（Franz BOAS）[196]（1858-1942））など。

のちに、宮本は自ら数人のフランス人の学者を見出した。例えば、哲学者であり社会学者のレヴィ＝ブリュール（Lucien LEVY-BRUHL（1857-1939））や同時代の歴史学・エッセイストのブローデル（Fernand BRAUDEL（1902-1985））など。日本におけるブローデルの影響は今日でも大きい。ブローデルの（国々の国境を越境している）地中海の社会研究は、宮本が瀬戸内海に関する研究を手がけた時に、その思想を殊に刺激した。その際、宮本はその二つの文化圏の対比を試みた。

日本の学者に関しては、柳田にとって平田篤胤（1776-1843）や新渡戸稲造（1862-1933）の影響は決定的であった。また、師匠らの著作や先駆者：南方熊楠（1867-1941）のほか、宮

---

[195] ラドクリフ＝ブラウン（RADCLIFFE-BROWN）の場合、川田稔の推定でしかない。柳田はその著書を一冊も所持しておらずそれについても触れていない。
　　川田稔、『柳田国男の思想史的研究』、第5章、p. 119。
[196] 柳田は個人的にボアズを知っていた。川田稔、『柳田国男の思想史的研究』、第5章、p. 119。

本がモノグラフで挙げた野田泉光院・古川古松軒（1726-1807）・菅江真澄（1754-1829）といった江戸時代に優れた紀行文を遺した旅行家兼学者 の名前を加えなければならないだろう。

　読書による影響の大きさについて述べてはいるが、アドバイスや研究方針を与えてくれた師の存在を見逃してはならない。宮本は自主独立の研究者であったが、孤独な男であったわけではない。

B/ 若き宮本常一の師匠たち

　宮本はいくつかの組織の学生であり、当時の日本における教育のすべての手法を経験した。その後、「九学会連合」などにおける、他の研究者たちとの協力は見逃してならないもので、宮本の経歴は、単独での調査旅行と本の編集のフェーズ、共同研究や研究会議のフェーズに分かれている。

　宮本の教養は、民俗学に身をささげる前と後の二期があった。ここでは、若い宮本の通信講習所から天王寺師範学校時代あたりの時代と限定しているため、柳田國男や澁澤敬三にほとんど触れないこととする。

　前述したとおり、天王寺師範学校で過ごした 19 歳という年は、かれの教養の下地を形作るのに肝心な時期であった。特に次の5人の教師は、彼に影響を及ぼしたようである：金子実英・山極二郎・佐藤佐・森信三・芦田恵之助。彼らの貢献につ

いては、いくつかのテキスト[197]、主に晩年に書いた自伝『民俗学への道』で触れている。

1) 金子実英

　京都大学卒業生であり、現代思想の入門指導をしたのは彼であった。

　金子は宮本に直接な影響だけでなく、間接な影響も及ぼし、教え子である宮本に友人の評論家でありジャーナリストの大宅壮一（1900-1970）を紹介した。その出会いは若い宮本に深い知的な刺激を掻き立てるものだったようである。

2) 山極二郎

　山極は自然と文化の関係を教えていた。詳しいことについてはあまり語られていないが、宮本がその名前を挙げていたことは、その教えが有益であったからではなかろうか。

3) 佐藤佑

　佐藤は宮本に建築史を教えた。その教えがなければ、おそらく宮本は『日本人の住まい』[198]を書けなかっただろう。今日、その図解入りの総合的な著作は再版され、参考図書となっている。

---

197 『
　　いのち
　　生命のゆらめき』, p. 11 : 青春時代の詩集。
198 『日本人の住まい』, s.l., 農文協, 2007, 170 p.。

Alexandre MANGIN, *Articles sur le Japon*

4) 森信三

　前述の金子と同じく京都大学卒業生であった森は、哲学者
西田幾多郎（1870-1945）の教え子であった。宮本は彼につい
てこう述べている：

　　「森信三先生の哲学の講義を聞くことのできたのは大き
　な収穫であった。（中略）哲人といった風貌を持ち、言葉つ
　きも荘重といっていい人で、一種近より難いものを持ってい
　たがひきつける魅力を持っており、哲学のむずかしさに苦し
　みつつもその講義を聞く人は多かった。私もまたその一人
　であった」[199]

　森は、教科書なしの授業[200]で、学生たちにシュティルナー
[201]の思想を紹介した。のちに宮本が大学の教師になった時に、
当時のその教育法を利用したほど、その独創性は宮本に有益
な印象を与えた。
　結核療養中の宮本を見舞った際に、満州建国大学に共に
赴任しようと誘ったのも森である。
　次の事を触れなければならないが、どうか性急な判断をし
ないでいただきたい。森は大阪での研究指導を「斯道会」[202]と

---

[199] 『民俗学の旅』，講談社学術文庫, 第 7 章, p. 73。
[200] さなだゆきたか，『宮本常一の伝説』，第 3 章, p. 53。
[201] さなだゆきたか，『宮本常一の伝説』，第 3 章, p. 49。
[202] 斯道（«その道»）とは、儒教に由来する言葉。日本における儒教は 17 世紀から
1945 年にかけて、極右翼の知識人たちに大変好まれていた。彼らは、その思想が、手
直しを加えると、社会階級と国民の素直さを正当化する哲学的な基盤となると思って
いたことは知られている。帝国主義（天皇の不謬性の教義）、青少年の不十分な政治
教育、「論理を建てる」授業の欠如、超消費社会、マスコミにより操作されている

いう勉強会で行なっていた。また、次に触れる芦田恵之助の研究雑誌『同志同行』で小論文も投稿していた。その記事では、日本の精神と使命を称揚していた。その使命とは、アジアに平和を与えることによって世界の安定性を確保することで、当時の世界ではユニークな考えだった。それを実現するために、アジア大陸に軍事的にも介入し、その根源ともなった欧米人を追い出すこととしている。アジア人である中国人も朝鮮人も台湾人も自分の国土におけるそのような軍事介入を望んでいなかったのは言うまでもない。

　　宮本は、西尾實 (1889-1979)と金原省吾 (1888-1935)の両氏を、日本語の教授法に関する講演会を大阪で行うよう勧誘したと知られている。また、芦田もその講演に出席するように勧誘した。その講演会は教育法[203]についてのみ行われたものであるが、教育法という学問は、当時、小学校の教諭であった宮本常一の関心を惹きつけた。西尾も金原もまた、芦田の学会[204]の会員だった。

「民主主義」という現在観察されている現象は、ある意味では古代中国の思想家：孔子(-552 -479)の哲学ではなく、日本の儒教の非常に敷衍された論理に引き起こされた結果である。
　宮本はその語源を次のように明らかにしている：
　　「斯道と申しますのは教育勅語にあります『斯ノ道』で、日本国民の道といふ意味です」
　　「森信三先生の横顔（一）」,『同志同行』, 8 号 8 巻, 昭和 14 年(1939)11 月。
[203] 宮本の弁護のためにも、イデオロギーのせいで暴言などがなかったことを言っておく必要がある。
[204] さなだゆきたか,『宮本常一の伝説』, 第 5 章, p. 91.

Alexandre MANGIN, *Articles sur le Japon*

宮本の一生に大きな影響を与えたのはもちろん後者のほうである。

5）芦田恵之助（1873-1951）

先に挙げた5人の恩師の名前のうち、芦田恵之助のみが『大辞泉』[205]に掲載されている。芦田は著名な教育法の学者であり、国語の教育方法の専門家だった。とりわけ読書とスペルに興味をもっていた。柳田の同時代人であり、澁澤敬三そして宮本の先生でもあった。若き宮本は、芦田が意中を打ち明けられる恩師とみなしていた。老師はいつも、病弱だが頼もしい学生の味方であった。宮本はためらうことなく、澁澤敬三に満州のポストの好機を強調したが、澁澤の反対にあい、服従させられた。

今日ではあまり知られていないが、芦田は植民地化された国々で使用する日本語の教科書の編集指導に公式に担当していた。それについては、辞書の芦田に関する項目には載っていない。そのことが必ずしも植民地主義の承認を示してはいないが、芦田は有力な団体の一員で、そのメンバーの極右翼的意見は秘密のことではなかった。また、生活綴り方運動というものがあった。その運動は「恵雨会」[206]という学会を組織して行われていた。参加者には、今日完全に忘れられた人物だけでなく、澁澤敬三と哲学者：和辻哲郎（1889-1960）もいた… そ

---

[205] 『大字泉』, 東京, 小学館, 2007 版。
[206] 「恵雨会」は「恵雨の会」という意味もある。恵雨というのは芦田の雅号でもある。

Alexandre MANGIN, *Articles sur le Japon*

の会に参加した人々の名前は森信三が作成した報告書に記録されており、宮本の名もそのリストに載っている。昭和5（1930）年より「同志同行」[207]という雑誌を出版し、その名前は運動そのものの名称となった。その会議で取り扱われていたテーマは政治的なものではなかったが、政治的な意味合いも全くなかったわけでもなかったようである。しかしながら、政治についての会話は舞台裏で行なわれたが、政治に興味があまりなかった宮本は参加していなかったと思われる。柳田はその立場の共鳴者であり、宮本をイデオロギー的に矯正しようと画策し、その運動の影の男たちの媒介であったであろう。

その影の男たちのうち、安岡正篤（1898-1983）という人物がいる。東京大学法学部政治学科を卒業した安岡は儒教や陽明学[208]を専攻し、いくつかの学会を設立した。ちなみに、陽明学は折口信夫に影響を与えたようである。

安岡は、恵雨会に参加したことがなかったにもかかわらず、反マルクス主義者の理論家として積極的であり、文部省に創設された重農主義の「学生思想問題委員会」の委員[209]だった。

---

[207] 「同志同行」という表現は浄土真宗の創立者親鸞(1173-1262)の『同朋同行』が由来とされる。
[208] 詳しく言うと陽明学。中国人の哲学者：王陽明 (WÁNG Yángmíng （1472-1528）)を分析する学問。それについては、長岡秀世の『知行合一』を参照。
[209] 日本における重農主義（la physiocratie）は、18 世紀に経済学者ケネー（François QUESNAY）(1694-1774)によって作り出された重農主義に比べて、異なったイメージを連想させる。ケネーは、すでに存在している素材とサービスの利用に基づいている「不毛な」第2次と第3次産業と違って、第1次産業のみが無縁に富みを生産するとしているので、第1次産業の優先を唱えていた。第二次大戦中に対独協力ビシー政府は、フランス人たちを土地に戻らせる試みにもかかわらず、その学説（doctrine）は、ナショナリスティックな極右翼よりも、フランスで自由経済主義の模索につながりつ

極右翼の数団体がもくろむテロに対抗し、その委員会内での
イデオロギー的な活動をしていたことにより、軍隊・政財界・官
僚界・各業界の金持ち・有力者[210]に支えられていた。恵雨会
では、安岡の名前は感心をもって言及されており、また、柳田
の知人または友人でもあった。

　宮本も日記では安岡についてよく言及しているが、私が今
日まで得た情報をもって考察すると、ナイーブな若い宮本は
すべてを知らずに、若干利用されたのではないだろうかと思っ
ている。

　歴史・文学・地理学を含めるその豊富な一般教養の得た後、
宮本は新型教育、つまり形成中の民俗学の教養を受け、次第
に受身の学生の立場から積極的な研究者の立場に移り、
徐々に独立していった。

II　現在の宮本学

　つづいて、現在の宮本学について手短に述べたいと思う。

「宮本常一の未発表原稿」:「病間録」、『講演選集』

　現在、宮本の再版および未刊であった著作の数々は、数
冊の本として世に送られている。立派な再版の例として、シリ

づけた。自由経済主義の標語「させてあげて、行かせてあげること」(「laisser faire,
laisser aller」)という言葉はケネーの表現である。
　日本での重農主義は、明治5 (1872)年に正式的に廃止された士農工商制を実際的に
守り、公共の秩序や自給自足経済体制に役に立つ質素な生活に国民を押しとどめるた
めに、帝国主義者たちが常に利用した論拠。
[210] 三島由紀夫もそのシンパの一人だったことは知られている。

Alexandre MANGIN, *Articles sur le Japon*

ーズ『私の日本地図』を挙げたいと思いう。そのシリーズでは、宮本は毎回1つの地域の地図を作り、その地域の民俗学的分析をしている。このシリーズの新しさは宮本自らが書いた地図の利用だけでなく、今日でも他の民俗学の本に比較しても群を抜いて数多い（二ページに一枚の）写真を利用していることである。

　　そして未刊の著作物として、まず「病間録」について再度触れたい。この短いエッセー（ワードでB5サイズに 5 ページ半程度）は日記と同時に書かれ、若き宮本の悩みや思いが記されているものである。私は、その資料を奥様のアサコさんから見せていただいき、許しを得、泊めていただいた宮本家で夜中に尊敬を込めて書き写した。

　　農山漁村文化協会（農文協）より出版されている『宮本常一講演選集』がある。その中には、過去に出版された傑作「日本文化の形成」だけでなく、未刊の多くの講演会（例えば、「民衆の生活文化」や「都会文化と農村文化」）が収録されている。「日本文化の形成」（に関するエッセーと講演会文）の農文協での再版は個人的にとてもうれしいできごとである。今まで、私が使っていたその上巻は初版であり、中巻がちくま学術文庫の再版で、下巻は講談社学術文庫の再版とばらばらだった。これから、この新しい校訂版を使用したいと思う。このような本の出版は研究者にとって喜ばしい出来事である。これから、その総体性により非常に快適に検証することが可能になる。

　　最後に、宮本常一を読んだことがない方がいると思うが、「宮本常一のどういう本を最初に読めばいいか」と思ったら、読みやすい本ということであれば、次の著作を薦めたい。まず、序論で取り上げた取石小学校の生徒たちに書かせた民族学雑誌「とろし」。これは、立派な教師としての宮本の出色の業績

である。今日の小学校教育のための模範となりうるほどすばらしい子供の雑誌だ。

　題名がおもしろく思う本を選んでいただければと思うが、それ以外だと、昔の教育を取り扱う『家郷の訓』または、2つの辞書『日本の年中行事』と『歳時習俗事典』をお勧めしたい。辞書の項目をランダムにピックアップして読むと面白いと思う。

結論
　最後にまとめとして「宮本の学問の現代的な意味」について述べたいと思う。

　前述したように、大正 15（1926）年から昭和 10（1935）年（つまり 18 歳から 28 歳）の 10 年間にかけて、宮本が民俗学者になるまでにいくつかの段階があった。大正 15（1926）年の天王寺師範学校の入学、昭和5（1930）年の柳田國男との出会い、そして「病間録」にも記された病気とその時のモチベーション、昭和 10（1935）年の取石小学校への赴任と生徒たちに書かせた雑誌「とろし」。最後に同年の澁澤敬三との出会いである。

　天王寺師範学校卒業生の宮本常一が描写した伝統的な社会では、社会的な絆がないと永続性は保てないことは、理解いただけたのではないかと思う。
　多くの災害を頻繁に受ける国は、復元力（résilience）と社会的な絆をその度ごとに経験する。福島の電子力発電所の大災害は、なくなるどころか、日本史上で一番大きな挑戦となるだろう。スイスのエッセイスト ピエロ・サン＝ジオールジオは、日本には、中国や他の国々より強い社会的な絆があるので、場合によっては、アイスランドやキューバ、現在部分的にそうなっているスイスのような「持続可能な自給自足国（pays-BAD）」に

Alexandre MANGIN, *Articles sur le Japon*

なることができるのではという仮説を立てている。ガーデニング
や日曜大工、自給自足、「持続性のある発展つまり省エネの
生き方」(le développement durable) に関する実用的な本の増
加に伴い、いたるところで個人的な意識の変化は起こりはじめ
ている。

　　失われた地元のノーハウと組織を再発見するため、それを
まさに具体的に分かりやすく描写し説明した宮本常一の著作
を読むことが、現在、このような世の中だからこそ大変意味が
あることのように思われる。「知行合一」の思想を今後生かして
いこう。行動を始めるには遅すぎることはない。「病間録」で、
宮本は西博士の言葉を引用している：「無理は通らないのであ
る」。宮本常一のおかげで、無理は通らないが、希望の光は通
るだろう。

参考文献
『宮本常一著作集』、2013 年現在、52 冊 (50 冊＋別巻 2)、田
　　村善次郎編者、東京、未来社、1968 年〜；「とろし」は別集
　　1に掲載。
宮本常一『講演選集』、全 8 巻、田村善次郎編者、東京、農山
　　漁村文化協会、2013 年〜；
宮本常一『民族学の旅』、東京、講談社学術文庫、1993 年；
宮本常一『日本の年中行事』、東京、八坂書房、2012 年；
宮本常一『歳時習俗事典』、東京、八坂書房、2011 年。

映画『怒りの孤島』と宮本常一
—フィクションと民俗学—[211]

　皆様、本日お越しいただき、まことにありがとうございます。
　本発表では、映画・民俗学・ジャーナリズム・教育が混在するテーマを取り使うこととし、まず、1958年（昭和33年）2月8日に最初に公開された日本映画、『怒りの孤島』の製作の経緯とその結果について話すことにしました。この発表は二部構成を予定しており、第一部では、映画そのものについて触れ、第二部では、『怒りの孤島』という作品は、いったい誰による企画なのでしょうか。どういう深い理由で製作されたのですか。1953年の離島振興法の影響も問い、その20分の間に短い分析と質疑応答を行ってみます。

　Ⅰ映画そのもの
　この作品は、当時著名であった映画監督　久松静児（1912-1990）と脚本家　水木洋子（1910-2003）を配し日映で製作され、ドキュメンタリーも数多くプロデュースした松竹によって配給されたものです。（スライド）そのため、一見したところクレディビレィティのある企画であったし、当時、文部省推薦作として観られた映画でした。しかしながら、時代が下ると、その内容のためか、公開以来ビデオ化もDVD化もされず、そのフィルムのスプールも保存状態の良くない2本しか現存が確認されてい

---

[211] Texte d'un exposé effectué le 11 octobre 2015 à la 67eme réunion annuelle de la Nihon Minzoku gakkai. 日本民俗学会第67回年会 à l'Université Kawansei gakui 関西学院大学 d'Osaka.

Alexandre MANGIN, *Articles sur le Japon*

ないため、映写される機会もほとんどなく、現在、非常に珍しい日本映画のひとつとなっています。

　映画の筋立ては次の通りです。主人公たち少年はみな貧しい境遇に生まれ、口減らし等のため、見習い水夫（漁師）である「舵子」として、時流に隔絶され昔の生活を守る瀬戸内海の情島に似ている「愛島」に売られてきます。技術を学べ、おなか一杯食べられるという条件で島に渡ったものの、食べるものも食べられず奴隷のように利用される過酷な日々でした。自殺する子や虐待を受けて死ぬ子もいるなか、運よく島から脱出し警察への告発を成功する子供たちがいました。これを受けて警察が島に渡り、島のみならず日本を揺するが事件へ発展してゆきます…

II 分析

　本作品は、舵子の制度を描写し虐待をはっきり見せることにより、離島における奴隷制を暴露しようとするなど挑戦的なものであり、また、実際の事件（昭和 23 年に山口県大島郡で発生した、いわゆる「舵子事件」）を基にしているため、ノンフィクションの様相を呈していますが、そのシナリオを分析すると、完全なフィクションでしかありませんでした。

　当時、文部省推薦作として稀有のプロモーションキャンペーンやマーケティングがりました。日本全国の中学校や高等学校で映写され、詳細な感想調査さえ行われました。同時に、大人向けの幅狭い調査も行なわれ、私はその結果にアクセスできました。（スライド）観客は皆強い印象を受け、虐待に対して憤慨し、「時代遅れの離島では何かをしなければならない」と思うようになりました。

　そして、事件現場である情島で新聞記者が起こした島民のハラスメントに関する民俗学者　宮本常一（1907-1981）の反応

がありました。(スライド)「「怒りの孤島」に生きる人々－山口県大島郡情島」[212]では、宮本は記者や世間に犯罪者のように待遇された地元の人々に対する映画の結果についても紹介し、島民を弁護をしました。宮本の調査によると、

> 「「怒りの孤島」には「瀬戸内海におこなわれていた事実だ」と前書があったから、今でも内海にはあんなに児童虐待がおこなわれているかと、映画を見た人たちは強い怒りと悲しみをおぼえただろうが、映画はどこまでも映画であり、現実はかなり相違する」。

> 「取扱いは家の子供とたいしてかわるところもなかった」[213]

水木洋子も個人ノートでも同じことを認めます：

> 「尚、舵子を雇入れしても子供のない舟頭、或いは昔舵子として雇はれ、現在成長して舟頭となっているものは*昔*の責苦を知っている為、舵子を可愛がっている」

水木の取材ノートと映画の脚本を比較し、スキャンダラスな映画になった理由を問った上、宮本が正しかったと確認できました。

　私は残念ながら決定的になることができません。キー要素である子供向けのアンケートの結果やその計画の原因である人々に関する情報を手に入ることができませんでした。
しかし、終わりに仮説をさせていただきます。「怒りの孤島」オペレーションが政府が組織したもので、社会インジニアリングの行動だったのではないかと推測しています。おそらく若干独裁的な「離党振興法」を国民に納得させるためであったのです。

---

[213] 『宮本常一離島論集第一巻』, 神戸, みずのわ出版, 2009 年, p. 44-56.

全国離島振興協議会総務部長　大矢内生気（おおやち　せいき）がインタビューでおっしゃったように：

　　　　　「離島振興法の体系は、ハンディキャップ是正法なんですよ、基本的に。遅れているから改善してあげます、国の手で。こういう法だった」

　いくつかの段階があいます。まず、感情的なショック（ここでは虐待を見せる映画）を起こし、そうすることによって国民の批判的精神を阻止すて、そうすることによって、人が政府に適切な措置を要求し、政府は勝手な措置を取ってしまいます。

　1947 年に創立された Tavistock Institute を思わせずにはいられませんが、それは別のテーマになります。

　　結論

　「怒りの孤島」という企画が、50年代〜60年代の「残酷ブーム」に入っている作品であるに違いないですが、日本全国の最初の「社会インジニアリングオペレーション」でもあったと推測しました。当時の事情では、まだ若干簡素なオペレーションであり、その結果がそんなに悲劇的ではありませんでしたが、こんにちの技術で世界の様々な国民がどれほどメディアや映画に操作されているのかは皆様のご判断にお任せいたします。

　ご清聴、ありがとうございました。

Alexandre MANGIN, *Articles sur le Japon*

MIYAMOTO Tsuneichi : épisode 2
Ikari no kotô, un scandale effacé des mémoires[214]

Le 8 février 1958, produit par la Shôchiku, Hisamatsu Seiji[215] 久松静児 (1912-1990)[216], réalisateur connu à l'époque pour des films sur la famille et les femmes, présente *Ikari no kotô* 「怒りの孤島」 (L'Île isolée de la colère) au public : un « film-événement », annoncé comme tel par une campagne de communication d'une rare ampleur, relayée ensuite par une forte activité journalistique autour du lieu de tournage et des événements qui constituent la trame du film. Celui-ci sera largement projeté et suscitera une étrange activité de presse intrusive sur les lieux du tournage. Son thème sulfureux – des enfants et adolescents esclaves subissant des mauvais traitements sur une île arriérée en plein vingtième siècle – suscitera

---

[214] Le présent article, coécrit avec Laurent Bareille (pour la partie cinéma), est une version revue et augmentée du texte précédent.

[215] Nous mettons les noms dans l'ordre japonais, patronyme en premier.

[216] Hisamatsu Seiji 久松静児 (1912-1990), est un réalisateur japonais, originaire de la préfecture d'Ibaraki. Il réalise son premier film en 1934 *Akatsuki no gasshô* 「暁の合唱」 (Chœur au point du jour). On peut dire qu'il établit son propre style avec le film *Ataka-ke no hitobito* 「安宅家の人々」 (Les gens de la famille Ataka) réalisé pour la compagnie Nikkastu en 1952 (adaptation d'un roman de Yoshiya Nobuko 吉屋信子). Son film suivant, *Onna no koyomi* 「女の暦」 (Calendrier de femme) est présenté en compétition au festival de Cannes en 1954 et a connu une exploitation européenne. Mais c'est au Japon qu'il connut le succès avec *Keisastu nikki* 「警察日記」 (Agenda de police), et la série des films de *kigeki* 喜劇 (comédie) *Eki mae* 「駅前」 (Devant la gare), vingt-quatre films en tout, dont cinq réalisés par Hisamastu (de 1961 à 1963). Hisamatsu s'illustra également dans le genre *kazoku jôsei eiga* 家族、女性映画 (films sur la famille, les femmes), en réalisant *Tsukiyo no kasa* 「月夜の傘」 (Parapluie du clair de lune) *Sôtome-ke no musumetachi* 「早乙女家の娘たち」 (Les filles de la famille Sôtome) (1962), avec les actrices Tanaka Kinuyo 田中絹代 (1909-1977) et Kagawa Kyôko 香川京子 (née en 1931). Sa fiche IMDB recense 43 films, dont un certain « Kajikko », qui doit probablement être une erreur pour « *Ikari no kotô* », car le métier des protagonistes dans ce film est *kajiko* 舵子 (matelot, littéralement « enfant à la barre »).

Alexandre MANGIN, *Articles sur le Japon*

l'indignation de l'ethnographe Miyamoto Tsuneichi (1907-1981)[217].

Hisamastu apparait alors comme un cinéaste talentueux, s'étant essayé à différents genres – comme ce fut le cas de nombreux réalisateurs japonais des années 1950-60 – et excellant particulièrement dans le genre dit féminin. C'est d'ailleurs une femme qui rédigea le scénario du film que nous allons étudier, film qui surprend dans sa filmographie, d'abord par son thème sociologique, mais aussi de par son aspect « scandaleux » et les réactions qu'il suscita.

Parmi les professionnels chevronnés qui se sont attelés à ce projet sans précédent, comme nous allons le voir, se trouve Mizuki Yôko 水木洋子 (1910-2003) (cf. photo ci-contre)[218], la plus célèbre et respectée des scénaristes de son temps (l'époque de Shôwa [1926-1989]). Auteur de scénarios de films, de séries radiophoniques et télévisées, elle est à la fois populaire et exigeante dans son travail, accumulant la documentation historique et les voyages sur les lieux où se déroule l'action de ses histoires, qu'elles soient de commande ou qu'elles émanent d'elle.

---

[217] Pour plus de détails sur cet auteur, nous renvoyons à notre monographie : MANGIN Alexandre : *MIYAMOTO Tsunéichi, un ethnographe folkloriste.*

[218] Mizuki Yôko 水木洋子 (1910-2003), Takagi Tomiko 高木富子 de son vrai nom, naît à Tôkyô le 25 août 1910. Dans sa jeunesse, elle participe à la troupe du Théâtre de Gauche (socialiste) de Tôkyô (*Tôkyô Sayoku gekijô* 東京左翼劇場), active de 1928 à 1934. Elle commence à écrire à l'âge de vingt-quatre ans, à la mort de son père, afin de subvenir aux besoins familiaux. D'abord des pièces de théâtre puis, pendant la guerre, des *rajio durama* ラジオドラマ (« radio drama ») (feuilletons radiophoniques). Le scénariste Yasumi Toshio 八住利雄 (1903-1991), lui propose d'écrire pour le cinéma. Ils écrivent ensemble le scénario de *Onna no isshô* 「女の一生」 (La vie d'une femme) de Kamei Fumio 亀井文夫 (1906-1987) de 1949. Elle épouse le scénariste et réalisateur Taniguchi Senkichi 谷口千吉 (1912-2007), dont elle sera la première femme. Elle écrit des scénarii à succès basés sur un point de vue féminin et devient l'un(e) des scénaristes les plus connus de l'âge d'or du cinéma d'après-guerre. Mizuki écrit à plusieurs reprises pour deux réalisateurs célèbres de l'époque : Imai Tadashi 今井正 (1912-1991) – réalisateur humaniste, membre du Parti communiste nippon, inspiré par le néo réalisme italien – et Naruse Mikio 成瀬巳喜男 (1905-1969), réalisateur original, véritable artisan du cinéma, qui a inspiré Kurosawa Akira 黒澤明 qui fut son assistant. Le film de Naruse, *Ukigumo* 「浮雲」 (Nuages flottants), dont elle rédige le script d'après un roman de Hayashi Fumiko 林芙美子, restera dans les annales.

Alexandre MANGIN, *Articles sur le Japon*

En outre, si Hisamatsu et Mizuki ont en commun un intérêt évident pour les « questions féminines » – l'un par ses réalisations et l'autre par son écriture-même – le choix du sujet de ce film (l'exploitation d'enfants sur une île de pêcheurs) s'avère plus étonnant pour lui que pour elle dont on connaît la fibre sociale et humaniste (son travail avec Imai pouvant en témoigner).

Pour réaliser cette étude, nous sommes partis à la recherche d'*Ikari no kotô* sous sa forme dématérialisée : il n'existe aucune vidéo sur Internet. Sous forme physique : le film n'est sorti ni sur DVD, ni sur VHS. Il n'existe plus aujourd'hui dans le monde que deux bobines 16 mm à destination des cinémas. En 2010, le Cinéma Triangle[219], un petit cinéma tokyoïte d'art et d'essai réalisa à guichet fermé une projection unique du film [220] dans une salle du Tôkyô Shashin-shitsu 東京写真室 Tokyo Cine Center[221]. Suite aux demandes répétées de particuliers de reprogrammer ce film qu'ils n'avaient pas pu voir la première fois, le cinéma a finalement reprogrammé *Ikari no kotô* le 23 novembre 2014. C'est à cette occasion que nous avons pu le visionner. Malheureusement, l'état de conservation de la pellicule était très mauvais, bien plus que ce qu'on pourrait attendre d'un film pas si ancien que cela. Le son comme l'image étaient très altérés.

Quant aux documents papier (scenarii[222], lettres, coupures de presse et autres photographies), nous avons pu les obtenir à

---

[219] http://cinema-triangle.com/

[220] http://cinema-triangle.com/mizuki/

[221] http://www.kokuei-tcc.co.jp/company/access.html

[222] Les citations du scénario sont tirées de la revue *Eiga geijutsu* 『映画芸術』 (Art cinématographique), vol. 5, n° 11 spécial de novembre Shôwa XXXII (1957), Tôkyô, Kyôritsu tsûshin-sha shuppan-bu 共立通信社出版部.

Alexandre MANGIN, *Articles sur le Japon*

l'Ichikawa-shi Bungaku myûzeamu Eizô bunka sentâ 市川市文学ミュージアム映像文化センター (Centre culturel audio-visuel du Musée de la littérature de la ville d'Ichikawa)[223] qui abrite le fonds Mizuki Yôko. La même ville conserve la maison de Mizuki Yôko[224], parfaitement entretenue, qui se visite.

Comment en vient-on à réaliser un film pareil ? Qui le réalise ? Pourquoi ? Comment s'est déroulée la campagne de promotion ? Pourquoi ce harcèlement journalistique sur les lieux du tournage ? Qu'y a-t-il au fond de cette opération de promotion cinématographique sans pareille dans toute l'Histoire du Japon depuis la fin de la Guerre du Pacifique ? De quoi s'agit-il exactement ? Pour tenter de répondre à ces questions et démêler ce véritable *scandale* à plusieurs égards, nous nous nous attacherons à éclairer la réalisation du film (I), puis les réactions qu'il suscita, notamment celle de Miyamoto Tsuneichi, en tentant d'en comprendre les raisons (II).

I Le film

Ikari no kotô, avant de devenir un film, est d'abord un feuilleton radiophonique écrit par Mizuki qu'elle adaptera par la suite en scénario. Le film est produit par Soga Masashi 曾我正史[225](1906-1987), pour par la compagnie Nichiei 日映 et distribué par la Shôchiku 松竹[226]. La Shôchiku qui est connue pour avoir produit plusieurs films estampillés Nouvelle Vague[227], d'où le terme

---

223 Dans le département de Chiba. http://www.city.ichikawa.lg.jp/cul06/litera.html

224 Mizuki Yôko-tei 水木洋子邸 : http://www.city.ichikawa.lg.jp/cul01/mizukitei.html

225 Homme d'affaires, producteur, scénariste et réalisateur sous le nom de Furitsu Rankyô 振津嵐峡.

226 La compagnie « du Pin et du bambou », fondée en 1920, ses fondateurs Shirai Matsujirô 白井松次郎 et Otani Takejirô 大谷竹次郎, utilise les deux premiers idéogrammes de leurs prénoms pour créer le nom de celle-ci.

227 Le terme est inventé par la journaliste Françoise Giroud, plus qu'un genre cinématographique, c'est avant tout une école critique composée de jeunes cinéphiles. Ces derniers : Jacques Rivette, Eric Rohmer, Jean-Luc Godard ou encore François Truffaut, avant de réaliser eux-mêmes des

Shôchiku Nûberu vâgu 松竹ヌーヴェルヴァーグ[228]. Intéressons-nous à la préparation du film, puis à son contenu.

A/ La préparation du film et son contenu

1) la préparation du film

Au départ, Mizuki se voit commander un scénario de fiction radiophonique basé sur l'affaire des *kajiko* maltraités. Pour cela, fidèle à son habitude de grande préparation, elle part à deux reprises[229] sur l'île de Nasakejima 情島 réaliser une enquête ethnographique avec entretiens, recueil de statistiques, de données chiffrées poussées (effectifs, salaires, heures de travail) etc.. Fort heureusement, ses carnets d'enquêtes nous sont parvenus.

Et le résultat fut le suivant : l'équivalent de 35 pages A4 remplies de témoignages et de chiffres et qui énumèrent les affaires concernant des *kajiko* avec le nom des personnes interrogées et des personnes concernées la plupart du temps. Mizuki fait même la liste des lois sur le travail des enfants. Il s'agit donc d'une sorte de reportage ethnographico-judiciaire de bon niveau, compte tenu des informations qui ont été fournies à la scénariste et de la durée de son séjour.

Après avoir énuméré des affaires de maltraitance et des faits divers d'homicides, elle conclut :

---

films, sont d'abord des théoriciens de cette école. On retrouve des cinéastes inspirés par la nouvelle vague en Italie, en Pologne, en Tchécoslovaquie, au Royaume-Uni et au Japon.

[228] Ces films sont réalisés par trois cinéastes débutants : Oshima Nagisa 大島渚 (1932-2013), Shinoda Masahiro 篠田正浩 (né en 1931) et Yoshida Kijû 吉田喜重 (né en 1933). Oshima connait le succès avec *Seishun zankoku monogatari* 「青春残酷物語」 (Contes cruels de la jeunesse) qui sort en 1960, soit deux ans après *Ikari no kotô*. Hisamatsu, de par son âge et sa filmographie, ne peut être rattaché à la Nouvelle Vague japonaise, qui se développe également en dehors de la *Shôchiku* avec les films de Masumura Yasuzô 増村保造 (1924-1986) et Imamura Shôhei 今村昌平 (1926-2006) entre autres. Cependant, le film en lui-même rappelle l'approche réaliste d'un autre acteur de la Nouvelle Vague nippone, qui réalisera par la suite des documentaires, Hani Susumu 羽仁進 (né en 1928), approche réaliste inspirée du manifeste dit de la caméra stylo d'Alexandre Astruc, qu'il utilise particulièrement pour son film *Furyô shônen* 「不良少年」 (Les mauvais garçons) de 1961, qui traite de la délinquance juvénile.

[229] Du 22 au 24 juillet et du 3 au 5 août 1948 (le 5 étant consacré entièrement au voyage du retour), soit dix ans avant la sortie du film.

Alexandre MANGIN, *Articles sur le Japon*

「かかる不祥事件が今日迄明るみに出なかった
理由として下記の請点が挙げられる。
　　１．同島が交通不便な僻地の孤島であった事
　　２．全般の漁師が舵子を使用し虐待していた為、
意識をなして隠蔽しあった事
　　３．時折訪れる駐在巡査に対しても舵子達が雇
主の目を恐れて全然実情を云わなかった事[230]

(« À titre de raisons pour lesquelles ce genre d'affaires scandaleuses n'est pas sorti en pleine lumière, on peut citer les points suivants :

7) Que c'était une île isolée, un lieu éloigné mal desservi par les transports ;

8) Que les faits de maltraitance émanant des pêcheurs qui dans leur ensemble emploient des *kajiko*, tous le dissimulaient consciemment ;

9) Que les *kajiko*, qui craignaient d'être vus par leurs employeurs, ne disaient rien de leur condition réelle, même aux agents de police locaux qui venaient en visite de temps en temps. »)

À titre d'exemple de données chiffrées, Mizuki dénombre 44 foyers sur 107, qui emploient un ou deux *kajiko* pour un total de 52 *kajiko*. Plus loin, elle en dénombre 50.

Autre exemple, à propos de la scolarisation des enfants employés comme *kajiko*, elle écrit :

「就学手続きをとっているものは全体の２／３位
であるが出席するものは僅少である。又、子供も
仕事のない日だけ登校するのでは勉強に対する興
味も湧かず自然を嫌う様になる模様」[231]

---

[230] Notes inédites de MIZUKI Yôko, Ichikawa-shi Bungaku myûzeamu Eizô bunka sentâ 市川市文学ミュージアム映像文化センター (Centre culturel audio-visuel du Musée de la littérature de la ville d'Ichikawa), p. 8.
[231] MIZUKI Yôko, *op. cit.*, p. 10.

Alexandre MANGIN, *Articles sur le Japon*

(Ceux qui ont fait les formalités de scolarisation représentent environ les 2/3, mais ceux qui sont présents [en cours] sont fort peu nombreux. De plus, comme les enfants ne vont à l'école que les jours où ils ne travaillent pas, l'intérêt pour l'étude ne jaillissait pas et ils en venaient à la détester naturellement, semble-t-il.)

Outre ces considérations générales, Mizuki relève des commentaires sur des cas particuliers. Ainsi par exemple, un vieil homme qui dit que ses *kajiko* n'ont pas d'argent de poche, mais qu'il est disposé à leur donner 200 à 300 Y (il ne dit pas si ce serait par mois ou, plus vraisemblablement, par an)[232]. Elle recueille même un témoignage qui présente l'état de la prostitution dans la région[233] mais ce thème ne sera pas évoqué dans le film.

Voyons à présent plus précisément de quoi parle ce dernier.

2) le contenu du film

Il est temps de résumer plus précisément le scénario du film. Il peut être divisé en deux parties presque égales en durée. Sur l'île d'Itoshijima dans la Mer intérieure de Séto, sept enfants et adolescents sont amenés par un intermédiaire sur l'île pour y travailler comme *kajiko*, c'est à dire matelots tenant le gouvernail de petits bateaux de pêche sans moteurs. Une somme forfaitaire annuelle ou pluriannuelle a été payée à leur famille. Le travail est dur et les châtiments corporels violents. La nourriture est insuffisante et la population locale sans la moindre compassion envers ces enfants-esclaves. L'un d'eux, Naoji, est même enfermé dans une cage et sous-nourri. Un autre garçon, Tetsu, tente de le faire évader, mais le petit garçon est trop faible et meurt. Tetsu est provisoirement recueilli par la famille de l'instituteur de l'île, plus instruit par définition que les autochtones. Il prévient les

---

[232] MIZUKI Yôko, *op. cit.*, p. 27.
[233] MIZUKI Yôko, *op. cit.*, p. 30 et s.. Le système de prostitution publique (*kôshô* 公娼) à destination des G.I.s est notamment évoqué.

Alexandre MANGIN, *Articles sur le Japon*

autorités. C'est la deuxième partie du film qui occupe 9 des 19 pages du script, ce qui est énorme, sachant que le film a été « vendu » avec un marketing basé sur la première partie (la maltraitance d'enfants esclaves) uniquement.

La police arrive, suivie par les journalistes et autres fonctionnaires sociaux. Une enquête s'engage au terme de laquelle l'inhumanité des habitants est reconnue malgré leurs tentatives de travestir la vérité et les enfants sont sauvés. Dans cette partie, c'est le monde moderne qui arrive telle la cavalerie au secours des enfants, la civilisation qui vient rétablir la justice face à l'obscurantisme. Malgré tout, certains jeunes tentent de se faire reprendre par leurs anciens employeurs, mais sans succès et s'en vont voir ailleurs, seuls au monde. L'un d'eux, Teizô, accusé à tort de vol de nourriture se sauve, est poursuivi et, acculé en haut d'une falaise, il glisse et meurt. À la fin, la mère d'un autre enfant, Mitsuo, vient chercher son fils tandis que les autres le regardent partir. Tetsu, de son côté, fait ses adieux à Kinuko, la fille du professeur, et part seul sur un bateau à la recherche de sa mère.

Cinématographiquement, le film présente un certain intérêt, les acteurs jouent dans l'ensemble bien et de façon naturelle, bien plus réaliste que celle des films contemporains à destination du marché japonais, où domine généralement un jeu exagéré. Le plus grand reproche que l'on pourrait faire au film d'un point de vue encore une fois cinématographique, c'est son manque de rythme. Certes, la mort de l'enfant conclut l'histoire en point culminant, mais la seconde partie du film, l'enquête et les auditions, d'une durée totalisant presque la moitié du film, tire en longueur et apparaît trop pour ce qu'elle est : un réquisitoire à charge contre les habitants et la société « arriérée » dont on voudrait nous faire croire qu'ils l'incarnent.

Il n'en demeure pas moins que le film comporte quelques scènes fortes qui restent dans la mémoire et dont la campagne de promotion sut tirer parti en les photographiant et les faisant figurer dans la presse et sur les prospectus : le jeune matelot sur le point d'être frappé, la bagarre de deux adolescents ou encore la plus célèbre : Kinuko avec son parapluie devant Tetsu couché au milieu des rochers sous la pluie, son visage exprimant la souffrance.

On notera le fait que les habitants de l'île et les enfants s'expriment en utilisant des tournures patoisantes alors que les journalistes et enquêteurs s'expriment en japonais standard. Remarquons aussi que parmi les scènes du scénario de Mizuki supprimées dans le film figurait un long dialogue dans lequel deux habitants se plaignaient de l'attitude des enquêteurs qui leur donnaient des ordres (suivre la loi sur le travail, construire telle infrastructure pour les enfants etc.) et réclamaient de la daurade[234], poisson que les pauvres pêcheurs ne pouvaient même pas se permettre de consommer sous peine de grand manque à gagner, devant se contenter de sardines[235]. D'autres passages qui auraient permis de nuancer les personnages des habitants, de montrer par exemple qu'ils n'étaient pas pure cruauté ou indifférence mais des individus pauvres ayant des émotions ont été eux aussi supprimés. Par exemple celui-ci :

「自分はの、お父さん、復員して島へ帰って来た時にの、日本の瀬戸内海の、この風光明媚と云われる美しい海に、涙を流すほど嬉しかったがのう、その美しい海上で緑の島で、どんな生活が行なわれとるんかの……これが日本の文化というものかの……えッ？お父さん！僕はこの見せかけの国に涙がこぼれたよ」

(« Moi-même, hein, papa, quand j'ai été démobilisé et que je suis rentré dans l'île, hein, devant cette belle mer qu'on dit pittoresque et magnifique, j'étais heureux à en pleurer, hein ; dans cette île de verdure sur cette belle mer,

---

[234] La daurade, poisson hautement estimé au Japon, est aussi celui que les pêcheurs du film espèrent le plus prendre.
[235] Page 140, scène 96 du scénario.

Alexandre MANGIN, *Articles sur le Japon*

quelle vie mène-t-on, hein ?... C'est ça qu'on appelle la culture japonaise, hein ?... Papa ! Moi, un pays qui ressemble à ça, ça m'a fait pleurer ! »)

Sans doute ne fallait-il pas que « la culture japonaise » fût représentée par la culture traditionnelle des pêcheurs, mais par celle de la modernité incarnée par les policiers, les journalistes et les fonctionnaires sociaux.

La lecture du scénario original intégral permet donc d'alléger la responsabilité de Mizuki Yôko dans cette présentation filmique assez partiale.

D'ailleurs, le fait que le film dise se baser sur des faits réels et dramatiques, nous fait également penser au genre *mondo eiga* モンド映画 ou *shockumentary* en anglais, genre dont les précurseurs sont les italiens Gualtiero Jacopetti (1909 2011), Paolo Cavara (1926 1982) et Franco Prosperi (1926 2004) qui réalisent *Mondo cane* (Monde de chien) en 1962. Ou encore au film documentaire *Las Hurdes, tierra sin pan* (Terre sans pain) de Luis Buñuel (1933), pour sa dureté.

Au Japon, les films de ce genre sont nommés *wasei mondo* 和製モンド (Monde fabriqué au Japon), et poursuivent le courant du boom de la cruauté *zankoku bûmu* 残酷ブーム des années 1950-60, dont Takechi Testuji 武智鉄二 (1912-1988) est un réalisateur phare[236].

Voyons ensuite quel fut l'accueil réservé au film.

B/ Sa réception et les enquêtes
1) les enquêtes

Comme l'indique une lettre non datée de Wakaizaka Yasuo (cf. annexe 2), une enquête de la Shôchiku fut organisée dans des

---

[236] Il sort le sulfureux *Sengo zankoku monogatari* 「戦後残酷物語」 (Contes cruels d'après-guerre) (1968).

Alexandre MANGIN, *Articles sur le Japon*

écoles primaires, des collèges et des lycées sur la base du volontariat, très probablement encouragée avec la collaboration des professeurs. Elle recueillit « 5 863 candidatures de collèges et lycées dans tout le pays (dont 4 285 de collégiens, 1 578 de lycéens et près de 200 écoliers) ». Sur ces 5 863, 50 furent sélectionnés pour être analysés par Mizuki Yôko en personne, chose étonnante en soi, une scénariste n'ayant pas vocation à analyser les conséquences de son travail, encore moins les résultats d'une enquête hyper-détaillée. En effet, les enfants étaient appelés à décrire leurs émotions séquence par séquence, très précisément délimitées dans un grand graphique (dépassant la taille A3).

Ce n'est pas tout : une autre enquête fut réalisée auprès d'adultes parallèlement à la première, le 4 février Shôwa XXXIII (1958), cette fois par le bureau des enquêtes de la Shôchiku 松竹株式会社調査室 uniquement – c'est du moins c'est ce qui est écrit : le « Test N°128 ». Cette enquête, aussi détaillée que la précédente, fut réalisée auprès d'un échantillon beaucoup plus restreint : 50 personnes (17 hommes et 33 femmes). Il leur fut aussi demandé de noter le film. Comme le montre le tableau figurant en annexe. Les notes furent excellentes.

2) la réception du public : le boom de la cruauté

Au vu des résultats de l'enquête, le public réagit bien au film – et comment pourrait-il en être autrement, l'article de Miyamoto dont nous parlerons plus bas ayant été publié dans une revue spécialisée. Des commentaires abondent de gens touchés par l'histoire mais aussi choqués par le traitement réservé aux protagonistes du film.

L'affiche du film participe elle aussi du « boom de la cruauté », ce mouvement culturo-commercial des années 50-60 cité plus haut, avec le personnage de Kinuko, la fille de l'instituteur, regardant avec un visage sans expression l'un des héros en train de souffrir.

Étrangement, il n'existe plus une seule mention d'*Ikari no kotô* dans les livres sur la question ni dans les Histoires du cinéma japonais, tout au plus une simple mention dans les biographies du réalisateur et de la scénariste. S'il s'était agi d'un obscur film indépendant, ce serait compréhensible, mais il s'agit ici, nous le répétons, d'un film largement diffusé et ayant bénéficié d'une campagne de promotion nationale extrêmement intense. Cet oubli n'en est que plus troublant.

Il est temps à présent que l'on se penche sur les suites de cette diffusion.

II Le scandale

La diffusion du film fut suivie d'une campagne de presse inédite dans l'Histoire du Japon. Miyamoto Tsuneichi s'en est alarmé (A). Nous allons tenter de formuler quelques hypothèses (B).

A/ <u>Les conséquences pour la population locale et la réaction de MT</u>

1) les conséquences pour la population locale

Dès la diffusion du film, l'île est envahie de journalistes avides de « scoops ». Ils interrogent la population qui dans un premier temps répond de bon gré. A ce moment-là, personne n'avait encore vu le film mais très vite, les habitants en entendent parler et comprennent non sans stupeur quel est son propos et le rôle de méchant qu'il leur fait jouer. De naïvement coopératifs, ils changent alors d'attitude et se murent dans le silence, attisant l'hystérie collective des médias contre eux. L'île est accusée dans son ensemble de pratiquer l'esclavage d'enfants, sur la base d'un film qui prétend être la retranscription fidèle d'événements ayant eu lieu dix ans auparavant.

A titre anecdotique, à l'époque de l'enquête préparatoire, Mizuki note que les journaux de l'époque parlaient de *kajiko* chantant faux des chants (*eishô* 詠唱), devenus comme des spectres, ce qu'elle réfute complètement[237]. Et elle ajoute :

「しかし少年たちの悪癖を矯正する為に封建
制度を加へる予定はある模様である」[238]

(Toutefois, afin de corriger les mauvais penchants des jeunes, il y a un projet d'apporter un système féodal, semble-t-il)

Toute cette pression médiatique finit par s'apaiser avec le temps mais les préjudices psychologiques sont réels, bien que pudiquement cachés.

2) l'indignation de Miyamoto Tsuneichi

C'est dans «*"Ikari no kotô" ni ikiru hitobito – Yamaguchi-ken Ooshima-gun Nasakejima* » 「「怒りの孤島」に生きる人々－山口県大島郡情島」 (Les gens qui vivent dans les « îles éloignées » – Nasakejima dans le district d'Ooshima, département du Yamaguchi)[239] que Miyamoto Tsuneichi réagira dans le numéro 17 de juillet 1959 de la revue *Shima* 『しま』 (Île). Miyamoto part d'un constat :

「「怒りの孤島」には「瀬戸内海におこなわれ
ていた事実だ」と前書があったから、今でも内海
にはあんなに児童虐待がおこなわれているかと、
映画を見た人たちは強い怒りと悲しみをおぼえた
だろうが、映画はどこまでも映画であり、現実は
かなり相違する」

(« Comme dans « *Ikari no kotô* » il y avait un avertissement qui disait que « ce sont des événements qui se sont produits dans la Mer intérieure de Séto », les gens

---

[237] MIZUKI Yôko, *op. cit.*, p. 10.

[238] MIZUKI Yôko, *op. cit.*, p. 10.

[239] In MIYAMOTO Tsuneichi : *Ritô-ron-shû dai-ikkan* 『宮本常一離島論集第一巻』 (Recueil de théories sur les îles éloignées), Kôbe, Mizunowa shuppan, 2009, p. 44 à 56.

Alexandre MANGIN, *Articles sur le Japon*

qui ont vu le film, se demandant si de tels mauvais traitements infligés aux enfants ont lieu dans la Mer intérieure, ont dû ressentir une forte colère et de la tristesse, mais un film reste un film et la réalité est différente. »)

Bien que l'île fictive montrée dans le film soit appelée Itoshijima 愛島 (littéralement « l'île qui est chère » ou « l'île de l'amour »), le public fit l'amalgame avec Nasakejima 情島 (littéralement « l'île de la compassion »). C'était l'effet voulu, ce que confirme la lecture des carnets de note de Mizuki Yôko rédigés lors de son enquête sur place à Nasakejima. Quelle ironie, quand le film nous montre ses habitants comme des monstres d'indifférence à la souffrance d'autrui ! Et le pire est que le film fut tourné non pas dans le Yamaguchi, mais dans le Miyagi, sur l'île d'Enoshima 江ノ島 qui se situe dans l'Océan Pacifique et non dans la Mer intérieure de Seto, comme le rappelle Miyamoto Tsuneichi. Les images des exploitations de sel aperçues dans le film révèlent les techniques de Miyagi, pas celles de la Mer intérieure, poursuit Miyamoto.[240]

Enfin, après une longue présentation historique de l'île, Miyamoto en vient au problème des *kajiko*. Il faut savoir que leur emploi ne fut pas dicté par des envies de dominations, mais par un problème de manque de jeunes.

Leur contrat était de trois ou cinq ans, payé d'avance aux parents[241]. Il ne s'agissait en rien de traite d'êtres humains. Le salaire était bas, le travail dur et les conditions de vie précaires, mais les employeurs étaient à peine plus riches et logeaient à la même enseigne que leurs jeunes employés.

Et, chose importante :

---

[240] «"Ikari no kotô" ni ikiru hitobito – Yamaguchi-ken Ooshima-gun Nasakejima », p. 45.
[241] «"Ikari no kotô" ni ikiru hitobito – Yamaguchi-ken Ooshima-gun Nasakejima », p. 49.

Alexandre MANGIN, *Articles sur le Japon*

「取扱いは家の子供とたいしてかわるところも
なかった」

(Leur traitement ne différait en rien de celui des
enfants de la famille.)

ce que confirment même les notes de Mizuki Yôko :

「尚、舵子を雇入れしても子供のない舟頭、或
いは昔舵子として雇はれ、現在成長して舟頭とな
っているものは*昔の責苦を知っている*為、舵子を
可愛がっている」[242]

(En outre, les bateliers sans enfant qui employaient
des *kajiko*, ou bien ceux qui avaient autrefois été
employés comme *kajiko* et qui avaient grandi et étaient
devenus eux-mêmes bateliers, connaissant les supplices
d'autrefois[243], chérissaient les *kajiko*.)

Mizuki Yôko note que sur les 50 *kajiko* de Nasakejima, 42 sont
bien traités et 8 détestés et surmenés[244]. Ces 8 personnes seront
déliées de leur contrat et quitteront l'île.

Mais le film ne prétendait-il pas se baser sur « l'affaire des cinq
kajiko échappés » ? En effet, cinq jeunes matelots se sont enfuis et
se sont plaint de mauvais traitement. Toutefois, il faut préciser
quels étaient ces jeunes gens. Miyamoto nous apprend[245] que sur
cette « île oubliée » [246], laissée à elle-même avec très peu
d'infrastructures[247] et une pauvreté générale, les gens ne fermaient
pas leur porte à clé, la criminalité étant inexistante. Or, cette
année-là (1948), les habitants voient arriver un groupe de mauvais

---

[242] MIZUKI Yôko, *op. cit.* p. 1. Elle redit la même chose avec des mots différents p. 10.

[243] Nous soulignons.

[244] MIZUKI Yôko, *op cit.*, p. 2-3.

[245] «"Ikari no kotô" ni ikiru hitobito – Yamaguchi-ken Ooshima-gun Nasakejima », p. 50-51.

[246] « Île oubliée » (*wasurerareta shima* 忘れられた島) : ce titre ne peut pas ne pas évoquer chez le lecteur de Miyamoto un de ses plus célèbres ouvrages, *Wasurerareta Nihonjin* 『忘れられた日本人』 (Les Japonais oubliés) qui mélange enquête de terrain sur les structures villageoises, Histoire et transcription de récits de vie.

[247] Ce que dit aussi Mizuki Yôko dans ses notes, *op cit.*.

Alexandre MANGIN, *Articles sur le Japon*

garçons sortis d'une institution où sont placés les enfants en difficulté, la plupart orphelins de guerre très endurcis.

Pourtant, contrairement aux films dans lequel les officiels réclament la création sur place d'une institution pour protéger les enfants, sur Nasakejima une telle institution existait et les enfants étaient scolarisés à l'école locale[248], contrairement encore à ce que montre le film. Malheureusement, les jeunes de l'année 1948 pratiquent le vol, sont insolents et font peur à la population. On tente de les punir par des châtiments corporels, mais rien ne les impressionne, les vols recommencent de plus belle. Ils se sont plaints de ne pas manger à leur faim, mais ils recevaient la même portion que leurs patrons. Incapables de s'adapter à la vie spartiate et frugale de l'île, ils ont décidé de prendre ce qu'ils voulaient, jusqu'à parfois vider la réserve familiale, entraînant une situation critique. Et là, le drame est arrivé : un enfant est mort. Toutefois, ce n'était pas de mauvais traitement, mais d'indigestion. Deux autres se sont sauvés et ont prétexté des mauvais traitements. La police, puis l'armée d'occupation américaine ont procédé à une enquête et ont largement extrapolé à partir des réponses qu'ils obtenaient. Sans s'intéresser au comportement des jeunes, les officiels se concentrèrent sur les châtiments corporels infligés aux voleurs récidivistes (lesquels n'avaient même pas eu d'effet).

Comme on le voit, dans cette affaire, les victimes étaient aussi les habitants. De plus, ironie du sort, c'est le texte critique de Miyamoto qui a été transmis à la postérité concernant *Ikari no kotô* alors que tout le reste (articles de presse) est tombé dans l'oubli des archives.

À présent, essayons de comprendre dans quel contexte fut tourné ce film.

B/ Interprétation

---

[248] «"Ikari no kotô" ni ikiru hitobito – Yamaguchi-ken Ooshima-gun Nasakejima », p. 54.

Alexandre MANGIN, *Articles sur le Japon*

1) le contexte : la Loi sur le développement des îles éloignées

Il faut savoir qu'en Shôwa XXVIII (1953) est votée et entre en vigueur la *Ritô shinkô-hô* 離島振興法 (Loi sur le développement des îles éloignées)[249] dont la discipline japonaise de Miyamoto, la *minzokugaku* 民俗学 (ethnographie rurale, folklore, arts et traditions populaires), traite actuellement de plus en plus, davantage encore que ne le fait l'Histoire.

En outre, Miyamoto précise que Nasakejima a appliqué depuis 1958 la *Ritô shinkô-hô*. Cette loi autoritaire votée dans l'après-guerre avait pour but de moderniser les petites îles sur un modèle unique pensé dans la capitale. Comme disait Ooyachi Seiki[250] dans une interview[251] :

> 「離島振興法の体系は、ハンディキャップ是正法なんですよ、基本的に。遅れているから改善してあげます、国の手で。こういう法だった」

> (« La Loi sur le développement des îles éloignées est une loi de correction des handicaps, à la base ! On va vous améliorer parce que vous êtes en retard, des mains de l'État. C'était une loi qui disait ça. »)

2) la récupération d'un fait divers dans un but d'expérience sociale à grande échelle ?

Le choc des images, leur récurrence dans les médias, la répétition ad nauseam dans les journaux du même discours : *une île où des enfants esclaves subissent de mauvais traitement : Nasakejima. Des morts, un scandale révélé ! Une population abrutie qui refuse le changement,*

---

[249] Loi N°72 de Shôwa XXVIII (1953) 昭和二十八年法律第七十二号 dont le texte original intégral est disponible en ligne : http://law.e-gov.go.jp/htmldata/S28/S28HO072.html.

[250] Ooyachi Seiki 大谷内生気 : Directeur du Service des affaires générales de la Commission de concertation sur le développement des îles éloignées dans tout le pays 全国離島振興協議会総務部長.

[251] « *Miyamoto Tsuneichi ha ikiteiru ka* » 「宮本常一は生きているか」 (« Miyamoto Tsunéichi vit-il ? »), in SATAO Shinsaku 佐田尾信作 *Kaze no hito Miyamoto Tsuneichi* 『風の人宮本常一』 (Miyamoto Tsunéichi, homme du vent), Kôbé, Mizunowa shuppan みずのわ出版, 2008, p. 167.

Alexandre MANGIN, *Articles sur le Japon*

la modernisation. Et tout cela est basé sur des faits réels... Bref, une campagne de propagande qui ne dit pas son nom, menée de front avec une campagne de sensibilisation dans les écoles primaires, les collèges et les lycées avec projection du film et enquête détaillée. Tous ces paramètres additionnés sans qu'à aucun moment les spectateurs, à commencer par les plus jeunes, n'aient su qu'il s'agissait d'une pure fiction, laisse à penser qu'il s'agissait d'une action concertée entre le gouvernement, la Shochiku et la Nichiei, probablement sur initiative du premier, pour aider à faire passer auprès de l'opinion publique la Loi sur le développement des îles éloignées, à la fois très autoritaire et un peu vague, comme toutes les lois abusives.

Quelques années plus tard, les centaines de pellicules nécessaires à cette vaste opération avaient toutes disparu. N'auraient-elles pas été détruites ? Et ce exprès, pour effacer les traces de cette opération ? On peut même se demander si tout cela n'est pas la répétition de quelque chose de plus grand visant à davantage qu'à faire accepter une loi sur les îles éloignées, mais les éléments matériels qui nous sont parvenus sont trop peu nombreux pour permettre jamais d'en savoir plus.

Conclusion

Non content de s'inscrire complaisamment dans le commercial « Boom de la cruauté » des années 50-60 qui ne faisait que donner une visibilité plus grande à une tendance présente depuis des siècles dans la culture japonaise, *Ikari no kotô* apparaît comme une opération inédite jusque-là au Japon, réalisée dans le plus grand silence de l'État. Toutes les bobines sauf deux ont disparu, probablement détruites. A la lumière des éléments qui nous sont parvenus, nous pouvons émettre l'hypothèse que ce que nous appellerons l'opération *Ikari no kotô* fut une expérience d'ingénierie sociale grandeur nature (à l'échelle d'un pays entier,

Alexandre MANGIN, *Articles sur le Japon*

plus grande donc que l'expérience de Milgram sur une dizaine d'individus, qui rappelle étrangement certaines activités de l'Institut Tavistock [252] : jusqu'où une population peut-elle être persuadée que sur son territoire se produisent des faits pourtant non avérés, afin de valider une loi autoritaire détruisant à la fois la volonté des populations autochtones et la Nature. On peut finalement estimer que grâce à Miyamoto Tsuneichi et en raison aussi du fait que l'enjeu était trop peu lucratif, l'opération *Ikari no kotô* fut un échec. Mais il ne peut que nous appeler à toujours plus de vigilance à l'heure des hautes technologies.

---

[252] Institut Tavistock : institut privé « à but non lucratif » créé en 1947, travaillant pour des multinationales et des États, et réalisant des expériences d'ingénierie sociale (http://www.tavinstitute.org/).

Alexandre MANGIN, *Articles sur le Japon*

Annexes

1. L'équipe du film

I Équipe technique

Producteur 製作 ：SOGA Masashi 曽我正史
Producteur exécutif 企画 ：ICHIKAWA Hisao 市川久夫
Réalisateur 監督 ：HISAMATSU Seiji 久松静兒
Scénario 原作 ：MIZUKI Yôko 水木洋子
Adaptation 脚色 ：MIZUKI Yôko 水木洋子
Musique 音楽 ：AKUTAGWA Yasushi 芥川也寸志
Directeur photographie 撮影 ：KIDZUKA Seiichi 木塚誠一
Directeur artistique 美術 ：HIRAKAWA Tôtetsu 平川透徹
Ingénieur son 録音 ：YASUE Shigeharu 安恵重遠
Ingénieur lumières 照明 ：HIRATA Kôji 平田光治

II Distribution

Les garçons :
NAKATANI Tetsu 中谷鉄 ：SUZUKI Kazuo 鈴木和夫
HINUMA Naoji (?) 日沼直二 ：SATÔ Hiroshi 佐藤紘
TERADA Teizô 寺田悌三 ：TEZUKA Shigeo 手塚茂夫
ITÔ Mitsuo (?) 伊藤光男 ：SHIBATA Akio 紫田昭雄
MORI Kôtarô 森幸太郎 ：TSUCHIYA Yasuo 土屋靖雄
TSUKIMORI Taichi 月森太一 ：GOTÔ Shigeaki 後藤茂章
SUZUKI Susumu 鈴木進 ：AKIYAMA Yukio 秋山由紀雄
IWA'I Tadashi (?) 岩井忠 ：KOMIYAMA Kiyoshi 小見山清
TANABE Kazuo 田辺一夫 ：ISHIHARA Sankichi 石原三吉

Les habitants de l'île :

NEMOTO Hisao 根本久夫： MIZUTANI Masaru 水谷勝

Pr. YOSHIKAWA 吉川先生： ODA Masao 織田政雄

L'épouse Yoshiko 妻 芳子： KISHI Hatae 岸旗江

La fille Kinuko 娘 絹子： NIKI Terumi 二木てるみ

Kentarô 権太郎： INABA Yoshio 稲葉義男

Tori とり： KISHI Teruko 岸輝子

Kôzô 綱三： NAKAMURA Shun'ichi 中村俊一

Toyo とよ： TSUJII Mari 辻伊万里

NISHIWAKI Gempei 西崎源平： MIHASHI Kô 御橋公

Hiroshi (?) 浩： SATÔ Hideo 佐藤英夫

Itoko 絲子： OOMORI Akemi 大森暁美

Inozô l'intermédiaire 仲介人猪造： UKITA Saburô 浮田左武郎

Shigesuke le journalier ニコヨン重助： HIDARI Bokuzen 左卜全

L'*oyakata* Matsuemon 親方松右衛門： NAKAMURA Eiji 中村栄二

L'inspecteur KITANI (?) 木谷監督官： HARA Yasumi 原保美

L'inspecteur adjoint MITA 三田警部補： HAMAMURA Jun 浜村純

III Patronage

Ministère de l'éducation et de la culture 文部省： Sélection spéciale 特選

Société des réalisateurs de cinéma éminents 優秀映画監督会： Recommandation 推薦

Assemblée délibérante de cinéma des jeunes 青少年映画審議会 : Recommandation

Commission nationale de concertation parents-professeurs 日本 P. T. A. 全国協議会 : Recommandation

Comité éducatif de la Métropole de Tôkyô 東京都教育委員会 : Sélection spéciale（pour les majeurs 成人）

Union des femmes de la région métropolitaine 都地婦連 : Recommandation

Groupe éducatif métropolitain 都教組 : Recommandation

Société pour conseiller de bons films よい映画をすゝめる会 : Recommandation

Union tokyoïte des amateurs de cinéma 東京映画愛好会連合 : Recommandation

Assemblée culturelle du peuple 国民文化会議 : Recommandation

Assemblée des journalistes du Japons 日本ジャーナリスト会議 : Sélection spéciale

Journal officiel de Club du cinéma 機関紙映画クラブ : Recommandation

Fédération du cinéma des étudiants des université métropolitaines 都下大学学生映画連盟 : Recommandation

Assemblée centrale délibérante pour le bien-être des enfants 中央児童福祉審議会 : Recommandation

Bureau pour la protection des droits de l'Homme du Ministère de la Justice 法務省人権擁護局 : Recommandation

Assemblée de l'Union nationale pour la protection des droits de l'Homme 全国人権擁護委員連合会 : Recommandation

2. Lettre de WAKIZAKA Yasuo à MIZUKI Yôko[253]

前略
　「怒りの孤島」感想文は全国の中学校・高校生より五
八六三篇の応募がありました。（内、中学生四二八五、
高校生一五七八　他に小学生のもの約二〇〇）
　その中より、五〇篇を選出しましたので、御審査願い
ます。
　審査感想文は中学生四二、高校生八篇で、学年順に赤
鉛筆で番号を打ってあります。
　審査方法は別紙、審査表に赤鉛筆の番号を記入願いま
す。中学生と高校生は特に区別して載せなくて結構です。
　発表が四月一日ですので、誠に勝手乍ら、二・三日中
に御願い致します。
　では、よろしく御審査のほど、御願い申上げます。

敬具

松竹宣伝部

脇坂　安雄

---

[253] Archives du fonds Mizuki Yôko, Ichikawa-shi Bungaku myûzeamu Eizô bunka sentâ 市川市文
学ミュージアム映像文化センター (Centre culturel audio-visuel du Musée de la littérature de la
ville d'Ichikawa).

Alexandre MANGIN, *Articles sur le Japon*

[Traduction]

Madame,

Concernant les rédactions (*kansô-bun*) sur *Ikari no kotô*, nous avons eu 5 863 candidatures de collèges et lycées dans tout le pays (dont 4 285 de collégiens, 1 578 de lycéens et près de 200 écoliers).

Parmi tout cela, nous en avons sélectionné 50 que je soumets à votre examen.

À ces rédactions à examiner (*shinsa kansô-bun*) – 42 collégiens et 8 lycéens – j'ai ajouté un numéro au stylo rouge.

Quant à la façon de faire votre examen (*shinsa hôhô*), je vous demanderai de le faire sur le papier séparé, à l'encre rouge dans le tableau d'examen (*shinsa-hyô*). Vous n'êtes pas obligée de séparer les collégiens et les lycéens, ça nous est égal.

La communication publique des résultats (*happyô*) aura lieu le 1er avril, date que nous avons choisie vraiment arbitrairement, aussi je vous demanderai de [me rendre votre part] d'ici deux-trois jours.

Je compte sur votre examen et votre aimable concours.

Cordialement

WAKIZAKA Yasuo

Service marketing de Shôchiku

3. Un mot du réalisateur HISAMATSU Seiji[254]

　「舵子」という少年の人たちの投げこまれた境遇、その恐ろしい現実はまつたく正視することもできないほどです。この映画はこれに対し徹底的メスを入れようとするものです。

　けれどそれは、この映画を暗いじめじめしたものにすることではありますまい。わたくしは、わたくしたちの社会生活を平和で、民主的なものに建設して高雅な精神をふるい起すような、明るい展望を盛りこみ、観たあとの感銘さわやかな作品をつくりあげたいと思つております。瀬戸内海の光景の美しさは、この作品のなかで、くりかえし強調し描写されねばなりません。そのためには天然色とワイドの効果が百パーセントに駆使されます。

　つまり、社会悪の現実の姿が、どぎつい印象でなしに、カラーとワイドという形を通して、自然美と抒情のなかにとりこめられ、その敗北とヒューマニズムの勝利が決定的に観る人の胸にしみこむようにしたいと考えております。こんどの仕事は、わたくしの生涯における最も重要な一つになりそうです。

---

[254] Document promotionnel du Nichiei senden-bu 日映宣伝部 (Service marketing de la Nihiei).

Alexandre MANGIN, *Articles sur le Japon*

[Traduction]

La situation dans laquelle des jeunes gens appelés les *kajiko* (matelots) furent jetés, cette vérité est si effroyable qu'on ne peut la regarder en face. Ce film cherche à disséquer cela exhaustivement.

Mais il ne s'agit pas de faire de ce film quelque chose de sombre et de moite. Moi, j'aimerais introduire une perspective lumineuse apte à bâtir notre vie sociale dans la paix, dans quelque chose de démocratique et rassembler les esprits élevés, et j'aimerais édifier une œuvre rafraîchissante riche en impressions profondes d'après visionnage. La beauté des paysages de la Mer intérieure de Séto, dans cette œuvre, doit être soulignée et décrite à plusieurs reprises. Pour ce faire, on manie à 100 % des couleurs naturelles et l'efficacité du grand écran.

Bref, j'aimerais que la forme de la réalité de ce mal social – qui ne faisait pas une impression criarde – par le biais de la forme, c'est à dire la couleur et le grand écran, soit intégrée dans la beauté de la nature et dans le lyrisme, faisant en sorte que cette défaite et la victoire de l'humanisme pénètrent de manière décisive dans les poitrines des spectateurs. Le présent travail deviendra me semble-t-il un des plus importants dans ma vie.

Alexandre MANGIN, *Articles sur le Japon*

4. Tableaux (traduction)

I L'enquête auprès des adultes[255]

Sens des notes

Appréciation	Extrêmement bon	80-100
	Bon	70-79
	Moyen	50-69
	Sans intérêt	0-49

Répartition des notes par classes d'âges

		Hommes (points)	Femmes (points)	Total (points)
Répartition par âges	moins de 19 ans	-	93	93
	20-24 ans	86	91	89
	25-29 ans	93	92	92
	30-39 ans	87	-	87
	plus de 40 ans	79	100	84
TOTAL		87	92	90

---

[255] « Test N°128 », Bureau des enquêtes de la Shôchiku 松竹株式会社調査室.

Alexandre MANGIN, *Articles sur le Japon*

Répartition des personnes interrogées

Date de l'enquête :	4 février Shôwa XXXIII (1958)		
Durée de l'enquête :	1 heure, 48 minutes et 30 secondes		
		Hommes (nombre de personnes)	Femmes (nombre de personnes)	TOTAL (nombre de personnes)
Répartition par âges	moins de 19 ans	-	11	11
	20-24 ans	6	14	20
	25-29 ans	5	7	12
	30-39 ans	3	-	3
	plus de 40 ans	3	1	4
TOTAL		17	33	50

Little World : le parc-musée hybride[256]

Résumé en japonais / まとめ

テーマパークとして知られている野外民族博物館リト
ルワールド（犬山市今井成沢）では、世界中の建物は建
てられているだけでなく、建材建築の博物館「本館展示
場」もある。観光客向けの活動や店が最も人気があるよ
うだが、本館展示場そのものは足りない予算と人材（2
名）で立派な結果に達した。無論、あちこち情報が不足
している展示品があるが、年が経つと情報の量と質の改
善を観察できる。最後にリトルワールドのコンセプトを
問い、暗示をする。

Le voyageur qui séjourne dans la région de Nagoya entendra
probablement parler un jour de Little World, un « parc à thème »
où ont été construites des maisons du monde entier. Fondé par la
compagnie de chemins de fer Meitetsu 名鉄[257] et ouvert le 18
mars 1983, le Yagai minzoku hakubutsukan Ritoru Wârudo 野外
民族博物館リトルワールド / The Little World Museum of
Man (Musée en plein air Little World (Petit Monde) / Musée de
l'Homme Little World)[258] est situé à Ima'i Narusawa 今井成沢,
dans la commune d'Inuyama 犬山市, sur un vaste terrain (de 123

---

[256] Publié dans le *Bulletin de la Section française Faculté des Lettres Université Rikkyo / Rikkyô daigaku
Furansu bungaku* 『立教大学フランス文学』, n°49, pp. 173-190, 2019, Tôkyô, Rikkyô daigaku
Furansu bungaku kenkyûshitsu, Impression Tôkyô, Surugadai shuppansha 駿河台出版社.
[257] Abréviation couramment utilisée de Nagoya tetsudô kabushikigaisha 名古屋鉄道株式会社 /
Nagoya Railroad (Chemins de fer de Nagoya), compagnie fondée elle-même en 1921.
[258] Nous abrégeons ensuite en « Little World ».

Alexandre MANGIN, *Articles sur le Japon*

hectares, le circuit proposé faisant 2,5 km) qui enjambe deux départements : celui d'Aichi et celui de Gifu.

Il intègre aussi un musée ethnographique qu'on ne peut manquer puisqu'il se situe à l'entrée du parc. La boutique de souvenirs qui s'y trouve semble très fréquentée. Ce qu'on y vend n'a pas grand-chose d'ethnographique (contrairement par exemple, pour rester au Japon, à celle du Musée national d'Histoire [et du folklore] (国立歴史民俗博物館 / National Museum of Japanese History), dit « Rekihaku », de Sakura 佐倉 ou, en France, celles du Musée du Quai Branly – Jacques Chirac[259] et du Musée de l'Homme de Paris). Pourtant, le musée en dur est peu fréquenté et encore insuffisamment connu. Disposant de peu de moyens humains, il a pourtant réussi à devenir en quelques années le deuxième musée ethnographique du Japon derrière celui d'Osaka, le Musée national d'ethnologie (国立民族学博物館 / National Museum of Ethnology), surnommé « Mimpaku ».

La présente étude a été faite à l'occasion d'une visite unique[260] d'une journée entière [261] au parc dans le cadre de notre participation à un projet de recherche international plus vaste[262] du Pr Nonaka Ken'ichi 野中健一[263] sur la muséologie et les *mingu* [264]. Notre équipe a pu s'entretenir avec les conservateurs[265].

---

[259] Nous abrégeons ensuite en « Quai Branly ».
[260] Le 15 décembre 2019. Nous y étions déjà allé une fois il y a seize ans en tant que simple visiteur.
[261] Le parc est ouvert de 9 heures 30 à 17 heures de mars à novembre, de 10 heures à 16 heures (16 heures 30 le lundi) de décembre à février ; en janvier et février, les samedis et jours fériés jusqu'à 16 heures 30. Il est fermé du 6 au 10 janvier et de décembre à février les mercredis et jeudis (mais ouvert les 1er et 2 janvier).
[262] 「在来知識を再構築し生業道具を保存活用するための統合的研究」 (Recherches unifiées pour reconstruire les connaissances actuelles et exploiter la conservation des objets populaires des activités vivrières). Ce projet réunit neuf chercheurs (huit Japonais et l'auteur, français) et des doctorants. Il a également été fait appel à des intervenants extérieurs et des chercheurs étrangers, notamment français et laotiens pour la suite du travail de terrain.
[263] Université Rikkyô, Faculté des Lettres, Section de Géographie.
[264] La définition du mot *mingu* 民具 varie grandement selon les auteurs, l'ethnographe Miyamoto Tsuneichi fixant le plus de critères cumulatifs, mais le dictionnaire *Daijisen* (éd. Shôgakkan) offre une définition très large : *mingu* est « 一般民衆が昔から日常生活に使ってきた道具・器具の総称 » (un terme générique désignant un outil, instrument ou ustensile, ou bien un appareil, utilisé dans la vie quotidienne par les gens ordinaires du peuple depuis longtemps).

Alexandre MANGIN, *Articles sur le Japon*

D'après son directeur actuel, M. Ônuki Yoshio 大貫良夫 :

「リトルワールドは、世界のさまざまな地域で生きてきた
人びとの伝統的文化を紹介する博物館です。これらの文化独
特の姿を、実物大の家屋や宗教建築、生活用具その他を展示
して、身近なものとして理解してゆこうというのがリトルワ
ールドの趣旨であります」[266].

(Little World est un musée qui présente les cultures traditionnelles des gens qui vivaient dans diverses zones du globe. Exposer les formes de ces cultures particulières, des maisons et des bâtiments grandeur nature, [ainsi que] des ustensiles de la vie quotidienne etc., et arriver à les comprendre comme des choses familières sont les buts de Little World.)

Et l'« objet des activités de Little World » conclut :

「そのためにリトルワールドでは、学術的な調査研究をも
とに、世界各地の建造物、生活用具などの収集、保存、解説
、展示といった活動を行っています」[267].

(Pour ce faire, à Little World, sur la base de recherches scientifiques de terrain, nous déployons notre activité : collection de bâtiments de diverses régions du monde et objets de la vie courante, conservation, explication et exposition.)

Dès lors, plusieurs questions se posent : que propose concrètement Little World ? Peut-on dissocier le musée du parc ? Quelle est l'approche du musée ? Peut-il perdurer ? Comment s'insère-t-il dans le paysage local du département d'Aichi 愛知県. En d'autres termes, le parc Little World aurait-il créé un musée d'un genre nouveau ?

Pour tenter de répondre à ces questions, nous envisagerons dans un premier l'aspect matériel de la question (I), puis nous

---

[265] Le conservateur (主任学芸員) M. Miyazato Takao 宮里孝生 et l'attachée de conservation du patrimoine (学芸員) Mme Ômiya-Gotô Sumiko 大宮後藤澄子 que nous remercions pour leur accueil et le temps consacré à répondre à nos questions.
[266] 「野外民族博物館リトルワールド / The Little World Museum of Man」 (Little World, musée ethnographique en plein air / Le Musée de l'Homme de Little World), Kabushikigaisha Meitetsu Impuresu 株式会社名鉄インプレス / Meitetsu Impress Co. Ltd., s. d.., p. 1.
[267] 「野外民族博物館リトルワールド / The Little World Museum of Man」, 「リトルワールドの活動趣旨」 op. cit. p. 1.

Alexandre MANGIN, *Articles sur le Japon*

chercherons à évaluer l'intérêt ethnographique de Little World et de son musée, et leur consubstantialité (II).

I Aspect matériel

Avant de parler du musée (A), nous présenterons le parc dans son ensemble (B).

A/ Le parc

Afin de se faire une idée de ce qu'est Little Word, nous en analyserons les plans et en présenterons les activités.

Notons préalablement le fait que le parc est situé dans un site de hautes collines[268] et semble isolé dans la nature sauvage. On y accède en voiture ou en car. Il n'est donc pas aussi bien desservi ni aussi près du centre de la grande ville la plus proche qu'un Rekihaku, un Mimpaku ou les grands musées français (Quai Branly et Musée de l'Homme à Paris, Confluences à Lyon, MUCEM à Marseille etc.) mais en même temps, Little World joue sur cet écrin de verdure pour faire de son parc un lieu unique, presque « magique ».

1) les plans

L'examen des plans, en plus des informations pratiques et de l'échelle qu'ils permettent de modéliser dans l'esprit du visiteur, est aussi très révélateur des priorités du parc et du public visé.

Le plan ci-dessous est tiré de la brochure « sérieuse » officielle[269]. Il se contente d'indiquer le nom des 32 bâtiments représentant 23 pays. Aucune information d'ordre touristique n'y figure et le parc y apparait comme un authentique musée de plein air, catégorie dont nous reparlerons un peu plus loin.

---

268 À proximité du parc se trouvent la cascade de Hassô 八曽滝, ainsi qu'un camping, l'Autodoa bêsu Inuyama kyampu-jô アウトドア・ベース犬山キャンプ場 / Outdoor Base Inuyama Camping Ground.

269 「野外民族博物館リトルワールド / The Little World Museum of Man」, *op. cit.* p. 3-4.

Alexandre MANGIN, *Articles sur le Japon*

On remarquera les vastes espaces verts non construits qui permettront un développement futur du parc par la construction de plusieurs bâtiments et qui donnent vraiment l'impression d'être dans un *parc*, plutôt qu'un *musée*.

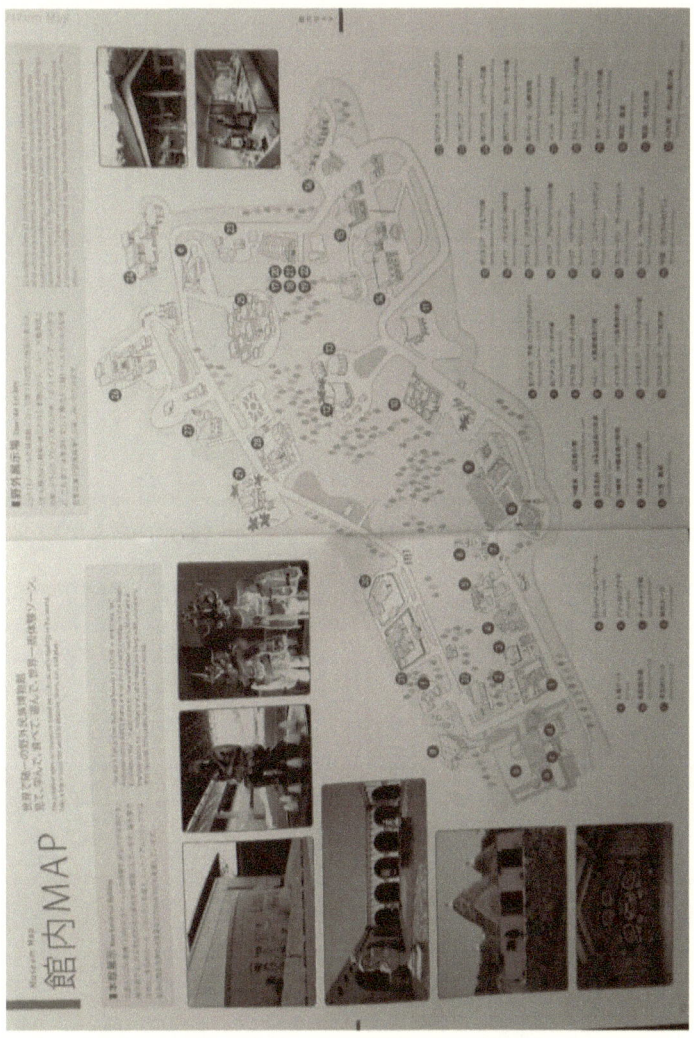

Alexandre MANGIN, *Articles sur le Japon*

Le site officiel affiche une carte interactive[270] assez similaire, légèrement plus attrayante, mais encore relativement sérieuse. On note la présence d'onglets pour sélectionner le type d'information sur la carte : les expositions, la nourriture, les boutiques de souvenirs et les ateliers de déguisement en vêtements folkloriques.

Et voici le plan qui est distribué aux visiteurs à leur entrée dans le parc.

---

[270] Visible à cette adresse : http://www.littleworld.jp/map/ (dernière consultation le 13 janvier 2020).

Alexandre MANGIN, *Articles sur le Japon*

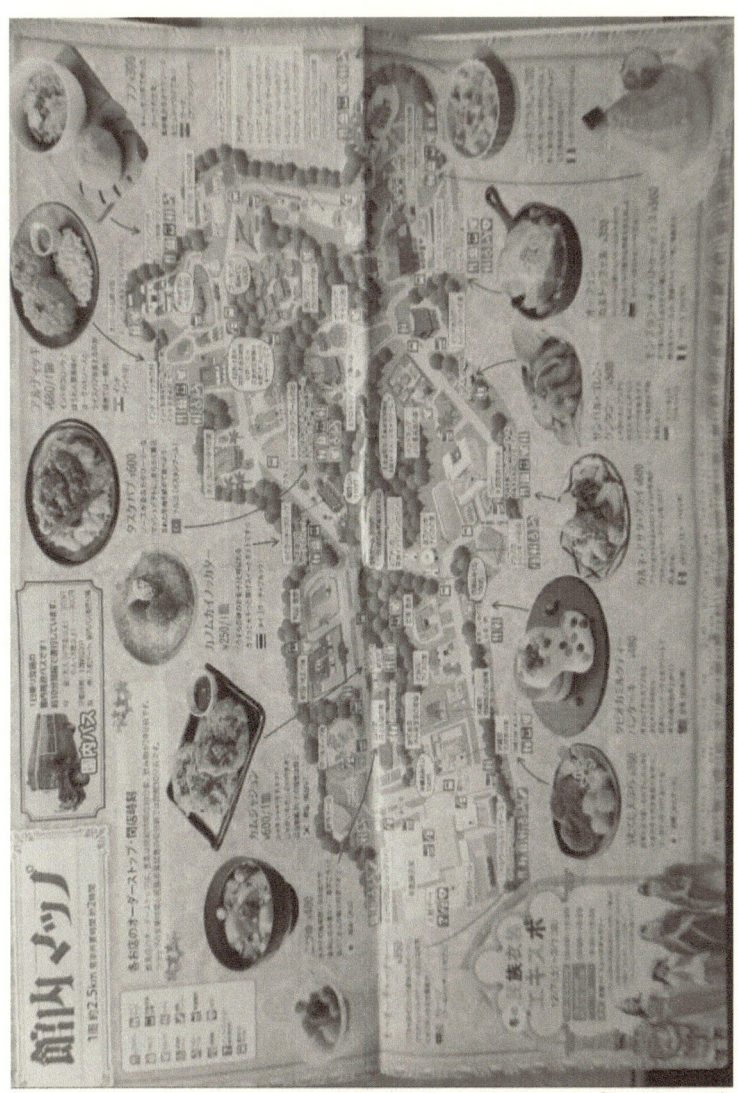

Comme on le voit, toutes les informations y figurent. Il est
abondamment illustré, sur fond rose, de photographies des
différentes spécialités culinaires en vente dans les nombreux
stands ou restaurants qui parsèment le parc. Les prix pratiqués

Alexandre MANGIN, *Articles sur le Japon*

sont bien sûr légèrement plus élevés que ceux qui sont observables dans une grande ville comme Nagoya ou Tôkyô, mais ils se situent dans la moyenne basse des prix des parcs d'attraction. Une dernière photographie montre un atelier de déguisement en costume folklorique.

Pour ce qui est des pays et des continents représentés, on ne peut qu'être surpris et un peu déçu par le peu de bâtiments européens (Allemagne, France, Italie) et, en tant que Français, par le fait que ce soit l'Alsace qui ait été choisie pour représenter notre pays. Sans dénigrer cette région passionnante, on ne peut que reconnaître que sans être allemande, elle appartient à la zone culturelle germanique et représente une minorité culturelle en France, comme le Pays basque ou les DOM-TOM. Il eut été plus représentatif de faire figurer une maison de la région lyonnaise, par exemple, française sans connotation régionale trop prononcée, ou au contraire, de garder l'Alsace et d'ajouter d'autres régions à la personnalité très marquée comme la Bretagne et la Provence, mais cela eut nécessité des crédits bien plus importants. Ceci étant, la maison alsacienne date du XVIème siècle et a été démontée et remontée pierre par pierre et rénovée au Japon[271]. C'est une gageure. De manière générale, les bâtiments des pays asiatiques (hors Chine) sont admirables, ainsi que l'hacienda péruvienne. Nous sommes plus réservés sur la maison istanbuliote et ses boutiques flambant neuves, qui n'ont visiblement pas eu le même budget et font plus penser à un « parc à thème » qu'à un authentique bâtiment déplacé.

Enfin, le village des tentes du monde, dans un bâtiment couvert, nous a paru en mauvais état de conservation et ne retenait guère les visiteurs, malgré sa taille impressionnante. Les maisons chinoises et africaines occupent plutôt une place

---

[271] Un des conservateurs nous expliquait non sans enthousiasme que ce bâtiment était peut-être le plus ancien bâtiment intact *au* Japon (à défaut d'être *du* Japon : nous soulignons), puisqu'il avait été construit à l'époque d'Oda Nobunaga (1532-1582).

Alexandre MANGIN, *Articles sur le Japon*

intermédiaire en termes d'ampleur, de qualité et d'intérêt ethnographique.

2) les services proposés et la réception par le public

Le parc est avant tout fréquenté pour sa promenade dans divers pays du monde, agrémentée de pauses gourmandes, que ce soit dans des restaurants en dur, ou à l'extérieur. De nombreuses boutiques vendent de la nourriture à emporter, que ce soient de vrais plats ou des gourmandises pour le dessert ou le goûter. Une partie des employés semble être originaire des pays en question[272].

Les ateliers de déguisement connaissent un franc succès même par temps froid[273] et permettent non seulement de prendre, et/ou de se faire prendre en photo devant les bâtiments étrangers mais aussi de faire toute la visite déguisé. La boutique de souvenir vend également des déguisements pour les enfants. Nous avons pu voir des costumes chinois et des costumes germaniques tels qu'on en voit lors de l'*Oktoberfest*, portés par des adultes, des jeunes et des enfants. Voir des Japonais en costume « tyrolien » au milieu de maisons africaines est un spectacle assez singulier mais fort sympathique.

Outre les boutiques de souvenirs qui sont parfois de très bonne facture, notamment les objets et vêtements d'artisanat du Pérou, on trouve aussi le stand d'un calligraphe dessinateur[274].

Le parc semble avoir du succès, malgré des bémols qui reviennent fréquemment dans les évaluations des visiteurs[275],

---

[272] Nous n'avons malheureusement pas eu le temps de mener des entretiens avec les employés autres que les conservateurs du musée.

[273] Le jour de notre venue, malgré le froid, nous avons pu apercevoir de nombreuses personnes déguisées, sans manteau ni écharpe.

[274] Il s'agit de l'art du *huāniǎo-zì* 花鳥字 (caractères fleurs et oiseaux) ou *fènghuáng-zì* 鳳凰字 (caractères-phénix) en chinois, *hana moji* 花文字 (caractères-fleurs) en japonais, qui consiste à peindre un mot en idéogramme, en *kana* ou même en alphabet en utilisant des dessins de végétaux, d'animaux ou même de planètes.

[275] Par exemples celles du site Trip Advisor, rubrique « *Kuchi-komi* » (dernière consultation le 13 janvier 2020) :
https://www.tripadvisor.jp/Attraction_Review-g325580-d553828-Reviews-or5-
The_Little_World_Museum_of_Man-Inuyama_Aichi_Prefecture_Tokai_Chubu.html#REVIEWS

Alexandre MANGIN, *Articles sur le Japon*

comme la longueur du parcours qui peut être fatigante pour les jeunes enfants et les personnes âgées – mais un service de bus payant permet de faire le tour du parc sans effort – le prix des repas, l'emplacement géographique éloigné des villes ou même le côté froid et peu avenant des employés étrangers des boutiques. En revanche, les employées du poinçonnage des tickets à l'entrée, probablement originaires de pays baltes, étaient très souriantes.

B/ Le Musée

Notons dès à présent que le musée de Little World n'est pas appelé « musée » (*hakubutsukan* 博物館) mais « lieu d'exposition du bâtiment principal » (*honkan tenji-jô* 本館展示場) car, comme nous l'avons indiqué dans l'introduction, c'est tout l'ensemble (parc plus musée) qui s'appelle « Musée ethnographique en plein air / Musée de l'homme » (selon la langue). Le musée en dur est donc nommé selon une de ses fonctions principales : être un lieu d'exposition, les autres fonctions étant la conservation et la restauration des collections et le travail pédagogique auprès du public[276]. Après une étude du plan, nous nous attacherons à détailler le contenu des espaces des collections permanentes.

1) présentation générale par l'étude du plan

Le musée lui-même, d'une superficie de 13 000 m², dispose comme on le voit sur le plan ci-dessous de deux niveaux, d'une boutique de souvenirs et d'un « bazar »[277], d'un hall spacieux, de trois grandes salles et d'une salle polyvalente, sans compter les bureaux, une salle de réunion et un magasin (ou silo) où sont stockées les pièces qui ne sont pas exposées, y compris celles qui sont en cours ou en attente de restauration. C'est beaucoup plus qu'il n'en faut pour « l'espace musée » d'un parc d'attraction – si

---

Le nombre de votes par note se répartit ainsi pour un total de 305 votes : « Très bon » : 112, « Bon » : 143, « Moyen » : 45, « Mauvais » : 4 et « Très mauvais » : 1.

[276] Pour plus de détails sur les missions des musées, voir POULOT Dominique : *Musée et Muséologie*, Paris, La Découverte, pp. 12 à 21.

[277] Que nous n'avons pas pu voir faute de temps.

Alexandre MANGIN, *Articles sur le Japon*

tant est qu'un parc d'attraction ait besoin d'un musée – ou d'un *musée en plein air.*

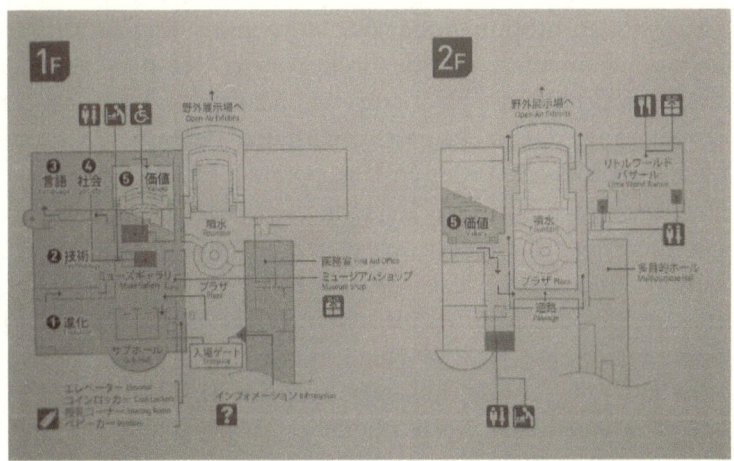

Les collections permanentes sont organisées en cinq espaces : l'évolution (préhistoire, Histoire, géographie, biologie), la technologie, les langues, la société et « les valeurs : le monde du cœur » (religions, rites, masques et tenues d'apparat, instruments de musiques utilisés à ces occasions).

2) présentation en détail des espaces

Pour présenter la collection permanente de 6 000 pièces sur les 45 000 possédées[278], les espaces s'organisent ainsi.

L'espace ① consacré à l'évolution, bien qu'assez fourni en informations, semble le plus daté, avec des maquettes et des chronologies, dans une semi-obscurité. On peut penser qu'il sera le prochain à être rénové si les conservateurs en ressentent le besoin et si des crédits sont alloués. Au niveau du fond, on peut s'interroger sur la nécessité de présenter la théorie de l'évolution et tout l'aspect préhistorique dans un musée qui est censé nous

---

[278] 「野外民族博物館リトルワールド / The Little World Museum of Man」, *op. cit.* p. 5.

Alexandre MANGIN, *Articles sur le Japon*

parler des civilisations du monde. Contrairement au Rekihaku qui se définit avant tout comme un musée d'Histoire (incluant la préhistoire), Little World se veut ethnologique par son nom japonais et anthropologique par son nom anglais. L'aspect préhistorique ne nous semble donc pas ici des plus pertinents, d'autant plus que les plaquettes explicatives semblaient assez anciennes et ne reflétaient pas les dernières découvertes (homme de Pékin, premiers hommes en Europe etc.).

L'espace ② traitant de la technologie est en contraste total avec le précédent. La collection est riche et mise en valeur par une muséologie récente, un éclairage approprié ni trop lumineux, ni insuffisant, des explications intéressantes biens qu'encore un peu insuffisantes, des vidéos de reportages ethnographiques passionnantes. C'est une délicieuse surprise de découvrir ce vaste espace rectangulaire au centre duquel est disposée une pirogue.

L'espace ③ présentant les langues est à la fois vaste et peu fourni. Muni d'un faux plafond circulaire en forme de carte du monde, il présente essentiellement des échantillons écrits de langues et des ustensiles pour écrire. Comparé à celui du Musée de l'Homme à Paris, pourtant beaucoup plus petit, ce dernier offre des échantillons sonores riches et une plus grande interactivité. En effet, le visiteur choisit quelle langue il va écouter. L'espace langues du musée de Little World est clairement à développer et présente peu d'intérêt en l'état alors qu'il a toute sa légitimité.

L'espace ④ consacré à la « société » présente les vêtements, accessoires et coutumes qui entourent la naissance, le mariage et la mort, ainsi que la richesse et l'autorité. Cette partie plus petite est assez bien fournie en objets, mais on aimerait que les explications soient plus abondantes.

L'espace ⑤ s'intéressant aux « valeurs » est la deuxième bonne surprise de ces collections permanentes. Un peu moins vaste que l'espace des techniques, sa densité est équivalente. Des totems, masques et vêtements cérémoniels sont disposés en haut de gradins et dominent le spectateur, non sans paraître un peu inquiétants. Là encore, la muséographie est assez récente et conjugue rigueur de la présentation et émotion. Les textes explicatifs sont encore un peu succincts par rapports à ce que l'on peut voir dans les autres musées (Mimpaku, Rekihaku, Confluences, Quai Branly etc.), mais compte tenu du contexte sur lequel nous reviendrons, il y a lieu de se féliciter.

II Le musée de Little World est-il d'un genre nouveau ?

Little World est le premier musée japonais en plein air disposant d'un musée en dur. Cet ajout d'un musée renforce la crédibilité du parc, mais la coexistence avec le parc est-elle bonne pour le musée ? Examinons les choses sous l'angle du parc (A), puis sous celui du musée (B).

A/ Le musée dans le parc

1) que cherche à nous montrer le parc ?

Au Japon, le seul musée stricto sensu rival du musée de Little World est le Mimpaku que nous avons cité en introduction et lui aussi est concerné par la même situation : à l'intérieur des limites d'un parc, en l'occurrence le Bampaku kinen kôen 万博記念公園 (Parc commémoratif de l'Exposition universelle) à Suita, Osaka-fu. Le visiteur qui ne souhaite que visiter le musée pourra de nos jours ne pas payer le ticket jumelé du parc dont il n'a que faire et qu'il ne ferait que traverser. En outre, Suita est bien situé et on y accède facilement et rapidement en monorail depuis Osaka.

En France, le Musée du Quai Branly offre l'accès à un jardin sans générer de surcoût, quant au Rekihaku, il permet de profiter d'un parc sans avoir à payer le ticket du musée.

Nous parlons essentiellement de musées en dur, mais concernant l'aspect « musée de plein air », il nous faudrait mentionner le fait qu'il s'agit d'une création relativement ancienne qui remonte au XIXème siècle : le philologue Arthur Hazelius

(1833-1901) crée un musée à ciel ouvert pour conserver la vie populaire scandinave, avec bâtiments et objets ruraux. Il fait travailler les paysans qui animent des ateliers pour transmettre une expérience d'artisanat ou d'agriculture. Et il s'attache à conserver les dialectes [279]. Le musée de Little World, avec sa section consacrée aux langues, s'inscrit dans cet héritage, tout comme le Musée de l'Homme à Paris avec la sienne, rappelons-le.

On peut ensuite comparer Little World avec Meiji Mura 明治村 qui se fixe un champ de compétences plus spécialisé : les bâtiments japonais de l'époque de Meiji (1868-1912). Aucune recréation étrangère à partir de photographies ou de plans, cependant, contrairement à certains des bâtiments de Little World, comme la maison italienne ou la maison et les commerces istanbuliotes. Le bâtiment de Franck Lord Wright est authentique, tout comme le sont la maison alsacienne et la maison indonésienne, par exemple, de Little World.

Alors que certains bâtiments sont présentés avec toutes les informations nécessaires – la maison alsacienne, l'hacienda péruvienne ou les maisons d'Afrique du sud (avec un passionnant rapport d'étude de terrain en consultation libre !), le parent pauvre est certainement le monde amérindien. Malgré la présence de plusieurs tentes et bâtiments, la mise en contexte, en particulier pour la maison rituelle de bois[280], n'est pas faite et les notices sont très lacunaires. On voit bien que les conservateurs n'avaient pas les connaissances en ce domaine, et nous ne leur jetons pas la pierre pour les raisons que nous évoquerons plus bas.

---

[279] Pour plus de détails, cf. POULOT Dominique : *op. cit.*, p. 36.
[280] Claude Lévi-Strauss, à propos des peuples premiers du Brésil (notamment les Bororos), notait déjà en 1955 dans *Tristes Tropiques* que les missionnaires avaient forcé les indigènes à vivre dans des maisons en dur, disposées selon un plan préétabli, cassant ici le nomadisme lié aux saisons et aux croyances religieuses, là le sédentarisme de villages au plan symbolique reflétant la parenté et/ou le cosmos mythologique. En coupant le lien entre géographie de l'habitat et croyance traditionnelle, les missionnaires cassaient un pilier mental des indigènes et préparaient leur esprit ainsi affaibli à leur catéchisme conquérant. Beaucoup de ces missionnaire, cependant, étaient de bonne foi ; d'autres ne se doutaient pas que ce moyen serait aussi tragiquement efficace.

Mais une simple visite suffit pour comprendre immédiatement quel type de public est visé et quels sont les services proposés en priorité. Il s'agit des familles et des touristes, que ce soient les touristes de proximité ou les touristes nationaux. Vu sous cet angle, le « rival » du *parc* Little Word serait alors plutôt le Parc Andersen (Anderusen kôen アンデルセン公園) de Funabashi, Chiba, avec son moulin et son grand bâtiment européen de style XIXème siècle.

Bien qu'il soit tout à fait courant de dire qu'on va étudier au Mimpaku ou au Rekihaku, au Musée de l'Homme ou au Musée des Confluences en France, dire qu'on va étudier à Little World surprend toujours l'interlocuteur. Et ce, à la fois à juste titre, mais aussi à tort. À juste titre, car Little World a encore une image de parc à thèmes, et ce ne sont pas ses restaurants et ses animations ludiques qui feront dire le contraire. À tort, car derrière l'aspect ludique se cache un ensemble de pièces d'un réel intérêt et un musée en dur dont la valeur intrinsèque est réelle et croissante.

2) le parc a-t-il besoin du musée ?

Pas plus au Japon qu'en France le musée de plein air n'est une forme majoritaire de musée. Inversement, dans les pays scandinaves et en Allemagne, le musée de plein air n'a pas à prouver sa légitimité. Dans le cas de Little World, on peut supposer que les promoteurs ont vu le musée en dur comme un accessoire du musée apportant une valeur ajoutée, qui permet d'approfondir ses connaissances sur les différentes cultures. Nous ne pensons qu'ils aient pu imaginer un seul instant ce *Honkan tenjijô* devenir d'une part un musée à part entière (puisque dans leur esprit, le parc dans son ensemble est un musée, ce que rappelle son nom), encore moins qu'il finirait par s'en éloigner par l'approche de plus en plus scientifique qu'il prendrait. Le désintérêt qu'on suppose que les promoteurs avaient dès le départ pour ce musée en dur et qui est prouvé par le budget insuffisant dont il dispose – mais nous y reviendrons – a paradoxalement entrainé malgré eux une grande liberté de fait laissée aux conservateurs qui se sont retrouvés livrés à eux-mêmes.

Aujourd'hui, le musée apparaît un peu comme une curiosité à la fois prestigieuse en termes de bâtiment et de contenu, et incongrue dans ce parc à thème où des familles viennent se promener, se régaler et se déguiser dans des décors exotiques.

B/ Les limites du musée

Pour terminer, nous ne pouvons pas ignorer les éléments qui desservent le musée ou gênent son développement en tant qu'institution scientifique.

1) le parc qui nuit au musée et la question du déplacement du musée

Nous nous retrouvons face à une aporie : le musée (*honkan tenjijô*) est censé prendre son sens au sein du musée ethnographique en plein air (*yagai minzoku hakubutsukan*). Ce dernier a besoin du premier pour asseoir sa crédibilité scientifique, et le premier souffre des défauts du dernier. Si l'on déplace le musée dans un lieu plus « pratique » (par exemple dans Nagoya, ce qui serait le choix le plus rationnel) pour qu'il puisse se développer et devenir un acteur majeur de la ville[281], le parc y perd énormément en prestige, mais, soyons honnête, pas nécessairement en nombre de visiteurs. Le déplacement du musée en dur serait à notre avis très positif pour Nagoya (ou la ville qui l'accueillerait) et contribuerait un peu plus à la hisser au niveau supérieur, c'est-à-dire celui d'Osaka dans le cas de Nagoya. Les expositions temporaires deviendraient des « événements » de la vie urbaine et draineraient un nombre bien plus important de visiteurs. On pourrait même imaginer une mutation du musée dans le sens actuel observable en France, en Italie et en Espagne : l'irruption de l'art dans le musée ethnographique.

---

[281] Fonction que nous avons présentée dans un précédent article : « Regard sur quelques musées de sciences humaines français : PLM de la muséologie et discours officiels », *Rikkyô daigaku Furansu bungaku* 立教大学フランス文学/ *Bulletin de la Section française Faculté des Lettres Université Rikkyo*, n°48, Tôkyô, 2019, p.139.

Alexandre MANGIN, *Articles sur le Japon*

Mais la question ne se pose pas du tout pour le moment.

2) le manque de moyens

Malgré une activité commerciale qui semble bien se porter[282], bien que nous n'ayons pas pu accéder à des données chiffrées, le musée souffre d'un manque de financements. Alors qu'un visiteur moyen peut à juste titre être admiratif devant le bâtiment et la richesse des collections permanentes, notamment la collection de masques, la pirogue et de nombreux outils, pour le chercheur amené à enquêter, il peut en être autrement.

Tout d'abord, le personnel du musée se compose de deux conservateurs seulement pour un musée spacieux, à la collection déjà abondante. Ils ont en charge la gestion scientifique et la rénovation des bâtiments du parc, le choix des futurs bâtiments à construire[283], l'acquisition de nouvelles pièces, le classement et l'étiquetage des pièces acquises, la conception de la muséographie (organisation des salles, textes des étiquettes de chaque pièce exposée mais aussi textes plus longs présentant des ensembles de pièces), l'entretien et la rénovation éventuelle des pièces, l'accueil des chercheurs pendant qu'une équipe de bénévoles en majorité constituée de retraités s'occupe de guider le public dans les salles. Devant l'énormité de la tâche, ces deux employés font contre mauvaise fortune bon cœur mais reconnaissent eux-mêmes leur incompétence dans certains domaines pointus de l'ethnographie. Et cela se sent dans la longueur et la précision variables des notices. Heureusement, aucun pas en arrière n'est fait et la connaissance à la portée du public continue de s'enrichir, notamment sous la forme de notices imprimées sur papier au

---

[282] Le prix du ticket n'est ni trop cher, ni modique : il va de 300 Y pour les moins de 3 ans à 1800 Y pour le plein tarif, avec des réductions pour les groupes, des abonnements à l'année et des tickets jumelés donnant droit d'accès à Little World et au château d'Inuyama 犬山城 :
http://www.littleworld.jp/info/price.html (dernière consultation le 13 janvier 2020).
[283] Le choix d'Istanbul, dernière ville représentée, était particulièrement bien venu. On voit bien ici que les conservateurs complètent les lacunes géographiques de la représentation des cultures au sein du parc.

Alexandre MANGIN, *Articles sur le Japon*

format B5 (14,8×21cm) et à libre disposition du public, présentant recto verso deux points de civilisation du pays en question. Les notices sur certains pays africains et asiatiques disponibles dans les maisons du parc étaient particulièrement bien faites et fournissaient une information concise à destination de tous[284].

Conclusion

Si nous avons émis des critiques et soulevé les limites du musée de Little World, ce qui est d'autant plus naturel lorsque l'on sait que le musée est, de fait, le deuxième plus grand musée ethnographique international du Japon, ce ne fut que dans un souci d'objectivité et avec l'espoir de voir se développer cet établissement dans le sens d'une richesse de pièces et d'informations croissantes. Nous espérons que son insertion initiale dans ce parc à thème éloigné ne continuera pas à nuire à sa visibilité, même si nous conservons de gros doutes à ce sujet. Le musée assied la crédibilité du parc, mais le parc nuit au musée et ne lui profite en rien. Il est même à craindre que, faute d'une fréquentation suffisante, le musée soit un jour fermé par les dirigeants de l'entreprise qui le possède et que ses collections soient dans le meilleur des cas dispersées et données, sinon jetées, ce qui arrive actuellement à un certain nombre de petits musées japonais.

En l'état actuel, Little World est le premier musée réellement hybride du Japon[285] et de ce seul fait, mérite tout notre intérêt de chercheurs et un suivi sur le long terme.

---

[284] Des *furigana* (lecture des idéogrammes en japonais) permettent la lecture par des enfants.
[285] Dans un pays qui par bien des aspects est lui-même hybride, comme le dirait l'anthropologue François Laplantine.

Bibliographie

Le site de Little World (dernière vérification le 13 janviers 2020) : http://www.littleworld.jp/

「野外民族博物館リトルワールド / The Little World Museum of Man」 (Little World, musée ethnographique en plein air / Le Musée de l'Homme de Little World), Kabushikigaisha Meitetsu Impuresu 株式会社名鉄インプレス / Meitetsu Impress Co. Ltd., s. d. ;

KISHIMOTO Akira 岸本 章 : 『世界の民家園—移築保存型野外博物館のデザイン』 (Le jardin de maisons : le design du musée en plein air sous forme de conservation de bâtiments déplacés), Kagoshima, Kagoshima shuppan-kai, 2012, 208 p. ;

MANGIN Alexandre : « Regard sur quelques musées de sciences humaines français : PLM de la muséologie et discours officiels », *Rikkyô daigaku Furansu bungaku* 『立教大学フランス文学』 / *Bulletin de la Section française Faculté des Lettres Université Rikkyo*, n°48, Tôkyô, 2019, p.139 ;

OCHIAI Tomoko 落合 知子 : 『野外博物館の研究』 (Recherches sur les musées de plein air), Tôkyô, Yûzankaku 雄山閣, 2019, 342 p. ;

POULOT Dominique : *Musée et muséologie*, nouvelle édition, Paris, Editions La Découverte, 2005, 2009, 125 p..

Table des matières 目次

Alexandre MANGIN, *Articles sur le Japon*

Illustration de couverture : portraits de *Jômonjin* 縄文人 (Japonais préhistoriques tardifs), reconstitution du Kokuritsu rekishi minzoku hakubustukan 国立歴史民俗博物館 (Musée national d'Histoire et d'ethnographie), photo Alexandre MANGIN.

décembre 2013, nouvelle édition 2021.

Alexandre MANGIN, *Articles sur le Japon*